Helle reine Kieselsteine

Gedichte und Prosa von Matthias Claudius mit Interpretationen

Herausgegeben von Reinhard Görisch
in Verbindung mit der Claudius-Gesellschaft

Husum

Umschlagabbildung aus dem Verlagsarchiv

Bibliografische Information der Deutschen Nationalbibliothek

Die Deutsche Nationalbibliothek verzeichnet diese Publikation in der Deutschen Nationalbibliografie; detaillierte bibliografische Daten sind im Internet über http://dnb.dnb.de abrufbar.

Gesamtherstellung: Husum Druck- und Verlagsgesellschaft
Postfach 1480, D-25804 Husum – www.verlagsgruppe.de
ISBN 978-3-89876-797-2

Inhalt

Reinhard Görisch

Einführung

Während der Audienz beim Kaiser von Japan wird der Besucher, „Sieur Asmus aus Wandsbeck“, auch gefragt, was er denn eigentlich unter Poeten verstehe. Asmus antwortet dem Kaiser: „Helle reine Kieselsteine, an die der schöne Himmel, und die schöne Erde, und die heilige Religion anschlagen, daß Funken herausfliegen“ (SW S. 136).[1]

Matthias Claudius, der hier durch den Mund seines Alter Ego Asmus spricht, war selbst ein Poet, und die drei Elemente, von denen die Poeten Funken sprühend angerührt werden (sollen) – Himmel, Erde, Religion –, sind auch grundlegend für Claudius' literarisches Werk, nicht in jedem einzelnen Text, aber aufs Ganze gesehen. Asmus' Äußerung ein wenig umdeutend, sind in diesem Buch Gedichte und, in geringerer Zahl, Prosatexte von Matthias Claudius versammelt, die als „helle reine Kieselsteine“ erkannt sein möchten – auch Prosatexte, erzählende, betrachtende, journalistische, die in einem weiteren Sinn gleichfalls zumeist ‚poetisch‘ sind und den Schriftsteller Claudius ebenso ausmachen wie seine Lyrik.

Den Gedichten und Prosatexten sind Interpretationen beigefügt. Verstehen sie sich denn nicht von selbst? Gewiss sind einige Texte tatsächlich erklärungsbedürftig, weil ihr Anlass, ihr Sujet oder der Kontext, in dem sie zu sehen sind, insbesondere für heutige Leserinnen und Leser nicht mehr ohne weiteres zugänglich ist. Zu allen Texten, auch zu den scheinbar ohne weiteres zugänglichen, möchten die Interpretationen Anregungen zu einem vertieften Verständnis geben oder besondere beachtliche Aspekte hervorheben. Sie wollen vermitteln, aber nicht bevormunden, jedem Leser und jeder Leserin bleibt eine je eigene Begegnung mit den Texten möglich.

Im Blick auf das Jahr 2015, dem Jahr zweifachen Gedenkens – an Claudius' 200. Todestag am 21. Januar und seinen 275. Geburtstag am 15. August –, wurden die Autoren und Autorinnen

[1] Dazu siehe unten den Bibliographischen Hinweis.

im Januar 2014 eingeladen, Beiträge zu diesem Sammelband beizusteuern. Dazu konnten sie zwei Claudiustexte ihrer Wahl als Alternativen vorschlagen, aus deren Summe dann die Endauswahl einvernehmlich getroffen wurde – man könnte sie unter dieser Prämisse ‚subjektiv‘ nennen. Indessen hat sich daraus eine breite Palette von Texten ergeben, die neben ‚prominenten‘ Gedichten wie z. B. dem „Abendlied“ oder dem „Kriegslied“ oder wie dem Brieftraktat „An meinen Sohn Johannes“ auch weniger populäre, dennoch beachtliche Lyrik und Prosa von Claudius zur Geltung kommen lassen. So sind in diesem Band alle Teile der „Sämtlichen Werke“ vertreten.

Den Autorinnen und Autoren wurde anheimgestellt, ‚ihren‘ Text umfassend zu interpretieren oder aber einzelne charakteristische Aspekte herauszuheben und in Kontexte einzubinden (Biographie, Werk, Zeit, Rezeption, Aktualität); ferner konnten sie ihren Beitrag mehr im Stil eines Essays oder einer Abhandlung abfassen – beide Möglichkeiten sind in diesem Band vertreten. Auch ob die Beiträge sich der neuen oder alten Rechtschreibregeln bedienen, ob Titelzitate mit Anführungszeichen oder kursiv wiedergegeben werden, und anderes dergleichen Formales blieb den Vorlieben bzw. der Praxis der Verfasser und Verfasserinnen überlassen, da jeder Beitrag ein in sich selbständiges ‚Werk‘ ist. Die Reihenfolge der Beiträge hält sich chronologisch an die Entstehungszeit bzw. den Erstdruck der erörterten Claudius-Texte.

Dass dieses Buch „in Verbindung mit der Claudius-Gesellschaft e.V.“ (1970 neugegründet, Sitz in Hamburg-Wandsbek – wo sonst?!) herausgegeben wird, hat zwei erfreuliche, dankbar erwähnte Gründe. Zum einen fördert sie den Druck finanziell mit einem beträchtlichen Betrag, zum anderen sind 16 der 20 Interpretinnen und Interpreten Mitglieder der Claudius-Gesellschaft.

Mein besonderer Dank gilt allen Autoren und Autorinnen für ihre kooperative Mitwirkung, dem Verlag für die Aufnahme dieser Publikation in sein Programm sowie Herrn Stefan Jäger (Marburg) für seine Hilfe bei der Einrichtung der Druckvorlagen.

Für Leserinnen und Leser, die mit der Biographie von Matthias Claudius nicht schon vertraut sind, folgen hier noch einige Hinweise auf sein Leben und Werk.

Matthias Claudius wird am 15. August 1740 als Pfarrerssohn in Reinfeld/Holstein geboren. Er besucht ab 1755 die Lateinschule in Plön, studiert ab 1759 in Jena zunächst Theologie, wechselt dann aber aus unklaren Gründen zur Rechts- und Staatswissenschaft über. Nach mehreren ziellosen Jahren im Elternhaus, nur unterbrochen von einem kurzen Dienst als Sekretär in Kopenhagen, wird Claudius 1768, mit 28 Jahren, Journalist bei den „Hamburgischen Addreß-Comtoir-Nachrichten", ab 1771 redigiert er in Wandsbeck, damals ein holsteinisches Dorf vor den Toren Hamburgs, die Zeitung „Der Wandsbecker Bote", die ihn wegen ihres originellen Feuilletonteils in ganz Deutschland berühmt macht, die aber unrentabel bleibt und 1775 eingestellt wird. Eine nur kurze enttäuschende Anstellung als Regierungsbeamter in Darmstadt und erster Redakteur der „Hessen-Darmstädtischen Land-Zeitung" schließt sich an. Ab 1777 lebt Claudius auf Dauer wieder in Wandsbeck als Schriftsteller, Übersetzer und Privatlehrer. Erst der Posten eines Revisors bei einer Bank in Altona gibt ihm und seiner Familie ab 1788 materielle Sicherheit. Die Flucht vor französischen Truppen zwingt Claudius, Wandsbeck 1813/14 nochmals monatelang zu verlassen. Am 21. Januar 1815 stirbt er in Hamburg im Haus seiner Tochter Caroline und seines Schwiegersohns, des Verlegers Christoph Friedrich Perthes, vier Tage später wird er in Wandsbeck beigesetzt.

Seit 1772 ist Matthias Claudius mit der 14 Jahre jüngeren Wandsbecker Zimmermannstochter Rebecca Behn überaus glücklich verheiratet; zwölf Kinder gehen aus ihrer Ehe hervor, von denen drei vorzeitig sterben, u. a. auch 20-jährig die Tochter Christiane.

Zwischen 1775 und 1812 veröffentlicht Claudius seine Gedichte, Erzählungen, Betrachtungen und Aufsätze als „Sämmtliche Werke des Wandsbecker Bothen" in acht Teilen. Den Titel seiner Zeitung übernimmt er für sich selbst, er *ist* nun der ‚Wandsbecker Bote', denn er versteht sich zunehmend als Bote des Christenglaubens, den er als überlieferte Lehre und tagtägliche Praxis verbreiten will. Sowohl vergnüglich als auch besinnlich oder ernst-eindringlich gestaltet er in seinem Werk Themen aus Familie, Alltagsleben und Natur ebenso wie religiöse und zeitkritische Ansichten zum Verhältnis von Gott, Mensch und Welt sowie Todesgedenken. In alledem verbinden sich ihm Lebensfreude, Wissen um die Vergänglichkeit alles Irdischen, Glaubensgefasstheit und Ewigkeitshoffnung zu einem Sinnganzen menschlicher Existenz.

Bibliographischer Hinweis:
Einheitlich für alle Beiträge gilt, dass Claudius-Texte, -Zitate und -Verweise, soweit möglich, nur mit dem Kürzel „SW" auf folgende Gesamtausgabe Bezug nehmen: Matthias Claudius, Sämtliche Werke. Herausgegeben von Jost Perfahl, Rolf Siebke und Hansjörg Platschek. 5., überarbeitete Auflage. München: Winkler Verlag, 1984. (Spätere Auflagen sind unveränderte Nachdrucke.) Für Texte, die in dieser Ausgabe nicht enthalten sind oder in einer anderen Fassung als der dort gedruckten erörtert werden, wird die jeweilige Quelle eigens genannt.

Matthias Claudius

Das unschuldige Mädchen

Meine Mutter sagt mir:
„Deine Lippen gab dir
Zum Sprechen, Tochter, die Natur,
Und zum Sprechen brauch sie nur."
  Warum sind sie so rot?
Oh, ich konnte ja auch mit weißen Lippen sprechen,
  Und warum gebot
Meine Mutter: nur zum Sprechen?
Wer zeigt mir armen Mädchen an,
Was mein Mund mehr als sprechen kann?

(SW S. 68–69; Erstdruck in Hamburgische Address-Comtoir-Nachrichten Nr. 73 / 1768)

Lutz Hagestedt

Das unschuldige Mädchen – so unschuldig nicht

Mütter entlassen ihre Töchter in eine ungewisse Zukunft. Und die Töchter erwartet Ungewisses: „Phidile“ (SW S. 33f.) erzählt davon, wie eines Tages „ein fremder Jüngling“ vor einer jungen Frau („Ich war erst sechszehn Sommer alt“) steht und sie umwirbt – und wie sie mit der Situation überfordert ist („Und wußte nicht wohin noch her“) – sie weiß sein Werben nicht zu beantworten, und er entflieht: „Wenn er doch wiederkäme!“ Dann vielleicht würde sie die richtigen Worte finden.

Auf solch eine Begegnung mit dem fremden, sonderbar attraktiven Geschlecht hat das Mädchen niemand vorbereitet: Der schöne Jüngling spricht eine fremde Sprache, deren Worte Phidile nicht versteht – wohl aber versteht sie, dass es gute Worte sind, und dass der Jüngling ihr von Liebe spricht, und er gefällt ihr auch: er ist ihr „nicht zuwider“, sein Auge ist blau, es trifft sie genau. Seine Körpersprache versteht sie sofort, und über ihr eigenes Verhalten hat sie bereits nachgedacht – das Gedicht folgt ihrer Perspektive, gleicht ihrer Rede, bietet ihre Erzählung. Doch erst, als es zu spät ist, als der Jüngling ihr Schweigen und ihre sittsame Zurückhaltung als Zurückweisung interpretiert und weitergezogen ist, begreift sie ihr Begehren.

Wer geliebt und begehrt wird, muss sich dazu verhalten. Er kann es mit Worten tun, er kann es mit Taten tun. Auch Gesten und Mimik – das, was die Alten unter Pathognomik verstanden – sind zeichenhaft und bedeutungstragend. Wie wir uns bewegen und jemandem zuwenden, welche Körperspannung von uns ausgeht, wenn wir berührt werden, ob wir in Schockstarre verfallen oder uns lösen, ob wir angstvoll oder freudig erschrecken, ob wir lächeln oder die Mundwinkel nach unten ziehen – all das ist zeichenhaft lesbar und interpretierbar, und als Interpretierbares ist es auch interpretationsbedürftig.

Wenn Kommunikation glückt, dann verstehen sich die Liebenden, wenn nicht, dann ist entweder der Zeitpunkt falsch gewählt, oder der Ort, oder die Vorstellungen beider voneinander gehen zu weit auseinander, oder es droht von anderer Seite Ungemach. Man denke an die Gefahr der Mesalliance, die sich in vielfältiger Gestalt (Alter, Stand, Geschlecht usw. – in der Literatur auch als Seinsstufe) manifestieren kann, man erwäge die rechtliche Dimension und die wirtschaftliche Stellung, die gegeben bzw. erreicht sein muss, um als Werber und Umworbene auftreten zu können, selbst wenn man füreinander in Frage kommt.

Phidile hat den (griechischen?) Jüngling (den Kairos?) vorbeiziehen lassen, er kehrt nach altem Mythos niemals wieder. Aber ist das so schlimm? Kann sie deshalb niemals glücklich werden? Immerhin hat er ihre Imagination und ihre Phantasie, ihr Ausdrucks- und ihr Vorstellungsvermögen geweckt und geschärft. Durch ihn hat sie zur Sprache gefunden und ist sich selbst und ihrer Bedürfnisse bewusst geworden – es ist, als wäre sie ein zweites Mal zur Welt gekommen: Sie, die eins war mit der Natur und ihren Erscheinungen, hat ein ‚Bewusstsein für zwei' entwickelt. Sie sieht Möglichkeiten für sich, die noch nicht realisiert sind.

Ob man sich riechen kann (olfaktorischer Code) und sich sympathisch ist, welche Signale man durch sein Kleidungsverhalten (vestimentärer Code) aussendet, wie man den intendierten Partner umsorgt (mit Speis und Trank z. B. – alimentärer Code) oder mit Aufmerksamkeit(en) bedenkt (mit Blumen etc.) – all das weiß man, weil andere es vor uns gewusst, erfahren und gelernt haben und an uns weitergeben konnten. Oder weil wir es ihnen abgeschaut haben. Das Liebeswerben unterliegt Regeln und Normen, die mit Sinn und Bedeutung erfüllt sind, und dieser Sinn und diese Bedeutung wiederum folgen Wandlungsprozessen, und daher muss jedes liebende und jedes geliebte Subjekt sie erneut lernen.

Bei Phidile ist die Situation durch den Auftritt eines fremden Jünglings, der eine fremde Sprache spricht, verschärft, aber es gibt genügend Beispiele dafür, dass das kein Hinderungsgrund dafür sein muss, dass zwei Menschen zueinanderfinden.

Ein Mädchen von vielleicht „sechszehn Sommern“ dürfte auch das „unschuldige Mädchen“ sein, von dem Claudius' gleichnamiges Gedicht erzählt. Es steht wie Phidile an der Grenze zum

Erwachen zur Frau, und dieses Erwachen wird von Claudius mit wenigen feinen, wohlgesetzten Strichen intoniert. Das macht ihm keiner nach. Wiederum wird die Perspektive *eines* Mädchens gewählt, und der Sprechakt *einer* Mutter ist in ihre Rede eingebettet. Die Situation ist paradigmatisch, und was hier gesagt wird, ist einfach und doch komplex. Zu einem Kinde könnte und würde die Mutter so nicht sprechen, oder doch? Die Mutter spricht in Rätseln, und ihre Rede wird von der Tochter als Gebot wahrgenommen, das Verbote einschließt. Lippen ermöglichen vielerlei – unter anderem Sprechakte, die nicht artikulierbar wären, wenn wir die Lippen nicht hätten. Die Lippe, weiß Zedlers Universallexikon, ist „der auswendige Rand um den Mund". Lippen „tragen im reden, trincken und essen was grosses bey". „Eine frische rothe Farbe derer Lippen zeiget eine gute Gesundheit an, und wenn ihre geschickte Gestalt dazu kommet, ist es ein Stück, so zu der Schönheit erfordert wird". Der Zedler kennt auch „bleiche, gelbliche oder blaue Lippen", die „eine bevorstehende Kranckheit" anzeigen.[1] Und weiße Lippen, heller noch als bleiche, sind dann vielleicht solche, aus denen alles Leben gewichen ist. Die Bibel weiß überdies von holdseligen Lippen (Psalm 45,3) zu sagen, sowie vom „eitel Fluch", der aus Moses Lippen „heraus ging" (5. Mose 27,26).

Wie man sieht, ist es keineswegs trivial, über Lippen zu sprechen – über das, was sie können, und über das, was sie bedeuten. Und ganz offensichtlich umfasst die Rede der Mutter auch das Schweigen – ebenfalls ein Vermögen der Lippen und des Mundes, das nicht unerwähnt bleiben darf, zumal ein Gespräch über Lippen ein Schweigen über so viele Taten einschließt! Die Mutter weiß es, und sie macht es der Tochter bewusst – ohne es aussprechen zu müssen.

---

[1] Johann Heinrich Zedlers Grosses Universal-Lexicon aller Wissenschafften und Künste. Welche bißhero durch menschlichen Verstand und Witz erfunden und verbessert worden (...). Bd. 17: Leis – Lm. Halle und Leipzig: Zedler, 1738 (Stichwort: „Lippe"). Sp. 1512, 1513, 1512, 1512 (in der Reihenfolge der Zitate).

Ist dies eigentlich ein komisches oder ein ernstes Gedicht? Ist es eher unbeschwert heiter oder nachdenklich betrübt? Erzählt es vom Scheitern der Erziehung – oder von ihrem Glücken? Und lässt sich solches Fragen aus der Lamäng beantworten, aus eigenem Empfinden vielleicht, oder bedarf es da der Kontexte und des kulturellen Wissens?

Die Mutter formuliert keinen Vorwurf, keinen Tadel – und dennoch scheint ihre Rede eine nicht nur prophylaktische, sondern auch korrektive Funktion zu haben. So als könne die Tochter dafür sorgen, dass ihre Lippen weniger rot erscheinen. Aber dass sie sie geschminkt habe, dürfen wir nicht annehmen – davon sagt das Gedicht nichts, also können wir es ausschließen. Allgemein gilt: Die Röte unserer Lippen ist nichts, was wir ohne Hilfsmittel willkürlich beeinflussen könnten. Der Hinweis der Mutter muss auf etwas anderes zielen, auf etwas, das jeder im Sinn hat, wenn er Kinder erzieht: zuvörderst die Hilflosigkeit, Schwäche und Verführbarkeit des Kindes, auch zum Bösen hin. Eltern, die ihre Kinder im Sinne häuslicher Erziehung begleiten, fungieren hier als Stütze und Korrektiv. Ihre Aufgaben sind quasi durch die Natur vorgegeben, aber das natürliche Heranwachsen des Kindes wird flankiert von sozialen und religiösen Anforderungen und Konzepten, zu denen sich das Kind bekennen soll, und zwar freiwillig, nach Maßgabe der für es begreiflichen und erfahrbaren Welt. Nicht Verbote und Sanktionen sollen seine Handlungsweise leiten, sondern Gebote und eigene Einsicht und Motivation. Die roten Lippen stehen daher für das natürliche wie für das soziale Moment der Individuation: Sie haben genau dann die richtige Färbung, wenn sie natürlich sind, und natürlich heißt hier zugleich – im Sinne der Zivilisation – denaturiert. Es ist scheinbar paradox, dass von der Mutter geradezu gefordert wird, dass sie ihre Tochter mit der Natur gegen die Natur erziehen soll, so zwar, dass ein solches Denaturieren als natürlich und als sozial erscheint. Der Mensch, als quasi unbestimmt-natürliches Wesen zur Welt gekommen, muss seiner unbeherrschten Natur erst entfremdet und seiner sozialen erst zugeführt werden. Dieses Ziel erreicht die Mutter bei der Tochter durch irritierende Rede, die bei der Tochter eine tiefe Frage gedanklich verankert, mit der sie fortan lebt und innerlich beschäftigt ist. Die Tochter soll sich ihrer sozialen Verantwortung selbst bewusst werden – sie soll sich selbst herausführen aus ihrer Unmündigkeit, die ihre Verwurzelung in ‚bloßer Natur' bedeutet. Das ist das Programm der Aufklärung (gern im doppelten Bedeutungssinn aufzufassen).

Das Gedicht besteht aus der Gedankenrede des Mädchens und der wörtlichen Rede der Mutter. Und wie man hier sehr schön sehen kann, offenbart und verbirgt die Sprache die Gedanken. Sprache ist beides zugleich – Offenbaren und Verbergen: Aufzeigen von Möglichkeiten und Spielräumen, aber auch von Geboten und Verboten; Camouflieren von geheimer oder offenbarer Motivation, die man – vielleicht – nicht einmal sich selbst eingesteht.

Wer kennt sich schon selbst? Ist es ein wohlmeinender Rat, ist es mütterliche Besorgnis, die hier spricht, ist es eine Warnung im Sinne einer vorwurfsvollen Vorhaltung der Mutter, die hier zum Ausdruck kommen soll, oder ist es gar eifersüchtige Rede der Älteren, gerichtet an die Jüngere, die nun zur Konkurrentin um die Gunst der Männer wird? Ist es von allem etwas?

Den Älteren obliegt die Formung der Jüngeren, so will es das Modell der Erziehung der Kinder durch die Eltern: Die Eltern geben Erfahrungen weiter, was nur bedingt möglich ist – jeder muss im Leben eigene Erfahrungen sammeln und wird dabei eigene Fehler machen –, und die Eltern verbinden mit ihren Erziehungsmaßnahmen Maximen und Intentionen, die, zum Beispiel, auf Moralität zielen können, auf ein sittsames Verhalten im Rahmen gegebener Normen.

Die Mutter im vorliegenden Fall freilich provoziert eine Frage und damit Rätselraten. Sie stößt etwas an, was angestoßen werden muss, und eröffnet damit einen Raum der Ungewissheit. Was ist mit meinen Lippen, und was wird mit ihnen sein? Das ist des Nachdenkens wert, aber bedarf die Tochter des Anstoßes? Ist es nicht so, dass sie ohnehin und von selbst auf (eigenen) Ratschluss kommt? Aber was bedeutet dann ihre Frage: Wer könnte, wer sollte ihr denn sagen, was das Gebot der Mutter bedeutet – und was es bedeutet, wenn dieses Gebot überschritten und verletzt wird? Die Mutter offensichtlich nicht. Und das kulturelle Wissen scheint sich nicht konkret genug zu artikulieren. Eigene Erfahrungen des Mädchens, die das so überraschend geäußerte Gebot der Mutter ausgelöst haben könnten, kommen hier nicht in Betracht, denn sie werden im Horizont des Gedichts nicht thematisiert. Nicht relevant ist hier, dass der Mund ein Medium familialer Zärtlichkeit sein kann (und hoffentlich auch ist), dass Kinder ihre Eltern küssen und von den Eltern geküsst werden.

Zwei Fragen enthält das Gedicht, die sich eigentlich nicht beantworten lassen – und die dennoch entscheidend sind. Beide Fragen werden nicht von der Mutter gestellt und gehen doch indirekt auf sie zurück. Die pädagogische Frage, als Grundelement aller Erziehung, kann den inneren Zustand des Kindes zu erkunden suchen, sie kann aber auch – inquisitorisch verschärft – in den Vorwurf münden und damit die Möglichkeit der freien Antwort einschränken. Jedenfalls dokumentieren beide Fragen, dass sich die Tochter auf der richtigen Fährte befindet, denn sie übersetzt sich das Gebot der Mutter in die – vielleicht vorwurfsvoll – mitschwingende Frage nach der Farbe ihrer Lippen: „Warum sind sie so rot?" Formuliert sie damit aber, wie mit einer Schülerfrage, echtes Problembewusstsein – oder impliziert ihre Frage mehr, enthält sie bereits die Antwort, keck in den Gestus der Frage gemünzt?

> Wer zeigt mir armen Mädchen an,
> was mein Mund mehr als sprechen kann?

Das „Zeigen" fällt dem interessierten Leser auf – das „Zeigen" des noch unbekannten Jemandes geht vielleicht weiter als das „Sagen" der wohlvertrauten Mutter, die mit ihrer Rede in ein der Tochter bislang unbekanntes Terrain vorgestoßen ist. Dieser Vorstoß kommt zur rechten Zeit, denn er löst bei der Tochter Nachdenken aus – sie ist so weit, dass die mahnenden oder fürsorglichen (oder bereits zornigen, eifersüchtigen?) Worte der Mutter bei ihr auf fruchtbaren Boden fallen, was immer die Mutter intentional bezweckt haben mag. Die Mutter hat sich die „Natur" zur Beihilfe geholt, denn diese ist die große Autorität, die angerufen werden kann, wo vielleicht gesellschaftlicher Comment und Katechismus nicht so recht greifen und zu überzeugen vermögen. Die Natur, die von der Mutter argumentativ ins Feld geführt oder eigentlich (noch) mehr apostrophiert wird, ist freilich – ähnlich wie der liebe Gott oder das gern angerufene und für die Folgen der Handlungen des Selbst stellvertretend benannte Schicksal – eine Instanz, die auch zur Tochter spricht, wenngleich sie von dieser vielleicht mit anderen Worten, anderer Bedeutung gefüllt wird. Wer sich auf die Natur beruft, beruft sich auf ein weites Feld von Verweisungen, Sinnformen, Prämissen. Denn einerseits wird damit postuliert, dass die Natur etwas sei, was dem Verhältnis von Mensch und Gesellschaft, von Mutter und Tochter, von Normen und Werten vorgelagert sei, andererseits wird eingeräumt, dass sie dieses Verhältnis bestimme, und zwar dergestalt, dass neben der Norm auch der Spielraum der Abweichung von der Norm zum Tragen kommt. Die Natur umfasst das Natürliche (und auch dessen Gegenteil), denn die Naturgeschichte ist ebenso wie die Gesellschaftsgeschichte eine Geschichte der Veränderungen. Der Bedarf an Orientierung ist daher groß, wenn man sich verändert, etwa, wenn man vom Mädchen zur Frau wird.

Das unschuldige Mädchen sieht sich vor die Frage gestellt, die bei jeder Erziehung aufgeworfen wird: Wie werde ich befähigt, mich so zu entwickeln, dass ich mir meiner Möglichkeiten bewusst bin und sie in schicklichen Grenzen zu nutzen weiß? Und wie trage ich Sorge dafür, dass sich mein Wissen auch um jene Bereiche erweitert, die jenseits des Opportunen, Wünschenswerten, Zulässigen liegen, so zwar, dass ich meine Verhaltensweisen darauf einstellen kann – um als soziales Wesen wahrgenommen zu werden und zu fungieren?

Als soziales Wesen funktioniert das junge Mädchen so oder so – ob es unschuldig oder nicht so unschuldig ist: Doch kann es, wenn es als Heranwachsende erzieherisch begleitet wird, vielleicht besser auf seine Rolle(n) als Frau vorbereitet werden und seiner „Natur“ gerechter werden – der „Natur“ der Frau (des Mädchens, des Menschen). Zu dieser Natur gehört demnach die Neugierde, die hier von der Mutter geweckt wird – ob absichtlich, ob unabsichtlich, ob leichtfertig, ob verantwortungsbewusst, muss dahingestellt bleiben. Die Alten glaubten noch: Der Mensch strebe von sich aus nach seiner Perfektion. Sie glaubten aber auch, dass der Mensch dem Menschen „ein Wolf sei" – und sich nicht unbedingt als soziales Wesen erweise, das sich in seinem Menschsein vor Tieren qualitativ auszeichne:

„Dic mihi: si tu fias leo: qualis eris?" („Sag mir, wenn du ein Löwe wärest, wie würdest du dich gehaben?"[2]) Die berühmte Frage des Martial zielt auf das Ungewisse unseres Verhaltens, und vielleicht umspielt sie auch die Hoffnung und Erwartung, dass die Entwicklung des Einzelnen eine humane Ausrichtung nehmen möge. Ein frommer Wunsch, scheint es doch für den Hinweis der Mutter höchste Zeit gewesen zu sein: Noch hat ihrer Tochter kein fremder Jüngling sein Geheimnis auf die Lippen gedrückt, noch verzehrt diese sich nicht mit jeder Faser ihres Körpers nach seiner Nähe und Liebe; noch scheint das Mädchen das zu sein, was man der Kindheit in jener Zeit gern attestiert hat: asexuell. Dem entspricht die gefühlte Unbestimmtheit dessen, was außerdem im Vermögen ihrer Lippen liegen mag.

Die diskrete Gedankenrede des Mädchens wird öffentlich, nimmt man die „eingeschickte Antwort" hinzu, die ein „Jüngling" auf die (rhetorische) Frage des Mädchens formuliert: Gern zeigt er ihr an, was ihr Mund mehr als Sprechen kann. Ging es eben noch um die richtige Erziehung des Menschengeschlechts in matrilinearer Folge, so geht es jetzt um Erotik.

Eingeschickte Antwort eines Jünglings,
auf die Anfrage eines Mädchens

Liebes Mädchen! hör mich,
Viel Gutes bring ich,

---

[2] Vgl. Marcus Valerius Martialis: Epigramme. Aus dem Lateinischen übertragen und herausgegeben von Walter Hofmann. Frankfurt/M., Leipzig: Insel 1997 (it, 2649) S. 534. – Die Übersetzung von Wilhelm Raabe im zweiten Kapitel seiner Erzählung „Wunnigel". Vgl. ders.: Sämtliche Werke. Braunschweiger Ausgabe. Bd. 13. Hg. von Karl Hoppe u. a. Freiburg i.Br., Braunschweig: Klemm; Göttingen: Vandenhoeck & Ruprecht 1957, S. 12. Im 14. Kapitel von Raabes Erzählung erfährt das Martial-Zitat folgende Interpretation: „Nun, das Ding rät jedermann an, sich erst vollständig in die Haut des anderen hineinversetzen zu lassen, ehe er es sich herausnehme, über dessen Natur, Stimmungen, Gefühle, Werke, Taten und Handlungen abzuurteilen." Ebenda S. 109.

Einst, wie du, sprach ich: Natur
Schufst du dann zum Sprechen nur
Mädchenlippen rot?
Ha! sie könnten ja auch mit weißen Lippen sprechen! –
Itzt – war's ein Gebot
Deiner Mutter: „Nur zum Sprechen! –"
Itzt weiß ich mehr, – und zeigt es gern dir an,
Was dein Mund mehr, als sprechen, kann. (SW S. 733)

Der Jüngling verfolgt, wie es scheint, ein gegenläufiges Ziel: Es geht ihm nicht vorrangig darum, dass Mädchenlippen sittsam aufs Sprechen bezogen bleiben und damit denaturiert werden; er will vielmehr erreichen, dass bestimmte Optionen der Natur (erotisches Küssen und anderes orales Tun) umfassend genutzt werden, mögen sie im Rahmen des Schicklichen bleiben oder nicht. Der Jüngling möchte das Mädchen erleben lassen, welche anderen Erfahrungen ihr mit ihren Lippen zugänglich sind. Und selbst wenn man ihm nichts unterstellen will, so könnten und dürften darunter auch solche Erfahrungen sein, die man (als damaliger Erstleser) als grenzwertig „naturhaft" und vielleicht sogar als „wider die Natur" aufgefasst hätte.

In der Epoche der Aufklärung, der diese Texte angehören, wird der Mensch als „offenes" Wesen konzeptualisiert, das sich in diese oder jene Richtung entwickeln kann, und die literarischen Texte ebenso wie die Ratgeberliteratur der Zeit spielen diese Möglichkeiten konsequent durch. Was ihnen dabei fragwürdig erscheint, als extrem (und zugleich folgerichtig), fassen sie ins fremde Idiom: Allenfalls die Gebildeten sollen und dürfen erfahren, wessen der Mensch fähig ist (und wenn hier von „Gebildeten" die Rede ist, dann sind ausschließlich Männer gemeint). Die Mädchenbildung sieht – bis weit ins 19. Jahrhundert hinein – die völlige Ahnungslosigkeit in sexualibus vor: „Wohl dem Mädchen, deren Seele eine reine Kinderseele bleiben darf, bis sie in den Ehestand tritt, sie wird in späteren Jahren, wenn ihre Einsicht gewachsen, die Mutter segnen, welche nicht bloß über die Reinheit ihres Lebensgangs, sondern auch über die Reinheit ihrer Gedanken gewacht."[3] Die „rigorose Ausklammerung alles Geschlechtlichen", beispielsweise noch in Wedekinds Drama „Frühlings Erwachen" (1891) praktiziert – sie „habe gar keinen Begriff, wie das alles zugeht", sagt dort Wendla zu ihrer Mutter –, zeitigt Folgen, die im Zweifelsfall soziales Elend über die Frau bringen können. So heißt es in Chamissos Zyklus „Frauenliebe und Leben":

Hab ob manchen Zeichen
  Mutter schon gefragt,
Hat die gute Mutter
  Alles mir gesagt,
Hat mich unterwiesen,
  Wie, nach allem Schein,
Bald für eine Wiege
  Muß gesorget sein.[4]

Mütterliche Aufklärung, so lese ich es beim – gemessen an Claudius – ‚späteren' Chamisso, erfolgt hier, als die Tochter bereits schwanger ist: Hier wurde das „unschuldige" zum „armen" Mädchen, weil die Mutter es an der notwendigen Vorkehrung und Vorwarnung fehlen ließ. Immerhin erfüllt sich im Mutterglück, so die konservative Lesart, die Lust und die Liebe der Frau: Darin *soll* sie sich erfüllen, so ist es alter Sitte Brauch.

„Das unschuldige Mädchen" von 1768, das auf seine „Anfrage" in der Folgenummer der *Hamburgischen Addreß-Comtoir-Nachrichten* unverhofft „Antwort" erhält, ist davon weit entfernt. Es ist wohl auch gewitzter, wie einer weiteren Folgenummer des Nachrichtenblatts zu entnehmen ist – denn hier wird die Antwort des Jünglings wiederum vom Mädchen beantwortet, und zwar auf spöttische, vielleicht provokative Weise. Ein Gestus des Übermuts, auch des Wagemutes, liegt in ihren Zeilen – sie fordert den Jüngling heraus:

---

[3] Ludwig Fertig: Zeitgeist und Erziehungskunst. Eine Einführung in die Kulturgeschichte der Erziehung in Deutschland von 1600 bis 1900. Darmstadt: Wissenschaftliche Buchgesellschaft 1984, S. 181.

[4] Adelbert von Chamisso: Frauen-Liebe und Leben. In: Ders., Sämtliche Werke, Bd. 1. Hg. von Volker Hoffmann. München: Winkler 1975, S. 149–155, hier S. 153.

An den Jüngling

Du hast die Frage auch getan,
„Was rote Mädchenlippen sollen?“
Was gehn Dich unsre Lippen an?
Du wirst doch wohl nicht spotten wollen –
Einst frugst Du nur: *itzt* weißt Du mehr? –
Was weißt Du denn? freundlicher Jüngling! sag her.
(SW S. 734)

„Küssen will ich, ich will küssen“, heißt es bekenntnishafter bei Chamisso: „Wenn es treu die Lippen meinen, / Gibst du einen Kuß mir nur, / Tausend geb ich dir für einen“.[5] Freimütig wird dort das Küssen als „süßes Spiel“ gefasst, denn Chamissos Gedicht weiß noch nichts von der sozialen Komponente, für die seine Lyrik einmal gerühmt werden wird – und die deutlich macht, was bei Claudius schon anklingt: Erziehung ist als Folgerung aus der Erkenntnis fasslich, dass unsere Berufung auf die Natur oftmals zu kurz greift – reichte sie aus, dann entwickelten und verhielten wir uns naturkonform und bedürften keiner Regulierung durch soziale Wesen wie Mütter und Väter und andere, dann wäre die Klage des Bettlers: „Ihr hättet mich erziehen sollen, wie sich's für einen Menschen schickt“ unnötig.[6]

Die Natur sucht sich ihre Wege, und sie spricht zu denen, die ihr unterworfen sind. Natur und Mutter lassen sich auch zusammendenken: „Schön ist, Mutter Natur, Deiner Erfindung Pracht“ (Klopstock), und auf diese Mutter Natur wird immer wieder zurückzukommen sein, wo Mütter und Töchter reden und füreinander einstehen.

Das Gedicht vom „unschuldigen Mädchen“ bleibt spannend, selbst wenn man die Grenzen der Interpretation und damit den intentionalen Gehalt enger zieht, als ein Samuel Pepys (der im 17. Jahrhundert ein erotisches Tagebuch führte) oder ein Richard von Krafft-Ebing (dessen „Psychopathia sexualis“ als besonders anstößig wahrgenommen wurde) es vielleicht tun würden.

---

5 Chamisso (wie Anm. 4), S. 155f.

6 Chamisso: Der Bettler. In: (wie Anm. 4), S. 255f., hier S. 256.

Betrachtet man das Gedicht im Kontext der beiden anderen Gedichte, die auf es antworten (so wird in Günter Albrechts Reclam-Anthologie die Trilogie auf ein und derselben Seite abgedruckt[7]), dann ändert sich nicht nur sein Stellenwert, auch seine Sprechsituation wird eine andere: War man bisher davon ausgegangen, dass das Gespräch von Mutter und Tochter sowie die Gedankenrede der Tochter ein diskreter Vorgang im Privaten seien – die Publikation des Gedichts in den *Hamburgischen Addreß-Comtoir-Nachrichten* 1768 besagt hier nichts, denn der Leser weiß, dass er zwischen der pragmatischen Erfordernis, der zufolge Literatur veröffentlicht werden muss, und der dargestellten Welt des Gedichts eine Grenze zu ziehen hat, die nicht überschritten werden kann und darf –, dann wird durch die Zuschrift des Jünglings an die Redaktion ein neuer Aspekt deutlich. Nun muss man plötzlich von einer öffentlichen Rede des „unschuldigen Mädchens" ausgehen, denn wie käme sonst ein fremder Jüngling dazu, ihr zu schreiben?

Vielleicht fühlt man sich an die Ratgeberseiten der Jugendzeitschrift *Bravo* und ihr Umfeld erinnert („Dr. Sommer antwortet"), wo derlei eventuell denkbar gewesen wäre: eine intime Frage, öffentlich gestellt, provoziert Leserbriefe. Schuss folgt auf Gegenschuss, und der Leser verfolgt mit, was sich zwischen dem Mädchen und dem Jüngling anspinnt; unwahrscheinlich, aber so will es die Fiktion, und auch der Leser zieht Lust daraus.

Das unschuldige Mädchen wird nun mit Fragen der Empirie konfrontiert, und es antwortet darauf in frech herausfordernder Weise. Denn was ihn ihre Lippen angehen, wird er ihr zu beweisen suchen, das ist seine Lust und sein Glück. Womöglich geht das unschuldige Mädchen auf sein Angebot ein, denn wie wir gesehen haben, kann der ihm kognitiv unzugängliche, unbekannte Raum seiner Möglichkeiten es nicht zufriedenstellen: das Mädchen fragt, um Antworten zu bekommen. Die Mutter plädiert derweil für Selbstdisziplinierung, während der Jüngling auf Entgrenzung hofft: das ist *seine* Natur.

---

[7] Matthias Claudius: Unterm Mond ist viele Freude. Lyrik und Prosa. Hg. von Günter Albrecht. 3., veränderte Auflage. Leipzig: Reclam 1981 (= Reclams Universal-Bibliothek, 264), S. 31.

Leben erfordert Aktivität, auch von der Frau, die als Empfangende dargestellt wird, der im Spiel der Geschlechter die passive Rolle zukommt. Von der Mutter ist Aktivität gefordert, wo es um die Erziehung der Tochter geht. Aber auch die Tochter muss aktiv werden, wenn ihr ein Wissen zukommen soll, über das sie noch nicht verfügt. Da ist mitunter Entschlossenheit gefragt, wenn man an den Schlüssel zum Wissen gelangen will. (Claudius' spätere Frau Rebekka soll für einen Schlüssel eigens eine Schublade aufgebrochen haben, mit der Zimmermannsaxt.)

Bauernmädchen wissen mehr – und wie verhalten sie sich zu eigenem Begehren, das jenseits des Schicklichen liegt? In der pornographischen Literatur der Spätaufklärung stehen die weißen für die vom Sperma des Mannes benetzten Lippen, und dieser orale Liebesdienst wird, wie schon in der Antike, als besonderer Liebeserweis gewertet.[8] Vermutlich weiß das unschuldige Mädchen davon nichts, und vielleicht wird es davon nie erfahren. Aber denkbar ist es, und praktiziert wird es – auch damals schon, wie wir aus der Literatur wissen, die solches Verhalten sogar explizit rechtfertigt und mit Gottes wohlgefällig eingerichteter Welt argumentativ in Einklang bringt. Aber soll man dergleichen bei Matthias Claudius vermuten?

---

[8] Den ältesten Beleg dafür liefert uns Catulls Carmen 80 („Quid dicam, Gelli"). Zahlreiche weitere Belegstellen aus der griechisch-römischen Antike bieten die 1824 erschienenen ‚Apophoreta' des Friedrich Karl Forberg. Vgl. ders. (Hg.): Antonii Panormitae Hermaphroditus. Primus in Germania ed. Antonio Beccadelli. [Mit der Schrift] De figuris Veneris. Coburgi: Meusel 1824, S. 205ff. – Diese Hinweise verdanke ich Michael Titzmann.

Matthias Claudius

Mein Neujahrslied

*** *** ***

(Man sehe das letzte Stück von 1772.)

Es war erst frühe Dämmerung
Mit leisem Tagverkünden,
Und nur noch eben hell genung
Sich durch den Wald zu finden;

Der Morgenstern stand linker Hand –
Ich aber gieng und dachte
Im Eichthal an mein Vaterland,
Dem er ein Neujahr brachte.

Auch dacht' ich förder, so und so
Das Jahr ist nun vergangen,
Und du siehst noch gesund und froh
Den schönen Stern dort prangen.

Der ihm dort so zu stehn gebot
Muß doch gern geben mögen, --
Sein Stern, sein Thal, sein Morgenroth,
Rund um mich her sein Segen,

Und bald wird seine Sonne hier
Zum erstenmal aufgehen —
Das Herz im Leibe brannte mir,
Ich mußte stille stehen,

Und wankte, wie ein Mensch im Traum
Wenn ihn Gesichte drängen,
Umarmte einen Eichenbaum
Und blieb so an ihm hängen.

Auf einmal hört' ich's wie Gesang,
Und glänzend stieg's hernieder,

Und sprach mit hellem hohen Klang,
  Das Waldthal sprach es wieder:

„Der alten Barden Vaterland,
  „Und auch der alten Treue!
„Dich, freyes unbezwungnes Land!
  „Weiht Braga hier aufs neue

„Zur Ahnen-Tugend wieder ein;
  „ – Und Friede deinen Hütten!
„Und deinem Volke fröhlich seyn,
  „Und alte Deutsche Sitten!

„Die Männer sollen, jung und alt,
  „Gut vaterländ'sch und tüchtig,
„Und bieder seyn, und kühn und kalt,
  „Die Weiber keusch und züchtig;

„Und deine Fürsten groß und gut,
  „Und groß und gut die Fürsten,
„Die Deutschen lieben, und ihr Blut
  „Nicht saugen, nicht Blut dürsten;

„Gut seyn, gut seyn, ist viel gethan,
  „Erobern, ist nur wenig!
„Der König sey der beßre Mann,
  „Sonst sey der beßre König;

„Dein Dichter soll nicht immer Wein,
  „Nicht immer Amorn necken,
„Die Barden müssen Männer seyn,
  „Und Weise seyn, nicht Gecken;

„Ihr Kraftgesang soll Himmel an
  „Mit Ungestüm sich reissen —
„Und du, Wandsbecker Leyermann,
  „Sollst **Deutscher Bothe** heissen.

Der Bothe.

(Der Deutsche, sonst Wandsbecker Bothe
No. 1. Ao. 1773. Freytags, den 1ten Januar)

Herbert Rowland

Matthias Claudius' „Mein Neujahrslied" im Kontext

1774 veröffentlichte Claudius seine gemischte, aber letztlich negative Besprechung von Goethes „Die Leiden des jungen Werthers" im „Wandsbecker Bothen". Mehr als zwei Jahre zuvor, und völlig unabhängig davon, hatte er ein kurzes Gedicht mit der Überschrift „Fritze" in die Zeitung eingerückt. Im I./II. Teil seiner *Sämtlichen Werke*, der 1775 herausgekommen ist, steht das kleine Werk aber gleich nach der Rezension: „Nun mag ich auch nicht länger leben, / Verhaßt ist mir des Tages Licht; / Denn sie hat Franze Kuchen gegeben, / Mir aber nicht" (SW S. 44). Durch die Platzierung der beiden Texte gewinnt der wohl ursprünglich bloß als Füllsel gedachte Vierzeiler eine offensichtlich travestierende, verkleinernde Aussagekraft über den Gegenstand der (schon launigen) Rezension, während diese durch das Gedicht eine abschließende satirische Pointe bekommt, die sie früher nicht besaß. So entsteht ein Kontext, ein Sinnzusammenhang, in dem beide Texte zusätzliche bzw. neue Bedeutung erhalten. Sie liefern ein kleines Beispiel dafür, daß in der Literatur wie in vielen Wissenszweigen und Lebensbereichen der Kontext alles und alles kontextuell ist.

In den letzten Jahren hat die Claudius-Forschung mehrfach gezeigt, daß der Dichter selbst- und kunstbewußt mit den Mitteln und Möglichkeiten der Kontextualität umzugehen wußte, daß u. a. längere Textfolgen und gewisse Texte nebst begleitenden Illustrationen nur in der Aufeinanderbezogenheit der Einzeltexte bzw. -bilder völlig zu verstehen sind. Es ist nun aber so, daß literarische Werke auch ohne künstlerische Absicht, ja *notgedrungen* in größeren und kleineren sinnbildenden bzw. -erweiternden Kontexten stehen. Claudius' „Mein Neujahrslied", das in den 1770er Jahren in drei verschiedenen Publikationen veröffentlicht wurde, gibt ein instruktives Beispiel für die beabsichtigte wie für die unbeabsichtigte Kontextbedingtheit dichterischer Werke ab, denn dessen Aussage hängt zum

Teil von der jeweiligen sprachlichen (und damit auch kulturellen) Umgebung ab.

Das Gedicht erschien erstmals ohne Titel auf der ersten Seite des „Wandsbecker Bothen“ vom 1. Januar 1773 als Neujahrsgruß. Nach Form und Inhalt ist das „Lied“ eigentlich eher eine Verserzählung. Darin berichtet der Erzähler, wie er kurz vor Tagesanbruch durch einen Wald wandelt und über sein Vaterland nachdenkt, darüber, wie alle Anzeichen der Natur ein günstiges neues Jahr versprechen. Plötzlich erscheint mit Gesang und Gloria Braga, der altnordische Gott der Dichtkunst, der Deutschland eine neue „Weihe“ visionär verkündet. Dabei handelt es sich v. a. um eine Neubelebung „altdeutscher“ Werte wie Friede, Freiheit, Freude, Treue und Tugend, bei den Männern auch Patriotensinn und Tüchtigkeit, bei den Frauen Keuschheit und Züchtigkeit. An exponierter Stelle stehen die Fürsten Deutschlands, die das Volk menschlich behandeln und den Frieden bewahren sollten. Deutsche Dichter müßten weise und männlich sein, nicht geckenhaft, und ihr Gesang solle überall erklingen. Der „Wandsbecker Leiermann“ werde in Zukunft „Deutscher Bothe“ heißen.

Die nationale Motivik und der hohe pathetische Ton des Gedichts erinnern stark an eine literarische Bewegung, die v. a. mit dem Namen Friedrich Gottlieb Klopstock verbunden ist. An die Ossian-Fälschungen des Schotten James Macpherson anknüpfend, vermengte Klopstock in seiner sogenannten Bardendichtung keltisches und germanisches Altertum in einer Mythologie, die trotz ihrer Herkunft einem faktischen Bedürfnis junger Deutscher nach Ursprünglichkeit, Gefühlsunmittelbarkeit und einer Kulturidentität entgegenkam, die auch politisches Potenzial im Sinne einer überständischen, freiheitlicheren Gesellschaft hatte. Mit seinen Oden und Dramen wurde Klopstock seit Ende der 1760er Jahre zum Wegbereiter und Bezugspunkt der Dichter des Göttinger Hainbunds, mit denen Claudius freundschafts- und interessenbedingte Beziehungen pflegte. Zum Programm des Hainbundes gehörte u. a. auch Kritik an der „undeutschen“, teils durch das französische Rokoko inspirierten Dichtung Christoph Martin Wielands. Ob sich aber Claudius' Neujahrslied so ohne weiteres in die Bardendichtung einreihen läßt?

Über dem Text findet sich statt eines Titels die Anweisung, „(Man sehe das letzte Stück von 1772.)“. Üblicherweise versteht man diese Worte zusammen mit den beiden letzten Zeilen des Gedichts als Hinweis auf die Umbenennung des „Wandsbecker Bothen“ in „Der Deutsche, sonst Wandsbecker Bothe“, die einen (vergeblichen) Versuch des Verlegers Johann Joachim Christoph Bode darstellte, in Anlehnung an die Bardenbegeisterung eine überregionale Leserschaft zu erreichen und damit das ohnehin nur scheinbar lokale Blatt vor dem Konkurs zu retten. Diese Annahme ist wohl gerechtfertigt, doch der Titelkopf muß nicht der einzige Teil des vorigen Stücks sein, worauf hingewiesen wird. Buchstäblich sowie inhaltlich näherliegend ist die Nachrede in der letzten Nummer des Zeitungsjahrgangs 1772, die, punktuell auf den Neujahrsgruß mindestens implizite Bezug nehmend, zu dessen Pendant wird und so mit ihm eine sinnträchtige Einheit bildet.

In der Nachrede (vgl. SW S. 828f.) moniert der Bote in dem ihm eigenen „einfältigen“ Ton das Fehlen eines geeigneten Abschiedsgrußes. Er habe seinen Vetter umsonst um einen gebeten, „so recht wie's bei Valeten die neuste Mode ist“, denn es „schimpft einen denn so, wenn die Kollegen so was Schöns und Neues haben und man denn mit so einem alten Döhnchen angestochen kömmt (...) 's sieht auch so artig aus, wenn die Naht zwischen den Jahrgängen zu beiden Seiten so hübsch mit Versen wie mit Laubwerk besetzt ist“. Er selber könne kein Valet und keine Verse schreiben; er habe manchmal im Walde oder auf einem Hügel oder am Bach „so eine freudige herzliche Wallung“, als ob ihm etwas einfallen wolle, aber es komme nicht so weit, „und wenn mir Apoll nicht sonderlich Handreichung tut, so seh ich nicht ab, wie's Neujahrstag werden wird“. Der Vetter habe ihm von solchem Abschiednehmen abgeraten, denn „'s sind so dies Jahr wässerichte Dünste genug in unsrer Atmosphäre“; es sei besser, seinen Lesern in seinem Herzen zu wünschen, als wenn ihm „der Wunsch auf dem Buckel geschrieben“ stehe. Dem stimmt der Bote zwar zu, doch reißt er dem Vetter nichtsdestoweniger ein Stück Papier aus der Hand, auf dem das der Nachrede angehängte, meist ironisch-satirische „Prognostikon auf das Jahr 1773" steht (vgl. S. 829–831), mit dem seine Leser vorlieb nehmen müßten.

Es bestehen mehrere, sich gegenseitig bedingende Bezugspunkte zwischen der Nachrede und dem Neujahrsgruß. Darauf deutet schon das Bild vom „Laubwerk" zu beiden Seiten der „Naht" zwischen den Jahrgängen der Zeitung hin – trotz der Monierung des Boten ist die Nachrede in Wirklichkeit eine Art Valet und damit eine Verzierung so gut wie das Lied, wenn auch anderer Art. Die Erzählsituation im Valet spiegelt sich teilweise in der des Gedichts wider. Der Bote, den manchmal im Walde eine künstlerische Wallung überkommt und der jetzt auf Inspiration durch Apoll hofft, findet ein Gegenstück in dem in Wald und Tal wandelnden Erzähler des „Lieds", der in einem traumartigen, hellsichtigen Zustand den Gott Braga erblickt, der tatsächlich Verse hervorbringt. Neben diesen motivischen Ähnlichkeiten haben die beiden Texte auch ein gegenpoliges tonales Verhältnis zueinander. Die Bitte des Boten um ein Valet nach der neuesten Mode unterminiert sich durch ihre objektive Oberflächlichkeit und wirft so ein fragwürdiges Licht auf die Modenhaftigkeit des Neujahrslieds als Bardengesang. Die ganze Nachrede ist eine selbstreflexive Travestie der journalistischen Gattung Abschiedsgruß, die einen Gegenpol in dem übertrieben pathetischen, die Bardendichtung leise parodierenden Ton des Neujahrsgrußes hat. Insofern kann man sagen, daß die „wässerichten Dünste" noch am Neujahrstag in der Atmosphäre schweben, daß die Mahnung des Vetters zu inwendigem Wünschen noch gilt. Nicht mehr mit Sicherheit zu beantworten ist die Frage, wann die Nachrede und das Gedicht entstanden sind, aber die Arbeitsbedingungen eines Zeitungsjournalisten und die innere Verwandtschaft der Texte machen es wahrscheinlich, daß Claudius sie um dieselbe Zeit und mit auf beide gerichtetem Blick verfaßt hat.

Travestie und Parodie können, müssen aber nicht ihre Gegenstände einer negativen Kritik unterziehen. Hier wie über weite Strecken seiner „Sämtlichen Werke" verfährt Claudius spielerisch mit seinen Formen und Themen. Er hatte ja großen Respekt für Klopstock und die Hainbündler wie für andere Vertreter der jüngeren Dichtergeneration und teilte einige ihrer Kernideale, das zeigen viele der wohlwollenden Rezensionen, die er auch im „Wandsbecker Bothen“ veröffentlicht hat. Seine Aussage über die deutschen Fürsten war nicht die letzte, in der er eine menschenwürdige Behandlung der Untertanen befürworten sollte, und er hielt mit kritischen Äußerungen zu Wieland nicht hinter dem Berg. Andererseits hat er sich auch ganz objektiv bzw. positiv zu Wielands „Deutschem Merkur“ geäußert und Rezensionen ähnlich gesinnter Kritiker, ja viele Gedichte mit klassisch-„französierenden“ Motiven in seiner Zeitung publiziert. Im letzten Stück des „Bothen“ für 1772 hat er auch eine Nachricht aus Paris aufgenommen, der zufolge der Verfasser der neu erschienenen „Lettres Provinciales“ (Pierre Bouquet) von der Grundverfassung und dem Staatsrecht des Königreichs so verwegen gesprochen habe, daß die Regierung das Buch verboten habe, womit der menschenfreundliche, aber systemkonservative Claudius aller Wahrscheinlichkeit nach völlig einverstanden war.

Darüber hinaus war Claudius jederzeit bereit, auch an seinen Dichterkollegen bzw. -freunden direkte und indirekte Kritik zu üben. Durch seine Rezensionen bekamen das neben Goethe u. a. auch Klinger, Heinrich Leopold Wagner und Herder zu spüren. Sein „Auch ein Lied (s. den Hamb. Unparth. Corresp. No. 63)“ im „Wandsbecker Bothen“ Nr. 65 / 1771, das die komisch großtuerischen Worte „Wer nicht stammt vom Thuiskon, / Der blicke nach dem Mädchen nicht! / Er blicke nicht, / Wenn er nicht vom Thuiskon stammt!“ enthält (vgl. SW S. 90), ist eine unzweideutige Persiflage auf Klopstocks patriotisches Gedicht „Ich bin ein deutsches Mädchen“ („Vaterlandslied“) und wirkt als solche auch auf Friedrich Leopold zu Stolbergs ebenso ernstgemeintes „Lied eines deutschen Knaben“, das Claudius doch 1774 in den „Wandsbecker Bothen“ aufnahm. Solche scheinbare Inkonsequenz erklärt sich einerseits aus Claudius’ literarischem Demokratensinn, andererseits aus seinem inneren Verhältnis zum Bardenwesen. Dieses manifestiert sich deutlich in dem 1771 im „Wandsbecker Bothen“ publizierten Zweizeiler „Hier liegen Fuß-Angeln“: „‚Ich bin ein Barde.‘ Freund, sind deine Augen helle? / Gnügt dir die Eichel und die

Quelle?“ (vgl. SW S. 26) Bei literarischen Werken ging es Claudius viel weniger um die äußere Hülle als um den inneren Kern, weniger um die Form als um die darin zu erkennende geistige und v. a. sittlich-religiöse Gesinnung. Im größeren Kontext seiner Zeitung wie in dem der Nachrede und des Neujahrslieds legt Claudius eine gemischte Einstellung zum Bardenwesen an den Tag.

Ein zweites Mal erschien Claudius' Neujahrsgruß unter dem Titel „Neujahrsgedicht des Wandsbecker Bothen“ im „Göttinger Musenalmanach auf das Jahr 1774“. Im Wortlaut ist diese Fassung mit dem Erstdruck bis auf die zweite Zeile der fünftletzten Strophe identisch. Im „Bothen“ liest man „‚Die Männer sollen, jung und alt, / Gut vaterländ'sch und tüchtig [sein]‘“, während im Almanach „‚Die Männer sollen, jung und alt, / Gut vaterländisch, tüchtig [sein]‘“ zu lesen ist. Die Substitution von „und“ durch ein Komma in der Neufassung scheint harmlos genug, unterbricht aber den Rhythmus der Zeile und bewirkt somit neben der Ausschreibung von „vaterländisch“, daß man bei den sinntragenden Worten der Zeile gleichsam verweilen muß, verleiht also den im Rahmen der Bardendichtung bedeutendsten Worten größeren Nachdruck. Vergleicht man die beiden Fassungen nach Interpunktion, findet man in der neueren ähnlich akzentändernde Unterschiede. Dabei handelt es sich v. a. um Satzzeichen an Stellen, wo in der Erstfassung keine vorhanden sind, bzw. um die Setzung von Semikolons und Ausrufezeichen statt Kommas. In der dritten Zeile der dritten Strophe umfassen Kommas beispielsweise die Worte „gesund und froh“, auch hier den Rhythmus verlangsamend, und unterstreichen so das körperliche Befinden und die Gemütsverfassung des Erzählers. In thematischer Hinsicht viel wichtiger sind die Änderungen in der viert- und drittletzten Strophe:

Und deine Fürsten groß und gut;
  Und, groß und gut, die Fürsten
Die Deutschen lieben, und ihr Blut
  Nicht saugen, nicht Blut dürsten!

Gut seyn, gut seyn, ist viel gethan;
Erobern[,] ist nur wenig!
Der König sey der beßre Mann;
Sonst sey der beßre König!

Die fettgedruckten Satzzeichen zwingen den aufmerksamen Leser auch hier dazu, die jeweilige Zeile langsamer zu lesen und den Sinn der betroffenen Worte näher zu betrachten (wozu die Wiederholungen das Ihre beitragen). Das Fehlen des in der Erstfassung vorhandenen Kommas nach „erobern“ hat die entgegengesetzte Wirkung, indem es die Zeile schneller lesen läßt. So verringert es das Gewicht des Wortes und unterstreicht auf solche Weise den Sinn der Zeile. Das Ergebnis dieser Änderungen ist ein Gedicht, das gegenüber der früheren Fassung entschiedener als Bardengesang wirkt.

Die neue sprachliche bzw. literarische Umgebung des Gedichts steigert diese Wirkung noch weiter. Im Kalendarium des Bandes kommen z. B. altdeutsche Formen der Monatsnamen wie Hornung (Februar), Brachmonat (Juni), Heumonat (Juli) und Weinmonat (Oktober) vor. Die „Poetische Blumenlese“ wird mit drei Bardengesängen aus Klopstocks „Herrmann und die Fürsten“, dem zweiten Teil seiner Bardieten[Dramen]trilogie, eröffnet, die zehn Seiten umfassen. Abgeschlossen wird der Band durch seine Ode „Weissagung. An die Grafen Christian und Friedrich Leopold zu Stolberg“, in der er im Bardenton und mit Bardenmotiven (überraschenderweise?) die Herrschaft der Vernunft über das Schwertrecht prophezeit. Der wichtigste Vertreter der Bardendichtung steht also am Eingang und Ausgang des Buches und macht so dessen ersten und letzten Eindruck auf den Leser. In den dazwischen liegenden Versdichtungen wird zwar klar, daß auch Klopstock und seine Jünger mitunter weiterhin Motive aus Anakreontik und Hirtendichtung pflegten. Den Geist der Schäferwelt atmet beispielsweise sein „Cidli“ („Das Rosenband“), das sich fast genau in der Mitte der Blumenlese findet. Doch diese lange literarische Tradition stand seit der Renaissance selbst als Chiffre für Natur und wich jetzt einer neuen, freilich viel kurzlebigeren. Weit typischer für die Anthologie sind neben den schon genannten Werken u. a. Gottfried August Bürgers Ballade „Lenore“, Goethes „Gesang“, die Urfassung seines Sturm-und-Drang-Hymnus „Mahomets-Gesang“, und v. a. Klopstocks „Schlachtgesang“ sowie sein – „Vaterlandslied“. Vor Claudius’ Neujahrsgedicht steht (außer einem knappen Vierzeiler) Johann Heinrich Voß’ sehr „germanisches“, hochtönendes „Deutschland. An Friedrich Leopold Graf zu Stolberg“. Der zweitfolgende Text ist eine Nachdichtung von „Unter der Linden“ von Walther von der Vogelweide, nur *ein* Beispiel einer Reihe zeitgenössischer Minnelieder, die der Band umfaßt. In dieser literarischen Nachbarschaft nimmt sich Claudius’ Gedicht wie zu Hause aus.

Das Gedicht erschien zum dritten Mal unter dem endgültigen Titel „Mein Neujahrslied“ im I./II. Teil der „Sämtlichen Werke“ (vgl. SW S. 13–15), der zur Ostermesse 1775 herauskam. Im Wortlaut unterscheidet sich diese Fassung von den beiden anderen am auffälligsten in der allerletzten Zeile: „Sollst D[d]deutscher Bot[h]e heißen“ liest sich nun „Sollst Freund und Vetter heißen“. Die Neufassung der Zeile begründet sich in der Umfunktionierung des Gedichts in seinem neuen Zuhause. Es mußte nicht mehr den Wunsch eines Verlegers erfüllen oder sich einer Modeströmung in einem Organ anderer Dichter anpassen, sondern sollte als erster poetischer Text im Band Claudius’ ureigene Werksammlung *mit* vorstellen und eben dadurch den Leser in seine literarische Welt hereinlocken. Man hat dem Lied mehrfach einen programmatischen Charakter zugeschrieben, ohne aber darauf näher einzugehen, v. a. ohne dieses ‚mit‘, den Zusammenhang des Gedichts mit den vorangehenden Prosatexten hinlänglich zu berücksichtigen.

Schon im ersten Jahrgang des „Wandsbecker Bothen“ hatte Claudius angefangen, einen fiktiven Freundes- und Bekanntenkreis nach dem Muster der moralischen Wochenschriften zu entwickeln, doch erst in den „Sämtlichen Werken“ gelang es ihm, dem Kreis schärfere Konturen und den Einzelgestalten eine jeweils eigene Persönlichkeit zu verleihen. Dieser Prozeß begann bereits in der „Dedication“ und den anderen Kurztexten, die zwischen Titelseite und Eröffnungsgedicht im ersten Band der Werke stehen. Durch den warmherzigen, einfachen doch gewitzten Asmus und den ihm ähnlichen, aber geistig überlegenen Vetter schuf er einen im ganzen ungezwungenen, doch intelligenten Gesprächston, der seine Leser emotionell sowie geistig ansprechen und ins Gespräch teilnehmend mit einbeziehen sollte. Die Umbildung des letzten Satzes des Gedichts tut das Ihre dazu, einen höheren Grad von Vertrautheit zwischen Dichter und Leser zu erreichen. Dieselbe Wirkung hat die Verwendung von (in SW weggelassenen!) Anführungszeichen im Gedicht. In der ersten und zweiten Fassung stehen Bragas Worte in Anführungsstrichen, die des Erzählers nicht, aber in der Endfassung ist das Umgekehrte der Fall. Auf diese Weise tritt Asmus stärker als eigene Person hervor, während Braga in demselben Grad gleichsam deklassiert wird.

In den einleitenden Texten gab Claudius seinen Lesern auch zu verstehen, daß es ihm in seinen Schriften doch um mehr als „Einfassung und kleines Spielewerk" gehe. Er widmet den Band seiner eigentümlichen Todesgestalt „Freund Hain", der als „Schutzheiliger und Hausgott vorn an der Haustüre des Buches" stehen solle und von dem in der Tat eine Abbildung das erste ist, was man beim Aufschlagen des Bandes erblickt. An einer Stelle in der Dedikation läßt er Asmus zu dem Knochenmann sagen, „und doch ist's mir als hätt' ich eine Art Heimweh und Mut zu Dir, Du alter Ruprecht Pförtner! daß du auch einmal kommen wirst, meinen Schmachtriemen aufzulösen, und mich auf beßre Zeiten sicher an Ort und Stelle zur Ruhe hinzulegen" (SW S. 11). Er schließt die Texte damit ab, daß er das Schlußwort im 2. Makkabäerbuch abwandelt, um u. a. auf die Vielfalt seiner gesammelten Werke vorzubereiten, sich dabei auf die Würde der Bibel stützend. Auf bildhafte und anspielungsreiche Weise macht er seine Werksammlung also gleichsam zu einem kleinen christlichen Welttheater, in dem das Kleine und Zeitliche letzten Endes auf das Große und Überzeitliche bezogen werden soll und muß. So nimmt es nicht wunder, daß in der vierten und fünften Strophe des Neujahrlieds das für den Herrn stehende Pronomen „sein" im Gegensatz zu den früheren Fassungen groß geschrieben ist.

Im Großen und Ganzen stimmt die Interpunktion in dieser Fassung des Gedichts auf jeweils unterschiedliche Weise mit der in den beiden anderen Fassungen überein, doch an mehreren Stellen weicht sie sprechend davon ab. In der vierten und fünften Strophe, wo der dem Menschen zukommende Segen des Herrn durch Großschreibung des Fürworts betont wird, gesellen sich zwei Ausrufezeichen verstärkend zu dem in der zweiten Fassung schon vorhandenen: „‚Der ihm dort so zu stehn gebot / ‚Muß doch gern geben mögen!'"; „‚Und bald wird Seine Sonne hier / ‚Zum ersten mahl aufgehen! – '". Und in der ersten und zweiten Zeile der viertletzten Strophe sowie in der ersten Zeile der drittletzten, in denen ideale Fürsten prophezeit werden, kommen neue Ausrufezeichen vor: „Und deine Fürsten groß und gut! / Und groß und gut die Fürsten!"; „Gut seyn! Gut seyn! Ist viel gethan, / Erobern, ist nur wenig". In den darauf folgenden Zeilen, die in der Erst- und Zweitfassung „Der König sey der beßre Mann, / Sonst sey der beßre König!" lauten, hat der eine oder andere Kommentator übrigens einen revolutionären Geist sehen wollen. Das in der Endfassung hinzugefügte Komma im letzten Vers – „Sonst sei der beßre, König!" – verlangsamt das Tempo der Zeile und mildert so den Ton der Aussage, die sowieso im Kontext von Claudius' ganzem Werk gelesen werden muß. Diese Worte stammen zwar von Braga, und auch andere Teile seiner Prophetie werden auf dieselbe oder differente Weise hervorgehoben. Aber bei der Umfunktionierung und Neuakzentuierung des Gedichts, bei der größeren Personalisierung des Erzählers auf Kosten des germanischen Gotts und der erhöhten religiösen Einrichtung des Werkes an dessen exponierter Stelle zwischen Einleitung und Hauptteil des Bandes, spielt die Botschaft eine wichtigere Rolle als der Botschafter und alles, was mit ihm verbunden ist.

Das zeigt auch die Vernetzung des Neujahrlieds mit den darauf folgenden Texten im I./II. Teil der „Sämtlichen Werke". Die große Mehrheit davon war schon im „Wandsbecker Bothen" erschienen, aber in der Werksammlung stehen sie nacheinander in viel größerer Dichte als in der Zeitung, so daß sie hier weit kräftiger wirken als dort. Hier finden sich beispielsweise Claudius' positive Stellungnahme zu Klopstocks Oden, doch auch sein Klopstock persiflierendes „Lied" („Ich bin ein deutscher Jüngling") wieder, sein „Ich wüßte nicht warum?" mit der rhetorischen Frage, „Den griechischen Gesang nachahmen?" und der impliziten Antwort, „Videatur Vetter Ossian“, aber zugleich auch sein „Hier liegen Fuß-Angeln“. In seinen „Spekulations am Neujahrstage“, die zuerst, ähnlich dem Neujahrslied, im ersten Stück des „Bothen“ für 1772 veröffentlicht wurden, schreibt er, „’n fröhlichs Neujahr, ’n fröhliches Neujahr für mein liebes Vaterland, das Land der alten Redlichkeit und Treue! ’n fröhlichs Neujahr, für Freunde und Feinde, Christen und Türken, Hottentotten und Kannibalen! für alle Menschen über die Gott seine Sonne aufgehen, und regnen lässet! und für die armen Mohrensklaven, die den ganzen Tag in der heißen Sonne arbeiten müssen!“ Er könne es wohl leiden, daß man ein bißchen patriotisch sei, bös dürfe man aber von keiner Nation sprechen: „die Klugen halten sich allenthalben stille, und wer wollte um der lauten Herren willen ’n ganzes Volk lästern?“ Die „Spekulations“ liefern ein launiges, aber handgreifliches Beispiel für Claudius’ grundsätzlich kosmopolitische Einstellung zu den Ländern und Kulturen der Welt. Zu zahlreichen religiösen bzw. religiös angehauchten Texten, die über die fünf Jahrgänge des „Wandsbecker Bothen“ verstreut sind, kommt im I./II. Teil der „Sämtlichen Werke“ noch das bekannte Gedicht „Der Tod und das Mädchen“, das Claudius aus dem „Göttinger Musenalmanach für 1775“ übernommen hat und eine innige bildhafte und inhaltliche Beziehung zum Frontispiz mit Freund Hain und den einleitenden Texten besitzt. Im ersten Band der Werke erkennt man also noch deutlicher denselben sinnvollen, ausbalancierten, das Neujahrslied relativierenden Standpunkt zum Bardenwesen, der den „Wandsbecker Bothen“ prägt, sowie eine noch stärker hervortretende religiöse Note.

Ein Gedicht, vielmehr sich um Nuancen unterscheidende Fassungen *eines* Gedichts, aber wegen der verschiedenen Kontexte drei unterschiedlich wirkende Werke.

Matthias Claudius

Der Schwarze in der Zuckerplantage

Weit von meinem Vaterlande
  Muß ich hier verschmachten und vergehn,
Ohne Trost, in Müh und Schande;
  Ohhh die weißen Männer!! klug und schön!

Und ich hab den Männern ohn Erbarmen
  Nichts getan.
Du im Himmel! hilf mir armen
  Schwarzen Mann!

(SW S. 17–18)

Tanja Schurkus

Claudius und die „weißen Teufel"

Das Gedicht „Der Schwarze in der Zuckerplantage" wird häufig zitiert, wenn man sich auf die Suche nach gesellschaftskritischen Tönen im Werk von Matthias Claudius macht oder doch zumindest nach einer Haltung des Protestes in seinen Texten Ausschau hält. Die Zeilen erfahren dabei sehr unterschiedliche Bewertungen: Urban Roedl stilisiert Claudius im Zusammenhang mit diesem Gedicht zum politischen Dichter: „Mit Herz und Geist den Dingen dieser Welt zugewandt, wird er zum politischen Dichter, zum Anwalt der Leidenden, zum Sprecher gegen die Unbilden öffentlicher Zustände."[1] Explizit wendet sich Roedl damit gegen das Bild von Claudius als – bestenfalls – weltfremdem Idylledichter und – schlimmstenfalls – willfährigen Untertanen. Anders fällt dagegen das Urteil von Christian Degn aus, der feststellt: „Leidenschaftlich hat Claudius sein Altes System gegen das Neue System der Menschenrechte, der Freiheit, der Demokratie verteidigt (…)."[2] Aus diesem „alten System" der Macht von Fürsten über ihre Untertanen erwuchs ein System der Macht von Besitzenden über die Besitzlosen. Am Vorabend der Kolonialzeit erlebte der Welthandel einen Aufschwung, getragen von den Profiten der Sklavenwirtschaft. Ein Name steht exemplarisch für diese Entwicklung: Heinrich Carl von Schimmelmann, der Gutsherr, Sklavenhalter und „Arbeitgeber" von Matthias Claudius. Übte Claudius also scharfe Kritik an der neuen Form des Welthandels und seinen Vertretern? Oder ist sein Gedicht ein vergleichsweise zahmes Beispiel für einen Protest, der andere Protagonisten hatte?

---

1 Urban Roedl: Matthias Claudius. Hamburg 1969, S. 91.

2 Christian Degn: „Claudius und die Obrigkeit". In: Jörg-Ulrich Fechner (Hg.): Matthias Claudius 1740–1815. Leben – Zeit – Werk. Tübingen 1996 (= Wolfenbüttler Studien zur Aufklärung, 21), S. 25.

Das Gedicht wurde von Claudius im „Wandsbecker Bothen" zum ersten Mal 1773 veröffentlicht. Die Zeitung war auf Geheiß des Barons Heinrich Carl von Schimmelmann ins Leben gerufen worden, der das dänische Wandsbek 1762 als Gutsherr erworben hatte. Schimmelmann galt als einer der wohlhabendsten Unternehmer seiner Zeit. Mit seinem Reichtum stieg auch seine Macht im dänischen Staat, eine Verflechtung, die Christian Degn in seiner Schrift „Die Schimmelmanns im atlantischen Dreieckshandel. Gewinn und Gewissen" ausführlich analysiert hat. Schimmelmann hatte ab 1763 insgesamt vier Zuckerplantagen auf den westindischen Inseln erstanden und gehörte zu den größten Sklavenbesitzern der Region. Und für den „Nachschub" sorgte er durch Handelsniederlassungen an der afrikanischen Westküste; auf seinen europäischen Gütern ließ Schimmelmann die Produkte der Sklavenwirtschaft verarbeiten, etwa zu den begehrten Kattun-Stoffen, er lieferte aber auch Waffen und Rum nach Afrika.

Mit dem Geld, das er so erwirtschaftete, wurde auch die Stelle von Matthias Claudius finanziert. Als Macher des „Wandsbecker Bothen" erfreute er sich außerdem einiger Privilegien und hielt sich wiederholt selbst im Schloss auf.

Auch wenn es in den bisher zugänglichen Schriften von Matthias Claudius keinen Bericht darüber gibt, muss er im Haushalt Schimmelmann den so genannten „Kammermohren" begegnet sein. Ein als Kind verschleppter Afrikaner, der jetzt auf den Namen „Peter" hörte, fungierte etwa als Portier auf dem Wandsbeker Schloss und bezog als solcher sogar Lohn. Auch für seine Frau ließ Schimmelmann einen Sklaven als Leibwächter von den westindischen Inseln bringen. Zudem hatte er eine Art „Ausbildungsprogramm" aufgelegt: Besonders begabte (und wohl auch folgsame) Sklaven sollten auf seine dänischen Besitzungen gebracht werden, um dort in Handwerk und sogar Medizin ausgebildet zu werden. Das Schicksal dieser meist zweifach heimatlos Gewordenen war oft ein trauriges: Sie erlagen Krankheiten, wurden Projektionsfläche „weißer" Phantasien und Ängste und verfielen mitunter dem Alkoholismus.

In adligen Haushalten war der „Kammermohr" ein beliebtes

Schaustück, und das galt für ganz Europa. In der Frage ihres rechtlichen Status' formierten sich erstmals die Gegner des Sklavenhandels. In Großbritannien etwa war die Sklavenhaltung verboten – wenn also jemand einen Sklaven aus den Kolonien nach England brachte, wurde dieser Sklave dann frei? Ja, urteilte ein britisches Gericht im Jahr 1772. Es hatte damit auch ein Zeichen gesetzt gegen die Auffassung, dass es eine „natürliche Sklavenrasse" gab, die viele in den Afrikanern sehen wollten.

Das Prinzip der unfreien Arbeit war Ende des 18. Jahrhunderts noch weit verbreitet in Europa und zwar in Form der Leibeigenschaft. Der zu leistende Arbeitsdienst war hier jedoch nicht an eine Person gebunden, sondern an Grund und Boden. Schimmelmann, als Gutsherr, war somit auch Herr über eine große Zahl von Leibeigenen, die auf seinem Land lebten. Im Zuge der Aufklärung hatte sich jedoch die Erkenntnis durchgesetzt, dass diese Form der Bewirtschaftung keine Zukunft besaß.

Matthias Claudius setzte sich in seinen Gedichten und auch in seiner Funktion als Oberlandkommissar in Darmstadt immer wieder mit der Stellung der (unfreien) Bauern auseinander. Doch ähnlich wie diejenigen, die den Reformer und Bauernbefreier Struensee in Dänemark 1772 entmachtet hatten, war auch Claudius der Ansicht, dass eine Veränderung in der Frage der Unfreien nur von oben, und zwar von dem durch Gott eingesetzten Herrscher erfolgen durfte, an den zu appellieren aber Recht und Pflicht gleichermaßen war. Und so lässt er auch seinen Sklaven sprechen: nicht als Aufständischen, sondern als Mahner. Dennoch enthält das Gedicht einige Formulierungen, die sich deutlich gegen das in dieser Zeit vorherrschende Bild vom „Mohren" richten.

Schwarze Haut und „weiße" Seelen

Religion und Wissenschaft schienen sich im ausgehenden 18. Jahrhundert einig, was die Beurteilung der Afrikaner betraf: Die dunkle Hautfarbe musste auch für eine fundamentale Andersartigkeit im Wesen, in den Empfindungen und im Selbstbild stehen. Aus Sicht der Religion waren sie heidnisch, aufgrund der schwarzen Haut vielleicht sogar teuflisch; für die

Naturforscher standen sie dem Tierreich näher als der menschlichen (europäischen) Kultur. Die (versklavten) Afrikaner konnten bei der ihnen aufgezwungenen Charakterisierung nur verlieren: Fügten sie sich in ihr Schicksal, bestätigten sie das Bild von der „Sklavennatur"; zeigten sie Talente und Begabungen, führte man das auf den Einfluss der Weißen zurück; widersetzten sie sich, galten sie als gefährliche Wilde. Bevor die Europäer den afrikanischen Kontinent beherrschten, beherrschten sie das Bild des Afrikaners, und das musste dazu dienen, die Überlegenheit der helleren Haut festzuschreiben und ökonomischen Interessen zuzuarbeiten.

In Claudius' Zeilen dagegen zeigt sich ein ganz anderes Bild: „Weit von meinem Vaterlande" beginnt es; Claudius wählte mit „Vaterland" einen politischen Begriff, der noch nicht ganz die Brisanz der nationalen Appelle nach 1806 besaß. Claudius, der dänische Untertan und deutsche Kulturbürger, kannte aber aus dem Salon Reimarus' die Diskussionen um das deutsche Selbstverständnis und die Frage nach der gemeinsamen Nation.

Seinem Sklaven gibt er also nicht nur ein Heimatland, sondern ein Vaterland, also ein identitätsstiftendes Staatsgebilde.

„Muß ich hier verschmachten und vergehn", heißt es weiter. Viele Sklavenhalter führten das Argument an, dass es den Schwarzen auf ihren Plantagen besser erginge als in Afrika, wo Stammeskriege und Kannibalismus herrschten. Diese Zeile und die folgende richten sich deutlich gegen dieses Zerrbild:

„Ohne Trost, in Müh und Schande". Nur wer ein Würde- und Ehrgefühl besitzt, kann auch Schande empfinden. Der Ehrbegriff erschien für viele ein „weißes", mithin männliches Privileg, aber Claudius lässt seinen Sprecher unter der Demütigung leiden. So wendet der sich dann auch nicht unterwürfig an seine weißen Adressaten, sondern mit Spott: „Ohhh die weißen Männer!! klug und schön!" Zu beachten sind hier nicht nur Schreibweisen und Interpunktion, sondern auch der Umstand, dass „schön" sich auf „vergehn" reimt und die Schande als Kreuzreim umfasst.

„Und ich hab den Männern ohn Erbarmen / Nichts getan." Nur auf den ersten Blick erscheinen diese Worte naiv. Sie berufen sich vielmehr auf das natürliche Recht der Unversehrtheit –

und wo es dieses Recht gibt, kann es keine Sklaverei geben. Der schwarze Sprecher zeigt dieses Gerechtigkeitsgefühl, die angesprochenen Weißen offenbar nicht.

„Du im Himmel! hilf mir armen / Schwarzen Mann!“ Bei dem Autor dieses Gedichts kann kein Zweifel bestehen, dass hier der (christliche) Gott gemeint ist. Dennoch lässt das „du“ das Gedankenspiel zu, dass eine andere (afrikanische) Gottheit angerufen wird, in jedem Fall zeigt es die Nähe des Sprechers zu einem höheren Wesen und damit die Glaubensfestigkeit. Der Sklave weiß Gott auf seiner Seite und das bedeutet im Umkehrschluss, dass die christlichen Sklavenhalter gegen Gott handeln.

Somit zeigt jede Zeile des Gedichts eine Abrechnung mit dem Bild vom schwarzen Sklaven und den Rechtfertigungsfloskeln der Sklaverei. Wie deutlich Claudius dabei wird, zeigt sich im Vergleich mit einem Gedicht, das etwa zeitgleich der Öffentlichkeit zugänglich wurde:

Die englische Gräfin von Huntington finanzierte den Druck der Gedichte von Philis Wheatley, einer in Boston ansässigen freigelassenen Sklavin. Sie war in Afrika geboren worden, vermutlich im heutigen Senegal, und wurde von einem Bostoner Schneider als „Leibsklavin“ für seine Tochter gekauft. Die Wheatleys sahen sich ganz der pietistisch-puritanischen Frömmigkeit verpflichtet und erzogen auch die junge Philis in diesem Sinne, bevor sie sie formell in die Freiheit entließen. Als erste namentlich bekannte dichtende Afro-Amerikanerin wurde sie zum Wunderkind der Bostoner Gesellschaft. 1773 erschien eine Sammlung ihrer Gedichte unter dem Titel „Poems on Various Subjects“. Sie sind auch ein Glaubensbekenntnis, etwas, das sie mit dem Dichter aus Wandsbek verband. So heißt es in einem ihrer bekanntesten Gedichte:

On Being brought from Africa to America

'Twas mercy brought me from my Pagan land
Taught my benighted soul to understand
That there's a God, that there's a Savior too:
(...)[3]

---

[3] Zitiert nach Monika Plessner: Ich bin der dunklere Bruder. Die

Das Gedicht erweckt die Vorstellung eines heidnischen, gottlosen und dunklen Landes, aus dem „gerettet" worden zu sein ein Akt der Gnade (mercy) ist. Hier ist weder die Rede von einem Vaterland noch von Verschleppung oder Demütigung, auch eine natürliche Religiosität, die Respekt verdient, wird hier nicht angesprochen. Zwar endet auch ihr Gedicht mit einer Ermahnung:

> Remember, Christians, Negroes black as Cain,
> May be refined and join the angelic train.[4]

– aber hier wird sich nicht auf eine natürliche Menschenwürde berufen – im Gegenteil: Der Afrikaner steht dem Brudermörder Kain nahe; der Schwarze wird erst durch seine Möglichkeit der Christianisierung aufgewertet. Diese wiederum setzt voraus, dass er seinem afrikanischen, gleich heidnischen, Umfeld entzogen wird. Wheatleys Gedicht zeigt damit sehr deutlich die zwiespältige Rolle der Religion in der Frage der Sklaverei. Frömmigkeit wurde vielfach zu einem Instrument der Sklavenhalter: Gehorsam in dieser Welt unter Berufung auf Paulus („Denn es ist keine Obrigkeit, ohne von Gott"; „Der Sklave bleibe an seinem Platz ..."), Rettung in der nächsten Welt. So bediente sich auch der Baron von Schimmelmann der Glaubensgemeinschaft der Herrnhuter, um seinen Sklaven eine religiöse Erziehung zukommen zu lassen. Der dänisch abgefasste Katechismus stellte dabei klar „dass die Neger, die von Gott selbst zu Sklaven gemacht sind",[5] aus der Taufe keine Vorrechte in ihrer Behandlung ableiten durften. Die Herrnhuter mussten darin scheitern, das System der Sklaverei aus sich selbst heraus zu bessern, der Appell an die christliche Brüderlichkeit blieb folgenlos, wenn der Profit im Vordergrund stand.

Literatur der schwarzen Amerikaner. Hagen 1977, S. 82. (*Über den Weg von Afrika nach Amerika* // Durch Mitleid kam ich aus dem Heidenland / Durch Mitleid hat meine schwarze Seele erkannt: / Da ist ein Gott, da ist ein Retter gar: / (…). Übersetzung: T.S.)

4 Bedenket, Christen, Neger schwarz wie Kain / Reihen sich dereinst gerettet bei den Engeln ein. (Übersetzung: T.S.)

5 Zitiert nach Christian Degn: Die Schimmelmanns im atlantischen Dreieckshandel. Gewinn und Gewissen. Neumünster 2000, S. 101.

Die Quäker erteilten der Sklaverei daher eine deutlichere Absage: Den Mitgliedern ihrer Gemeinden war die Sklavenhaltung verboten. Sie ergriffen in England auch als Erste die Initiative zum Verbot des Sklavenhandels. Das hebt Johann Gottfried Herder in seinen „Briefen zur Beförderung der Humanität" hervor: „Die tätigsten Bemühungen zu Abschaffung des schändlichen Negerhandels und Sklavendienstes sind ihr Werk."[6] In seinem Gedicht „Die Frucht am Baume" schildert er eine unmenschliche Maßregel gegen einen Sklaven: „Ich sah den menschenwidrigsten / Anblick. Ein Neger, halb zerfleischt, / Zerbissen; schon ein Auge war / Ihm ausgehackt. Ein Wespenschwarm / An offenen Wunden sog aus ihm / Den letzten Saft. Ich schauderte."

Herder kommt zu dem Schluss: „Der Neger malt den Teufel weiß." In den 1770er Jahren standen Herder und Claudius noch im regen Austausch. Im Vergleich lässt sich feststellen, dass Claudius sich weniger offensiv und auch seltener mit der Sklaverei auseinandersetzte als Herder. Launig harmlos wirkt es etwa, wenn Claudius in seinem Text „Spekulation am Neujahrstage" ein fröhliches Neujahr wünscht „für die armen Mohrensklaven, die den ganzen Tag in der heißen Sonne arbeiten müssen" (SW S. 82). Sein Gedicht „Zuckerplantage" ist aber, wie dargelegt, mehr als ein Appell an Mitleid, mehr als ein Beleg für die „christliche Simplizität"[7] des Autors. Es durchbricht das, was man heute als rassistische Stereotype bezeichnen würde, allein schon dadurch, dass der weiße Dichter durch das lyrische Ich des Afrikaners spricht. Und als solcher kann er deutlichere Worte wagen als Philis Wheatley, die bedroht von den Sanktionen der weißen Gesellschaft, in der sie lebte, eine „bis zur Selbstverleugnung getriebene totale Anpassung an die Wertvorstellungen und Spielregeln"[8] dieser Gesellschaft vollzog. Claudius passt sich den Wertvorstellungen seines „Arbeitgebers"

---

[6] Diese und die folgenden Textstellen zitiert nach Johann Gottfried Herder: Werke in 10 Bde., Bd. 7. Frankfurt/Main 1991.

[7] Franz Georg Friemel: Christliche Spiritualität. In: Fechner (Hg.): (weiter wie Anm. 2), S. 3.

[8] Plessner (wie Anm. 3), S. 83.

Schimmelmann in diesem Aspekt nicht an. Er sieht vielmehr eine unbezweifelbare Erlebens- und daher Leidensgemeinschaft von Schwarz und Weiß. Für Claudius befindet sich jeder Mensch in einem Zustand der Knechtschaft: Er ist der Knecht seines Leibes und daher der Krankheit und dem Tod unterworfen. Befreiung kann er nur im Glauben finden.

Freiheit und Knechtschaft

Zahlreiche Historiker haben darauf hingewiesen, dass der Protestantismus der Sklavenhaltung und dem Sklavenhandel eine fatale Grundlage bescherte: Gewinnzuwachs als Zeichen besonderer Gottgefälligkeit. Man braucht nur einen kurzen Blick auf Claudius' Lebensweg zu werfen, um zu sehen, dass wirtschaftlicher Erfolg für ihn kein Glaubensbekenntnis war. Nicht nur in seinem berühmten Gedicht „Der Mensch" legt er dar, dass er die irdischen Bestrebungen für äußerst flüchtig hielt. So wie aber die irdischen Schätze als solche flüchtig sein müssen, so sind es auch die Ungerechtigkeiten, die Menschen einander zufügen. Für ihn folgt daraus nicht, dass man zu diesen schweigen sollte. Um sie aber aus der Welt zu schaffen, darf man sich auch nicht auf andere Weise am Menschen versündigen – die beiderseitigen Exzesse im Sklavenaufstand und dessen Niederschlagung auf Haiti 1791 mögen Claudius in dieser Haltung bestätigt haben. Der Mensch, ob schwarz oder weiß, ob Fürst oder Untertan, unterliegt in dieser Welt zahlreichen Zwängen („Er ist hier aber an das Unvollkommene gebunden, an Zeit und Ort;" SW S. 541 in der „Vorrede zu der Übersetzung von Fénelons Werken religiösen Inhalts"), er lebt in einem Käfig, der auch sein Verhalten beeinflusst, wie Claudius in seinem Brief an die Fürstin Gallitzin anschaulich dargelegt hat.[9] Erst der Tod öffnet diesen Käfig. Bis dahin gilt:

Bemerkung

Freiheit und Knechtschaft sind wohl zwei;
Doch oft im Grunde einerlei. (SW S. 541)

---

9 Vgl. Matthias Claudius: Briefe an Freunde (= Briefe Bd. 1), hg. von Hans Jessen. Berlin 1939, S. 342.

Claudius mag es auch daher nicht als seine Aufgabe angesehen haben, gegen das (Sklaven-)Wirtschaftsimperium des Barons von Schimmelmann zu Felde zu ziehen. Auch Schimmelmann war ein Unfreier, ein Gefangener seiner Gier. Es dürfte Claudius' Glauben an das Wirken Gottes auch in dieser unvollkommenen Welt bestätigt haben, als er die Abkehr des Sohnes, Ernst Schimmelmann, von den Prinzipien des Vaters erlebte. Der Sohn bezog vor allem von Schiller und Rousseau die Gedanken, die ihn vom Nutznießer zum Gegner der Sklavenwirtschaft werden ließen. Und auch er sieht, ganz im Sinne Claudius', die Rollen von Opfer und Täter als austauschbar an: „Schon produzieren unsere Sklaven in Amerika Güter eines Luxus, der uns in Europa verdirbt, der uns entnervt, und dadurch, daß wir uns so herabwürdigen, zeigen wir uns nur umso mehr wert, selbst Sklaven zu sein."[10]

Diese Äußerung mutet an wie eine frühe Kritik an der Globalisierung, in der die Sklaverei keineswegs verschwunden ist. Was setzte Claudius dem entgegen? Keinen Zyklus von Protestgedichten, keinen literarischen Aufschrei, sondern vorsichtige Töne der Ermahnung – und eine Lebensweise, in der die von Schimmelmann Jr. angeprangerten „Luxusgüter" keine Rolle spielten. Schon damals kam einigen Zeitgenossen dieses „Einsiedlerleben" anachronistisch vor. Das Einsiedlertum bezog sich dabei auch nicht auf eine Zurückweisung von Geselligkeit, sondern auf eine bewusste Abkehr von den Verlockungen der Zeit, mochten sie nun materieller oder philosophischer Natur sein. Claudius hätte zu Recht anführen können: Wer seiner Lebensweise als „Landmann" und größtenteils Selbstversorger folgte, hatte keinen Bedarf an Gütern aus Sklavenwirtschaft. Was in europäischen Augen auch damals bereits weltfremd anmutete, spielte im amerikanischen Diskurs über gesellschaftliche Utopien stets eine große Rolle. Angefangen bei dem Amerikareisenden de Tocqueville bis hin zu Ralph Waldo Emerson und zu Thoreau und seinen „Tillers of the earth" erscheint immer wieder ein Gedanke: Nur wer eigenes Land besaß und bearbeitete, war und blieb wirklich frei und also auch moralisch

[10] Zitiert nach Degn (wie Anm. 5), S. 194.

nicht deformierbar; nur aus solchen Mitgliedern konnte eine gerechte Gesellschaft entstehen. Die Sklaverei dagegen zerrüttete das Wesen der Herren ebenso wie das der Sklaven. Es brachte „Männer ohne Erbarmen“ hervor, die andere in Schande vergehen ließen.

In den 1780er Jahren wurde die Diskussion über die Sklaverei und den Sklavenhandel heftig geführt in Europa – eine Diskussion, in der Claudius sich nicht zu Wort meldete. Ernst Schimmelmann dagegen wurde zu einer der treibenden Kräfte, die 1792 erreichten, dass der Sklavenhandel in den dänischen Besitztümern abgeschafft wurde. Die französische Republik schaffte 1793 die Sklaverei (vorübergehend) ab, England verbot den Sklavenhandel 1807. Zahlreiche Gedichte und Lieder zeugen von dem langen Kampf gegen das lukrative Unrecht; Claudius' Gedicht „Der Schwarze in der Zuckerplantage“ nimmt dabei keine hervorgehobene Stellung ein. Auch wenn es eines der unbequemeren Gedichte aus Claudius' Werk ist, so steht es doch nicht für ein programmatisches Bemühen des Dichters. Dennoch kann man nicht sagen, dass es folgenlos blieb. Es bereicherte den Chor der Anklage und zeigt seinen Effekt damit noch heute: Wandsbek stiftete Baron Heinrich Schimmelmann ein Denkmal. Doch es regte sich Protest: Man sah in ihm weniger die Unternehmerpersönlichkeit und den Förderer der Region als den Vertreter eines skrupellosen Systems, das sich in der Weltwirtschaft festgesetzt hat. Das Denkmal wurde wieder entfernt. Ein Protest gegen ein Claudius-Denkmal ist dagegen kaum zu erwarten.

[Matthias Claudius]

Die Republique der Gelehrten. Ihre Einrichtung, Gesetze, und Geschichte des letzten Landtages. Gesammlet durch Wlemar und Salogast. Herausgegeben von Klopstock. Hamburg bey Bode. 1774.

Erste Anzeige.

Jo, die Verfassung und Gesetze der Republique hat gewiß ein Jesuit aus einem Spanischen Kloster mitgenommen, oder es hat sie auch ein Schatzgräber auf der Leutkircher Heide gefunden. Aber, wie es mit der Geschichte des letzten Landtages zusammenhängt, das kann ich nicht kurz kriegen. Der Landtag soll erst vor 2 Jahren gehalten seyn. Und so viele Aldermänner, ganze Zünfte von Gelehrten, Pöbel, Herolde, Rathfrager, Nachtwächter etc.; so viel Versammlungen, Conferenzen, Berathschlagungen, Verhöre, Exsecutions, Lärm, Tumult u.s.w. und das alles in freyen ofnem Felde, bey hellem lichten Tage — und man hatte nicht ein Wort davon gehört, noch in Zeitungen gelesen! Wissen die Zeitungsschreiber doch sonst alles so schön zu berichten, lange eh es noch geschicht oder geschehen soll; aber keine Zeile, weder im politischen noch gelehrten Artikel — Es kann das mit dem Landtage alles nicht wahr seyn! Dazu wenn die Nachtwächter wie es da heißt itzo noch umher giengen und ihr Amt thäten, ich schlafe seit mehr als zehn Jahren sehr unruhig, und liege oft halbe Nächte mit ofnen Augen und Ohren, da hätte ich doch wohl einmahl einen müssen blasen hören, aber auch das nicht. Einmahl horte ich wohl so einen fremden Laut, aber das war gewiß Albert Fapp, der Instrumentmacher. Und denn das von meinem Bruder, Laurenz Rohrdommel! Der sollte auf so vielen Landtägen gewesen seyn, und mir nie ein Wort davon gesagt haben? und auf dem letzten wäre er gar in Inquisition gerathen und ordentlich verhört und verurtheilt worden? Hm, so müßte er der erste aus unsrer Familie seyn, der sich mit den Gerichten so gemein gemacht hätte. Aber es ist nicht wahr, das von dem letzten Landtage, und von meines Bruders Verhör, alles erstunken und erlogen; und es ist nicht hübsch von Herrn Klopstock, daß er die Rohrdommelsche Familie durch dergleichen Unwahrheiten so öffentlich beschimpft, und, wenn mein Bruder nur so will als ich, so werden wir ihn zu finden wissen. — — Aber ich kann das doch auch fast nicht von Klopstock glauben. Soll er doch so ein schönes Gedicht geschrieben haben, und mein Bruder hat mir wohl eher selbst gesagt, daß sein Character noch schöner als sein Gedicht sey. Dazu laufen in der ganzen Geschichte des Landtages so viel Umstände mit unter, die würklich wahr sind oder sich mit dem was ich gewiß weiß so gut zusammen reimen lassen, daß man irrig wird. So reiste zum Exempel vor c. 1 Jahr würklich ein französischer Herr de la Popepiere Tauperau (siehe Seite 306 der Republique) bey uns durch, der allerhand erzählte was in der Geschichte des Landtages steht, und unter andern mehr als einmahl sagte: die Deutsch ahb meschant Marechaussees. Und das von meinem Bruder (siehe Seite 385 der Republique) trift viel zu. Wir sind würklich aus Urlau gebürtig; mein Bruder ist 103 Jahre alt, und hat einen langen weißen Bart, und seit 2 Jahren ist ihm der Bart auf der linken Seite würklich dünner geworden. Ich habe auch nicht begreiffen können, warum er seinen Nahmen verändert hat, und sich seit einigen Jahren **Aßmus** nennt, aber ich will morgen an ihn schreiben, und der Fuchs soll zum Loch heraus, oder ich heisse nicht wie ich heisse.

Hartwig Rohrdommel.

(Das Schreiben sammt der Antwort künftig.)

(Der Deutsche, sonst Wandsbecker Bothe No. 76 / 13.5.1774)

Die Deutsche Gelehrten=Republik. Ihre Einrichtung. Ihre Gesetze. Geschichte des letzten Landtags. Auf Befehl der Aldermänner durch Sologast und Wlemar. Herausgegeben von Klopstock. Erster Theil. Hamburg, gedruckt bey J.J.C. Bode 1774.

Zweyte Anzeige. (s. No. 76.)

Salvtitul, hochgeehrter lieber
Herr Bruder Laurenz.

Gott zum Gruß,

Mit deinem verdammten Geisterbannen, und Cirkel und Druidenschuhen! Ist es dir doch von Jugend auf gesagt worden, daß es einmal dein Unglück seyn würde, aber du hast nicht hören wollen. Nun hast du es, und es ist mir recht lieb, daß die Geister dir den linken Bart gerupft, und daß die Aldermänner dich so prostituirt haben. Du weißt vieleicht nicht, daß die Geschichte gedruckt, und in aller Menschen Hand und Mund ist? Da, ließ beyfolgendes Buch, in specie S. 385 etc. wo ich die Handvoll Esels Ohren hineingemacht habe, und denk, was ein Kleck für die Familie! Laurenz Rohrdommel, Pfui! Ich zwar will es noch nicht glauben, Bruder, und halte dich wohl zu vernünftig. Doch hat mir das verzweifelte Buch viel Aerger und Kopfbrechen gemacht. Das habe nun heraus, daß es bis Seite 170 ächt, und aus einem Spanischen Kloster oder aus der Leutkircher Heide ist (möchte doch wissen wie Herr Klopstock daran gekommen ist) aber hinten ist der Hund vergraben. Zwar möchte einiges wahr darin seyn, wie solche Leute allezeit mit einzumischen pflegen, ihren Vorspiegelungen Credit zu machen. So glaub ich würklich den Vorfall mit dem Herrn de la Pepipiere Taupereau, und das vom Mauseberg, (S. 341) du wirst dich besinnen daß Herr Ahrens in secunda schon von so etwas munkelte; auch das von der Nase, die sich allein in der Luft herum gerummelt hat (S. 390.) will noch glauben, ich habe eher selbst dergleichen erlebt; aber das Avancement des berühmten Herrn von Voltaire, (S. 374.) dein Verhör Seite 385 bey den Esels=Ohren, samt allem was von S. 171 bis 448 an den Morgens und

Abends mit den einheimischen und auslandischen Gelehrten vorgegangen seyn soll, halte für erstunken, die Denkmale der Deutschen, und die Stücke aus einer deutschen Grammatik und die Verse selbst S. 293 nicht ausgenommen; zweifle auch nicht du werdest mir darin Recht geben, und durch deine Antwort aus aller Unruhe rücken, die mir deinet und unserer Familie wegen graue Haare macht. Lebe wohl, Bruder, und ich bitte dich, laß doch die Geister und Cirkel und Triangel ungeschoren. Ich aber ersterbe, in Erwartung daß es mit Nichts in dem Buche seine Richtigkeit habe, ewig der Deinige und verbleibe treuwohlgemeint

meines lieben hochgeehrten
Herrn Bruders
Freund und Brud
Hartwig.

Antwort auf den vorigen Brief.

's hat mit allem in dem Buch seine Richtigkeit, Hartwig, mit allem! Mit dein'n Eselsohren und mein'm Verhör auch, nur die Geister haben mir nicht den linken Bart gerupft, und die Aldermänner mich nicht prostituirt. Oft ist der auf dem Richterstuhl kleiner als der d'vor steht, sieh Hartwig, und so war's hier. Der Geschichtsschreiber des Landtags ist nun wohl so treu gewesen, den kleinen Umstand zu bemerken, daß ich während des Verhörs die Hand nicht vom Kinne weggebracht habe, aber du hätt'st mich da sollen stehn sehn, wie sich so kein Haar auf mein'm Kopf krümmte und wie 'ch dem Aldermann von Zeit zu Zeit ins Gesicht sah, daß er nicht wußte, wo 'r hinsehn sollte, und seine Augen h'rumlaufen ließ als 'n Spulrad. Und mit 'n Büchergeistern bin 'ch durch und hab 's am Strick. Sie haben mir auch nicht den linken Bart gerupft wie da geschrieben steht, sondern, weil die Herrchen eben guter Laune waren, ließ 'ch sie mir halt'r 'n bisgen am Kinn schäckern, kann bey der Gelegenheit wohl 'n Haar seyn verlohren gangen, ist aber nicht gerupft worden. Die Geister aus todten Büchern gehen von selbst h'raus, die kann wohl ein Aldermann bannen, aber bey gesunden kräftigen Büchern die nicht gestorben sind noch sterben werden da klammern s' sich fest an die Nerv' an, und sie müssen doch h'raus wenn ich banne. Wollen eine kleine Prob machen, Hartwig, mit der **Republik der Gelehrten.** Stemme nur den Rücken gegen, und faß mit der rechten Hand das linke Ohrläpplein, und sey übrigens unbesorgt, dir soll kein Leid geschehen.

---

† O O O Δ O O O †
-- O -- O -- O -- O --

---

k – ik – lik – blik – ublik – publik – epublik – Republik
Hurrahrihrehrohruhröhruhröhruhröhruhröhnihdom.

Siehst'n Hartwig? — Ist 'n feiner Geselle, mit hellen blauen Augen, die er in und ausser Landes wendet; stemmt die Hand in die Seite als 'n Edelmann, und als ob'r eben so gut wäre als 'n Franzause; gähnt vor langerWeile daß er mit manchem Ding nicht kann thun und schaffen wie er wohl wollte; hat 'n ehrbares strenges Gesicht aber im Nacken den bekannten Herrn; haßt die Nachtwächter; hat sein Vaterland lieb und pfeift auf'm Finger; ist sonst wie du siehst schlank und wohl gewachsen und – Hartwig Hartwig – will dir kein Leid thun etc. etc.
Uebrigens ist alles in dem Buche wahr, in specie das von den Irsalen und Nachtwächtern, und ist gar ein herrlich Werk. Will dir auch gelegentlich deine Scrupel lösen, hab heut nicht Zeit. Verbeibe aber,

mein lieber Bruder,
dcin
Seindiener **Laurenz Rohrdommel,**
sonst **Aßmus** genannt.

den 17. May 1774.

N.S. Thu dir melden, daß sich gestern schon ein Nachtwächter hat wittern lassen. Wird wohl noch mehr geschehen.

(Der Deutsche, sonst Wandsbecker Bothe No. 78 / 17.5.1774)

Annette Lüchow

Zur Rezension der „Gelehrtenrepublik" im *Wandsbecker Bothen* 1774

Können Sie es auch *nicht kurz kriegen*, lieber Leser? Haben Sie sich schon beim Überfliegen der ersten Zeilen von Matthias Claudius gefragt, was diese Rezension hier soll? Ist sie nicht so zeitgebunden, dass sie 200 Jahre nach dem Tod ihres Verfassers die kostbaren Seiten einer Anthologie vergeudet? Wer hat denn die „Gelehrtenrepublik" gelesen? Wer kennt überhaupt noch Klopstock? Und jetzt noch dreizehn Seiten Kommentar zu einem Kommentar zu einem Text, den keiner kennt?

Viele Seiten sparend und Claudius und seiner Verfasserfigur Laurenz Rohrdommel durchaus zur Ehre gereichend, müsste an dieser Stelle eigentlich mit geheimnisvollen Zeichen und Gemurmel geantwortet werden, in etwa so:

------------------------------[1]

{ ^ \\ ~ ┌] ??] ---] !!!] ---] ??]] ┐ ~ // ^ }

sss --- mumumu --- thethethe --- bobo --- mus --- smus --- bobobothe --- aaa --- asmus --- Asmus!

Und dann stünde er jetzt vielleicht vor uns: *Asmus* mit seinem Wanderstock, ein bisschen krumm vom ständigen Tragen seiner Nachrichten, aber mit aufgeweckten Augen, aus denen der Schalk blitzt, wenn er sagt: *Wenn die Schriftsteller nun von den Gelehrten vernommen haben, was ihr Buch wert ist, so mögen sie denn auch vielleicht wohl einmal hören, was ein einfältiger Bote davon sagt* (SW S. 815).

Wäre der Geist des Textes damit gebannt und seine Lebendigkeit nachgewiesen – auch 230 Jahre nach seinem Erscheinen? – Wer an dieser Stelle bejahend nickt, dem seien weitere von Claudius' Rezensionen empfohlen, von denen sich zahlreiche in SW

---

[1] Bitte hier *mit der rechten Hand das linke Ohrläpplein* fassen.

finden lassen. Hier lassen sich noch weitere lebendige Geister aufspüren, an deren Schalk man seine helle Freude haben kann. Wer dagegen angesichts dieser Form der Texterfassung nur ratlos die Stirn runzeln kann, sei eingeladen, sich auf ein paar Seiten mehr oder minder gelehrte Anmerkungen einzulassen, die der Imagination, die Claudius einfordert, möglicherweise aufhelfen können.

Geisterbeschwörung - um nichts anderes geht es Claudius hier. Allerdings ist es eine Beschwörung der besonderen Art: der Erfassung dessen, was einen Text lebendig werden lässt. Was macht einen Text lesenswert? Aus dieser Frage eine Gespenstergeschichte zu entwickeln, war dabei nicht Claudius' Idee, sondern greift eine Episode aus der „Gelehrtenrepublik" Klopstocks auf. Seine Rezension dieses Werks erschien in zwei Teilen am 13. und 17. Mai 1774 unter der Rubrik „Gelehrte Sachen" in dem von ihm seit 1771 als Redakteur betreuten „Wandsbecker Bothen". Stark verkürzt ist sie 1778 noch einmal von ihm in den III. Teil seiner „Sämtlichen Werke" aufgenommen worden (SW S. 125f.), und wohl aus diesem Grund hat die Erstfassung bisher nie den Eingang in eine Werkausgabe gefunden. Dabei ist sie gerade in ihrer ursprünglichen Fassung ein besonders schönes Beispiel für Claudius' ganz eigene Art zu rezensieren. Auf billigem grauen Papier gedruckt hat sie sich in nur wenigen Originalexemplaren erhalten. Ein Faksimiledruck des „Wandsbecker Bothen" ermöglicht es aber seit 1978 wieder einem breiteren Leserkreis, Claudius' Beiträge in ihrem Originaltextzusammenhang zu entdecken.

Rein äußerlich unterschied sich „Der Wandsbecker Bothe" mit vier Seiten im Quartformat nicht von anderen Zeitungen jener Zeit. Auch inhaltlich war die Aneinanderreihung verschiedenster Nachrichten jeweils nur unter Angabe von Provenienz und Datum die allgemein übliche Gestaltung. In dieser für heutige Augen wenig Orientierung bietenden Bleiwüste setzten sich allein die Rezensionen deutlich vom Nachrichteneinerlei ab und waren als eigene Textformen bereits etabliert. Wenn also am 11. Mai 1774 auf Seite 3 unter der deutlich hervorgehobenen Überschrift „Gelehrte Sachen" der (im Original fettgedruckte) Buchtitel der zu rezensierenden Schrift „Die

Republik der Gelehrten. (...) Herausgegeben von Klopstock." zu lesen ist, folgt Claudius noch ganz den Konventionen des Rezensionswesens seiner Zeit, um sie mit dem nächsten Wort dann mit einem Überraschungseffekt zu sprengen: *Jo*, beginnt der Text seiner Rezension mit einer umgangssprachlichen Partikel, die auch heute noch als Einstieg für Interesse sorgen könnte, auf den damaligen Leser aber höchst irritierend, wenn nicht empörend gewirkt haben dürfte. Seit Johann Christoph Gottsched 1730 in seiner „Critischen Dichtkunst" eine programmatische Konzeption der Literaturkritik entworfen hatte, galt die Literaturkritik als ausschließlich den Gelehrten vorbehalten. Obwohl die anwachsende Zahl der Publizisten sich durchaus aus akademischen Kreisen rekrutierte, standen insbesondere die Zeitungsjournalisten im Verdacht mangelnder Qualifikation. Blättert man in den „gelehrten Teilen" der Konkurrenzblätter – im „Hamburgischen Correspondenten" und der „Hamburgischen Neuen Zeitung" – fällt auf, wie sehr sich die Zeitungsrezensenten mit ihrer Kritik zurückhalten. Allgemein folgt auf den Buchtitel eine ausführliche Inhaltsangabe. Sprachlich bemüht man sich um sachliche Distanz und akademische Begrifflichkeit. Eine Bewertung folgt allenfalls am Schluss und beschränkt sich zumeist auf ein bis zwei lobende Sätze. Dabei bleibt man unpersönlich oder spricht allenfalls aus der Position eines „wir". Ohnehin blieben die Rezensenten anonym oder bedienten sich einer Chiffre.

Ganz anders Claudius am 13. Mai 1774. Wird der Leser schon durch die ungebildete Sprachebene des *Jo* irritiert, so wird er mit der Weiterführung des Satzes auch in seiner Erwartungshaltung enttäuscht, über den Inhalt eines neuen Buches informiert zu werden: *Jo, die Verfassung und Gesetze der Republique hat gewiß ein Jesuit aus einem Spanischen Kloster mitgenommen, oder es hat sie auch ein Schatzgräber auf der Leutkircher Heide gefunden. Aber, wie es mit der Geschichte des letzten Landtages zusammenhängt, das kann ich nicht kurz kriegen.* Bitte? Worum geht es hier? Nicht nur im 21. Jahrhundert wird dies die typische Erstreaktion auf den Beginn von Claudius' Rezension gewesen sein. Triumphieren kann hier nur derjenige, der das Buch bereits weitgehend gelesen hat.

Doch das war zu diesem Zeitpunkt nur wenigen Auserwählten möglich. Gerade gedruckt, wurde das Werk erst seit dem 6. Mai ausgeliefert. Claudius war daher einer der ersten Leser des Buches. Seine Rezension zeugt davon, dass er es nicht nur gelesen, sondern auch so weit verstanden hatte, dass er die ungewöhnliche Form des Werkes und die Fiktion, es handele sich um überlieferte Schriften, die Klopstock lediglich herausgebe, bereits durchdrungen hatte. Eine durchaus anspruchsvolle Voraussetzung, gibt das Werk doch auch nach Aussage heutiger Gelehrter „dem Verständnis verhältnismäßig große Rätsel auf".[2] Es ist ein „offenes" Werk, in dem verschiedene Textformen miteinander verwoben werden. Kernstücke sind dabei ein legislatorischer Teil, die „Geseze", und ein erzählender, „Die Geschichte des letzten Landtages". Dabei spielt Klopstock mit der archaisierenden Fiktion einer in seiner Zeit bereits seit Jahrhunderten bestehenden deutschen Gelehrtenrepublik, deren teils mündlich tradierte, teils auf alten Quellen beruhende Gesetzgebung im ersten Teil des Werks durch die Figuren *Salogast* und *Wlemar* gesammelt und 1769 im Druck bekannt gemacht werden.[3] Im zweiten Teil des Werkes zeigt die Darstellung eines fiktiven *Geschichtsschreibers,* wie vorgeblich im Jahre 1772 auf Grundlage der Verfassung und Gesetze gerichtet, aber auch die Gesetzgebung des Gelehrtenstaates diskutiert und erweitert wird. Dies ist den Morgen des Landtages vorbehalten, die Abende dienen dagegen dem gelehrten Austausch und ermöglichen es Klopstock, Abhandlungen mit eigenen poetologischen und grammatikalischen Überlegungen sowie patriotische Aphorismen in das Werk zu integrieren. Eingekleidet hat er seine Gedanken in eine archaisch anmutende Utopie, in der der zeitgenössische Literatur- und Wissenschaftsbetrieb durch vielfältige Anspielungen kritisiert wird, wenn es z. B. im neu zu verabschiedenden Gesetz heißt: *Den Ausrufern und Ankündigern wird bey dreyjähriger Landesverweisung, und denen, die schreiben, bey der lauten Lache, oder noch schärferer Rüge,*

2 Friedrich Gottlieb Klopstock: Die deutsche Gelehrtenrepublik. Hg. von K. Hurlebusch. (HKA, Werke VII 2.) Berlin 2003, S. 250.

3 Vgl. ebenda S. 277.

verboten: Bücher, wie sie die Ausländer lange gehabt, und lange vergessen haben, so zu empfehlen, als ob die Nation stolz darauf sey sie zu besizen.[4] Schon die Wahl der Strafen zeigt Klopstocks humorvolle Distanz gegenüber seiner eigenen Projektion. Sein Wunsch, die Bildung einer deutschen Kulturnation voranzutreiben, war ihm aber durchaus ernst und eines seiner wichtigsten Anliegen, das er über Jahrzehnte auf vielfältige Weise verfolgte.

Claudius hat ihn in diesem Ziel durchaus unterstützt, aber mit dem ihm selbst eigenen humoristischen Augenzwinkern, wie beim Weiterlesen seiner Rezension unschwer zu merken ist: *Der Landtag soll erst vor 2 Jahren gehalten seyn. Und so viele Aldermänner, ganze Zünfte von Gelehrten, Pöbel, Herolde, Rathfrager, Nachtwächter (...).* Der Rezensent nimmt Klopstock hier mit seiner Fiktion zunächst beim Wort und bezweifelt nicht die Authentizität der vorgeblich aufgefundenen Gesetzessammlung, allerdings bleibt er dem Realitätsanspruch des Landtages gegenüber skeptisch und zwar mit dem Argument: *man hatte nicht ein Wort davon gehört, noch in Zeitungen gelesen.* Spätestens wenn dieses Argument mit dem Hinweis gestützt wird, *wissen die Zeitungsschreiber doch sonst alles so schön zu berichten, lange eh es noch geschicht oder geschehen soll,* wird wohl auch der zeitgenössische Leser stutzig geworden und über das Verhältnis von Fiktion und Realität im Hinblick auf die vorliegende Rezension nachgedacht haben. Wer schreibt denn hier eigentlich? Dabei mag sein Blick auf das Ende des Artikels gleiten, an dem – für die damalige Zeit ungewöhnlich – ein Verfassername, *Hartwig Rohrdommel*, auszumachen ist. Damit kommt man der Eigentümlichkeit von Claudius' Rezensionsform langsam auf die Schliche.

Dass sich Claudius einer fiktiven Verfasserfigur bedient, um auf Klopstocks Fiktion zu reagieren, dürfte dem Leser schon durch die Wahl des Namens *Hartwig Rohrdommel* klar geworden sein, spätestens aber durch den der Verfasserangabe vorangehenden Satz *oder ich heisse nicht wie ich heisse.* Kennern der

[4] Friedrich Gottlieb Klopstock: Die deutsche Gelehrtenrepublik. Hg. von R.-M. Hurlebusch (HKA, Werke VII 1). Berlin 1975, S. 127.

„Gelehrtenrepublik“ ist dieser Name zudem nicht unbekannt, denn ein *Laurenz Rohrdommel* spielt als Angeklagter eine wichtige Rolle im erzählerischen Teil. Der Rezensent *Hartwig* spielt auf das Kapitel „Rohrdommels Verhör“[5] mit dem Verweis *meines Bruders Verhör* unmittelbar an und erweist sich damit als dessen Verwandter. Claudius erweitert hier also das Figurenarsenal aus dem Werk Klopstocks, indem er *Laurenz* nun seinen Bruder *Hartwig* zur Seite stellt, und dreht damit das Spiel mit den Fiktionsebenen noch ein Stück weiter. Zugleich kann dieser Kunstgriff als Persiflage auf Klopstocks eigene Verfassernamen Salogast und Wlemar gelesen werden, die von Klopstock in Anspielung auf die Verfasser salischer und friesischer Gesetzessammlungen gewählt worden waren.

Setzt man sich nun weiter mit dem Inhalt der Rezension auseinander, wird deutlich, dass *Hartwig* vor allem in moralischen Kategorien urteilt. Der Verfasser kann nicht glauben, dass sein Bruder tatsächlich *ordentlich verhört und verurtheilt worden* wäre. Dabei wird von ihm der Grund dieser Anklage von Hartwig weder genannt noch hinterfragt, obwohl er in der „Gelehrtenrepublik“ in einer der seltenen erzählerischen Passagen seitenweise ausgemalt wird. Für sein eigenes negatives Urteil wäre es genug, wenn sich sein Bruder *mit den Gerichten so gemein gemacht hätte.* Ganz offensichtlich ist es dem Rezensenten also in erster Linie um die eigene Familienehre zu tun, und dass Klopstock *die Rohrdommelsche Familie durch dergleichen Unwahrheiten so öffentlich beschimpft*, nimmt er ihm einerseits übel, andererseits kann er kaum glauben, dass jemand, der *so ein schönes Gedicht geschrieben* habe, so verwerflich handele. Thema der Rezension ist daher die Glaubwürdigkeit der Darstellung, dabei wird als Grund der Wahrheitsfindung die eigene Lebenswirklichkeit herangezogen. Grundsätzlich wird die Möglichkeit einer Fiktionalisierung in Klopstocks Werk von *Hartwig* gar nicht in Betracht gezogen, sondern wie selbstverständlich davon ausgegangen, dass ein Buch von wahren Begebenheiten handeln müsse. Eine solche wird im Folgenden als Gegenargument herangezogen: Den Franzosen *de la Popepiere*, der

---

5 HKA, Werke VII 1, S. 203–207.

sich am *sechsten Morgen* der „Gelehrtenrepublik" als *Marktschreyer* betätigt und dann wegen *Geschwätzes* angeklagt wird,[6] habe er tatsächlich selbst erlebt. So wird Klopstocks fiktive Welt hier von Claudius bestätigt und ergänzt. Mit sichtlicher Freude am Fabulieren lässt er sich auf und sogar in Klopstocks Fiktion ein. Dabei geht er so weit, auch sein Alter Ego, den *Bothen*, in Klopstocks fiktive Welt zu überführen, denn am Ende des Artikels erfährt der Leser, dass *Laurenz Rohrdommel* für den Rezensenten unbegreiflicherweise *seinen Namen verändert hat, und sich seit einigen Jahren Aßmus nennt.* Und damit wird zu guter Letzt noch die Figur genannt, die dem Leser bereits aus anderen Beiträgen der „Gelehrten Sachen" als die Maske bekannt ist, unter der sich Claudius verbirgt. Mit *Asmus* will sein Bruder *Hartwig* nun in typischer Manier der moralischen Wochenschriften in einen Briefwechsel treten und ihn um Aufklärung des Sachverhaltes bitten.

Für den zeitgenössischen Leser ist an dieser Stelle eine Spannungspause eingebaut, denn er wird mit dem Hinweis (*Das Schreiben samt der Antwort künftig.)* vertröstet. Eine Rezension in Fortsetzung erscheinen zu lassen, war nicht ungewöhnlich. Claudius nutzte jedoch hier wie auch in anderen seiner Rezensionen die äußere Gegebenheit der Zeitung als inhaltliches Gestaltungsmittel. Auch in der Rezension der „Gelehrtenrepublik" nutzt er den ersten Teil seiner Rezension, um auf das Folgende einzustimmen. Der zweite Teil nimmt dann in einem Brief von *Hartwig* an seinen Bruder *Laurenz* die Motive des ersten Teils wieder auf. Aber anders als im „öffentlichen" ersten Teil wird im „privaten" Brief der Grund der Anklage bereits im ersten Satz genannt und insgesamt erhöht sich die Drastik seiner Umgangssprache.

Mit deinem verdammten Geisterbannen, und Cirkel und Druidenschuhen! beschimpft *Hartwig* seinen Bruder und gibt seiner Empörung über dessen Verhalten deutlich Ausdruck: *was ein Kleck für die Familie! Laurenz Rohrdommel, Pfui!* Wieder wird die Frage nach der Authentizität zum Maßstab gemacht. Nach wie vor werden die Gesetze der „Gelehrtenrepublik" als

---

[6] Ebenda S. 164–166.

ächt anerkannt, die Geschichte des letzten Landtages aber kann *Hartwig* nicht glauben – *bis auf drei* Episoden. Die Geschichte vom Mäuseberg erscheint ihm plausibel, weil sie schon der gemeinsame Lehrer Herr Ahrens erzählt habe. Die beiden anderen Textstellen werden dagegen wieder aufgrund eigener Erfahrung für wahr gehalten, zum einen die bereits genannte Begebenheit mit dem Franzosen, zum anderen die Szene mit der *Nase, die sich allein in der Luft herumgerummelt hat,* denn er *habe eher selbst dergleichen erlebt.* Hierbei handelt es sich um ein Detail von *Laurenz'* Geisterbeschwörung,[7] an die *Hartwig* ja angeblich nicht glauben will, womit einmal mehr deutlich wird, dass hier nicht der Aberglauben abgelehnt wird, sondern der Gesetzesbruch, den *Laurenz* mit diesem Verhalten begeht. Wenn *Hartwig* zunächst noch einzelne Stellen als unwahr ausmacht wie *das Avancement des berühmten Herrn Voltaire,* geht dann bei der Erwähnung von *Rohrdommels Verhör* die Empörung und Angst um den Ehrverlust seiner Familie mit ihm durch, so dass er nun undifferenziert den ganzen Rest des Buches nach dem Gesetzesteil für *erstunken* hält, wobei er für den Leser nicht ohne Komik den von Klopstock eingestreuten sachlich abhandelnden Teil „Aus einer deutschen Grammatik" sowie die „Denkmale der Deutschen" und weitere Aphorismen ausdrücklich in den Vorwurf der Lüge mit einbezieht. Munter spielt Claudius einmal mehr mit der Unterscheidung zwischen Dichtung und Wahrheit. Seinem fiktiven Rezensenten *Hartwig* ist die Ästhetik von Klopstocks Werk vollkommen fremd, die poetologische Gestaltung wird von ihm nicht wahrgenommen. Die Beurteilung des Textes stützt sich dabei auf eine nur vordergründig rational geführte Argumentation, die Kriterien werden subjektiv allein in der Begrenzung der eigenen Welterfahrung gefunden. Eine Weltsicht, über deren Befangenheit im Aberglauben der zeitgenössische Leser im Gefühl seiner Aufgeklärtheit möglicherweise überlegen gelächelt haben mag und dabei den Spiegel übersah, den Claudius ihm vorhielt. Denn letztlich parodiert Claudius mit *Hartwigs* Text(un)verständnis spätere Reaktionen des Lesepublikums.

[7] HKA, Werke VII 1, S. 206.

In Klopstocks ästhetisches Spiel mit der Fiktion einer Gelehrtenrepublik konnte sich kaum jemand eindenken. Vielfach wurde das Werk nur als Schlüsseltext gelesen, in dem lediglich nach Anspielungen auf tagesaktuelle Streitigkeiten im Literaturbetrieb gesucht wurde. Claudius hat auch das offenbar voraussehen können, lässt er doch seinen Rezensenten mit der Erwähnung Voltaires auf eine der wenigen Stellen der „Gelehrtenrepublik" hinweisen, in der ein Zeitgenosse Klopstocks namentlich genannt und damit offen zur Zielscheibe seiner Kritik wird: Auf dem Landtag wird ein Antrag abgewehrt, Voltaire solle einer neu zu gründenden *Kirche der Freigeister in Deutschland* als *Obergrosmächtiger und Obergestrenger Herr* vorstehen.[8] In einer Rezension der „Auserlesenen Bibliothek der neuesten deutschen Literatur" heißt es dazu 1775: *Die Kirche der Freigeister ist auch keine eben sehr witzige Allegorie.*[9] Ähnlich wie es Claudius mit Hartwig vormacht, konnten viele Rezensenten zwar dem ersten Teil etwas abgewinnen, sich aber nicht auf den zweiten einlassen: *In den Gesetzen und in dem guten Rath der Aldermänner ist viel Schönes enthalten; aber die Geschichte des Landtages bleibt frostig und langweilig. (...) Wer kan wissen, was er mit Rohrdommel meint?* [10] Klopstock lehnte die auch hier deutlich werdende allegorisierende Auffassung des Werkes als Intellektualisierung und Verständnislosigkeit ab. Derartige Rezensionen vermochten nur *abschätziges Lächeln* in ihm auszulösen.[11] Freudvolle Erheiterung mag dagegen Claudius' Rezension in ihm ausgelöst haben, wenn im letzten Abschnitt sein *Asmus* als *Laurenz Rohrdommel* das Wort ergreift.

's hat mit allem in deim Buch seine Richtigkeit, Hartwig, mit allem! Mit dein'n Eselsohren und mein'm Verhör auch, antwortet Asmus in seiner *Antwort auf den vorigen Brief* und stimmt damit stilistisch gleich den *naiv-launigten* Ton an, mit dem

---

[8] Ebenda S. 190/191, 197.

[9] Zitiert nach HKA, Werke VII 2, S. 365.

[10] Ebenda.

[11] Vgl. C. W. Closen an J. M. Miller, 12.(?)12.1774. Zitiert nach HKA, Werke VII 2, S. 348.

Claudius seinem „Gelehrten Teil“ *etwas eigenes* geben wollte.[12] Vor allem die vielen Elisionen, die er benutzt, sind für diesen Stil typisch und grenzen ihn von der üblichen gelehrten Diktion ab. Damit charakterisiert er seinen *Bothen* auf der lexikalischen Ebene als einen Verfasser, der sich nicht eines zweckmäßigen rhetorischen Stils bedient, sondern so schreibt, wie er redet. Die komplexe Syntax dagegen, die einem in den folgenden Sätzen begegnet, weist auf die Künstlichkeit hin. Es handelt sich hier um die „kunstvolle Einfachheit“ des niederen Stils, der schon in der Antike als angemessen für das Private, Alltägliche und Komische gilt. Er drückt sich auch in den vielen Ellipsen, Abtönungspartikeln und Ausrufen aus, sowie in dem Bemühen um Anschaulichkeit und Konkretheit, dessen Kunstfertigkeit aber durch die Vielzahl poetischer Metaphern, breit ausfabulierter Vergleiche und Beispielgeschichten deutlich wird. Claudius hatte ausgehend von diesem originellen „Ton“ eine Verfasserfigur entwickelt: die des Nachrichten übermittelnden *Bothen* aus dem einfachen Volk, den er in der ersten Ausgabe des „Wandsbecker Bothen“ am 1. Januar 1771 in einem Eingangsgedicht auf der ersten Seite der Zeitung vorstellte (vgl. SW S. 779f.)[13] Neben anderen Beiträgen für den „Gelehrten Artikel“ trägt er auch Rezensionen in seiner Botentasche. Insgesamt können von den 378 Rezensionen, die in den fünf Jahrgängen des „Wandsbecker Bothen“ veröffentlicht wurden, 40 Claudius zweifelsfrei zugeschrieben werden, davon 27 unter der Maske des *Bothen*.[14]

Die Fiktion vom kritisierenden Laien demonstriert Claudius' Gegenposition zu Gottscheds Anspruch, nur Gelehrte könnten rezensieren. Oft stellt er den *Bothen* als Lesenden dar, der unmittelbar aus der Lesesituation zu spontanen Urteilen kommt.

---

[12] Claudius an Herder Ende 1770. Matthias Claudius: Botengänge. Briefe an Freunde hg. von Hans Jessen. Berlin 1965, S. 70.

[13] Vgl. Annette Gerlach: Matthias Claudius und sein „Bothe“ aus Wandsbek. In: Lichtenberg-Jahrbuch 1990, S. 89–103.

[14] Vgl. Annette Gerlach: Matthias Claudius als Rezensent im „Wandsbecker Bothen“ (1771–1775). Hamburg 1989, S. 6/7 (unveröffentl. Magisterarbeit; einsehbar im Archiv der Claudius-Gesellschaft).

Das Bewertungskriterium, das Claudius unabhängig vom thematischen Bereich – ob es sich nun um Literatur, religiöse oder philosophische Schriften handelt – am häufigsten gebraucht, ist das der Rührung von Herz und Seele. Diese rein affirmative Rezeption versucht sein *Bothe* in kunstvollen Metaphern auszudrücken. Der *Bothe* spielt Genie und Herz gegen den Verstand aus. Allerdings lassen sich die ästhetischen Vorstellungen des *Bothen* nicht einfach auf Claudius übertragen – so wie grundsätzlich Claudius und seine Figur des *Bothen* deutlich unterschieden werden müssen. Die kunstrichterlichen Urteile des *Bothen* sind deutlich indifferent in Bezug auf die ästhetischen Positionen seiner Zeit angelegt und nicht selten widersprüchlich. Dennoch rückt die Aufwertung des Gefühls als Urteilsinstanz Claudius in die Nähe von Empfindsamkeit und Sturm und Drang und seine einfühlenden Rezensionen Goethes und Herders, auch der „Oden" Klopstocks, können selbst als kleine Meisterwerke dieser Epoche gelten.

Doch wie steht es mit seiner Rezension der „Gelehrtenrepublik"? In dieser Rezension wird nicht das Gefühl als Urteilsinstanz beschworen, sondern der Wahrheitsanspruch des dichterischen Ausdrucks. Der *Bothe* bestätigt dessen Gültigkeit, denn er bezeugt und erweitert im ersten Absatz seines Antwortschreibens Klopstocks fiktive Welt. Alles hat *seine Richtigkeit*, schreibt er seinem Bruder, aber die von *Hartwig* unterstellte Ehrverletzung, die *Aldermänner* hätten ihn *prostituiert* und durch *Haarerupfen* bestraft, weist er entschieden zurück. Ohnehin zweifelt er ihre Autorität auf dem Richterstuhl an und freut sich, dass der richtende *Aldermann* seinem aufrechten Blick nicht standhalten konnte *und seine Augen h'rumlaufen ließ als'n Spulrad.* Claudius verneigt sich hier vor seinem Freund Klopstock, dessen Humor und Spielfreude er seit Jahren zu schätzen weiß, wenn er seiner Verfasserfigur *Asmus* Klopstocks eigene Narrenkappe, *Laurenz Rohrdommel,*[15] aufsetzt und die Gesetze der Republik in Frage stellt. Im Finale seiner Rezension verstößt *Rohrdommel* nun trotz der deutlichen Abmahnung durch die *Aldermänner* erneut gegen die Gesetze der *Gelehrtenrepublik* und beschwört

[15] Vgl. Hurlebusch in HKA, Werke VII 2, S. 529.

abermals einen Buchgeist, um dem Bruder zu beweisen, dass er die Geister völlig unter Kontrolle habe. Geschützt durch die Abwehrgeste, *mit der rechten Hand das linke Ohrläpplein* zu fassen, soll der Bruder dem Zauber unbesorgt und aufrecht beiwohnen – womit der Briefadressat nun zum tatsächlichen Gegenüber wird und einmal mehr die fiktiven Ebenen verschwimmen. Mit dem Abdruck von Zauberzeichen und murmelnder Beschwörung wendet sich Claudius darüber hinaus auch gegen die formalen Konventionen einer Rezension. Doch seinen regelmäßigen Lesern ist diese Form der Originalität schon vertraut. So mokiert er sich etwa über die Substanzlosigkeit von Schummels „Empfindsamen Reisen", wenn er Textlücken durch Tintenflecke vortäuscht und diese durch Gedankenstriche markiert.[16]

Mangel an Substanz wirft Claudius Klopstock in seiner Rezension aber gerade nicht vor. Für ihn steht Klopstocks Genialität außer Frage. Ob Claudius die „Gelehrtenrepublik" in Klopstocks Sinne verstanden hat, bleibt allerdings ungewiss, denn er umgeht mit seiner Geisterbeschwörung eine differenzierte Stellungnahme zu den wichtigeren abhandelnden und belehrenden Abschnitten des Werkes – ein für Claudius durchaus typisches Verhalten über die fast vierzig Jahre währende Zeit ihrer Freundschaft.[17] Statt kritisch bezieht er sich poetisch auf das Buch und entlässt seinen Geist als *feine[n] Geselle[n], mit hellen blauen Augen* mit *ehrbare[m] strenge[m] Gesicht aber im Nacken den bekannten Herrn.* Mit diesen Äußerlichkeiten bezieht er sich auf das patriotische Selbstbild, das Klopstock 1771 in seinem „Vaterlandslied" am Beispiel eines deutschen Mädchens verherrlicht hatte. Claudius hatte diesem in einem Antwortgedicht, „Auch ein Lied", einen deutschen Jungen beigesellt und damit Klopstocks übersteigerten Patriotismus humorvoll korri-

---

[16] Der Wandsbecker Bothe 1771, Nr. 97 (18.6.), vgl. SW S. 786–788.

[17] Vgl. Annette Gerlach: Claudius und Klopstock. In: Matthias Claudius 1740–1815. Leben-Zeit-Werk. Hg. von Jörg-Ulrich Fechner. Tübingen 1996, S. 91–109.

giert.[18] Auch an dieser Stelle sitzt nicht nur dem evozierten Geist der „Gelehrtenrepublik“ der Schalk im Nacken. In gleicher Weise wie Claudius hier Klopstocks patriotischen Anspruch verherrlicht, distanziert er sich auf parodistische Weise und behält die zweifache Narrenkappe bis zum Schluss auf dem Kopf. Damit bewahrt er wie sein Alter Ego *Asmus* seine Unabhängigkeit und müsste sich vor den *Nachtwächtern* der *Gelehrtenrepublik* nicht fürchten.

Claudius hat sich mit seiner Rezension auf die Passage der „Gelehrtenrepublik“ bezogen, die Klopstock selbst als populär einschätzte, wenn er gegenüber Freunden in Anspielung auf die vor allem bei weiblichen Lesern der Zeit beliebten Geistergeschichten warb: *A propos in meinem Büchlein (...) kommt auch eine Gespensterhistorie vor. Die Damen können also immer nur subscribiren.*[19] Mit den inhaltlich wichtigeren Passagen hat Claudius sich dagegen nicht auseinandergesetzt. Trotzdem dürfte er dem Werk in der Form seiner poetischen Antwort und mit dem inhaltlichen Schwerpunkt auf die Fragestellung, welche Wahrheit den Geist eines Textes ausmacht, näher als viele andere Rezensenten gekommen sein. Vielleicht hat er auch noch Sie, lieber Leser, neugierig darauf gemacht, den Geist der „Gelehrtenrepublik“ zu entdecken, zumal zu dem Werk seit 2013 gelehrte Anmerkungen von 1000 Seiten vorliegen, die den Zugang nach 230 Jahren beträchtlich erleichtern. Und wenn nicht auf Klopstock im Original, so hoffe ich mehr Leselust auf Claudius’ Rezensionen gemacht zu haben. Sie sind es wert, dass man sich auf sie einlässt – ob mit oder ohne Geisterbeschwörung.

---

[18] Der Wandsbecker Bothe 1771, No. 65 (23.4.), SW S. 90. Vgl. Annelen Kranefuss: Die Gedichte des Wandsbecker Boten. Göttingen 1973, S. 81.

[19] HKA, Briefe VI, S. 103.

Matthias Claudius

Serenata,
im Walde zu singen

Solo

Wenn hier nur kahler Boden wär,
Wo itzt die Bäume stehn,
Das wäre doch bei meiner Ehr!
Ihr Herr'n nicht halb so schön.

Denn wäre um uns her kein Baum,
Und über uns kein Zweig,
Denn wäre hier ein kahler Raum,
Und ich marschierte gleich.

So bin ich wie ein Fisch im Meer,
Und bleibe gerne hier.
Vivant die Bäume um uns her!
Der Zweig hier über mir!

A due voci

Und zählen kann ein Mensch sie nicht,
Sind ihrer gar zu viel;
Und jeder macht es grün und dicht,
Und jeder macht es kühl.

A tre voci

Und jeder steht so stolz und kühn,
Und streckt sich hoch hinan,
Dünkt sich, die Stelle sei für ihn,
Und tut sehr wohl daran.

Recitativo

Es pflegen wohl die reichen Leut
Auch Wald zu machen gern;

Fugato

Da pflanzen denn, die Läng' und Breit,
Die klug- und weisen Herr'n
In eine lange Reihe hin

Gar künstlich Baum und Strauch;
Und meinen denn in ihrem Sinn,
Sie hätten's würklich auch.

Recitativo

Noch kömmt ihr Gärtner L o b e s a n,
Den sie zu ha'n geruhn,
Und schneidet mit der Schere d'ran,
Wie Schneidermeister tun.

Tutti

Jedoch ihr Wald ist Schneiderscherz,
Trägt nur der Schere Spur,
Und nicht das große volle Herz
Von Mutterlieb Natur!

Tuttissimi

Und nicht das große volle Herz
Von Mutterlieb Natur!
Ist purer puter Schneiderscherz,
Trägt nur der Schere Spur.

Choral

Hoch sitzt im Sofa der Baron,
Der Schweizer an der Tür,
Die Fürsten sitzen auf dem Thron,
Und wir, wir sitzen hier,

Auf bloßer Erde, feucht und kalt!
Und wir, wir sitzen hier,
Und freun uns über diesen Wald,
Und danken Gott dafür.

(SW S. 114–116)

Ulrike Leuschner

Tuttissimi gegen die Schneiderschere
Matthias Claudius' *Serenata im Walde zu singen*

I.

Johann Friedrich Reichardt, vom königlichen Traversflötisten Friedrichs II. 1775 zum Hofkapellmeister berufen und Deutschlands erster veritabler Musikpublizist, hielt große Stücke auf das „lustige und doch innige Musiktreiben" des Mannes, der ihn bei seinem Hamburg-Aufenthalt 1774 so freundlich in seinen schlichten Wandsbeker Haushalt aufnahm. Dieser Matthias Claudius, so Reichardt in seiner in der dritten Person erzählten Autobiographie (*Der lustige Passagier*, hg. von Walter Salmen), „spielte das Klavier recht brav, wiewohl nach seiner Weise etwas hart und ungebunden; sang auch dazu mit ungebildeter Naturstimme, aber mit Sinn und Seele. (...) Bey Claudius machte er [Reichardt] zuerst die Erfahrung, dass man auf einem gänzlich verstimmten Instrumente mit Wohlgefallen und ungestört musiciren könne, sobald man davon unterrichtet ist; wenn man gleich über Einen, unerwartet anklingenden, falschen Ton im übrigens wohlgestimmten Instrumente empfindlich zusammenfährt. Claudius' schlechtes, kaum halbbesaitetes Klavier war fast immer verstimmt, und doch sangen und spielten sie oft mit wahrer Freude stundenlang." Durch Claudius' inniges Spiel entdeckt Reichardt die romantische Musikauffassung: „Damals kam unserm jungen Künstler zuerst der Gedanke, dass die eigentliche Kunst der Musik wohl in dem Bewusstwerden des innern, geheimen Calcüls der Seele bestehe, der ununterbrochen in ihr, den übrigen unbewusst, fortgehe." Daß der „liebe herzige *Asmus*, der in Musik lebt und webt", noch in den Nachträgen zum zweiten Band von Gerbers *Lexicon der Tonkünstler* fehle, erscheint Reichardt 1792 als ein Versäumnis, dem er in seiner *Musikalischen Monathsschrift* mit einem ausführlichen Eintrag Abhilfe verschafft. Zu diesem Zweck spürt er im *Wandsbecker Bothen* eine typische Asmus-Anekdote auf. Sie handelt von fünf Prager Studenten, die einem Wirt nach einer zweistündigen musikalischen Darbietung eine detaillierte Rechnung übergeben, deren Summe von 109 Mariengroschen 7 Pfennig die gemachte Zeche bei weitem übertrifft. Ein „Violoncello-Solo aus dem Fis mol (war unter Brüdern 12 Mk. wehrt)“ etwa schlägt mit 8 Mariengroschen zu Buche, ein Pianissimo mit 8 Pfennig, „eine Cadenz, die nicht gemacht worden“, gar mit 12 Pfennig. Mit dem beträchtlichen Rest, der nach Abzug der Wirtshausrechnung übrigbleibe, möge man einen jungen Musiker nach Italien reisen lassen, verfügen sie abschließend.

Neben solch launigen Stückchen, so Reichardt weiter, enthalte der *Wandsbecker Bothe* aber auch „sehr ernsthafte mit grossem Sinn und feiner Sachkenntniss geschriebene Aufsätze *über die Musik* und einige vortreffliche Recensionen musikalischer Werke. (…) Die musikalischen Gedichte, die *Claudius* in seinen Werken dem Componisten ans Herz gelegt hat, sind jedem bekannt; aber dies möchte nicht jedem bekannt seyn, (…) dass er in seinem Hause mit eigenen vier Mädchenstimmen Chöre von *Palästrina* und *Leo* und ihren Nachfolgern anstimmt.“

Was eine *Serenata* ist, die sein hier vorgestelltes Gedicht im Titel trägt, dürfen wir beim in musikalischer Theorie und Praxis bewanderten, zudem polyglotten Claudius getrost als bekannt voraussetzen: Das italienische ‚sereno‘ bezeichnet den heiteren, unbewölkten Himmel, ‚a sereno‘ meint ‚im Freien‘, auch ‚la sera‘, der Abend, spielt mit hinein. Denn ursprünglich weniger als an eine musikalische Formzuweisung ist das Musikstück an die Aufführungspraxis gebunden: eine abendliche Veranstaltung im Freien, zu deutsch gerne auch Ständchen genannt. Die *Serenade*, oft mit ihr gleichgesetzt und bezüglich der Situation durchaus mit ihr einig, trägt die vornehmere fran zösische Version im Namen, läßt sich gerne auch als ‚Nachtmusik‘ bezeichnen und spezialisiert sich auf instrumentale Kammermusikwerke mit mehreren Sätzen, die sie mit Märschen ein- und ausleitet und in deren Mitte sie gerne auch auf Tänze zugreift. Die *Serenata* dagegen entscheidet sich für den Gesang, ob als Kantate oder näher an der Oper angesiedelt. So, als Vokalstück mit Instrumentalbegleitung, bestreitet sie im 17. und 18. Jahrhundert die zu Hochzeiten, Geburts- oder Namenstagen fälligen festlichen Huldigungskompositionen an den europäischen Höfen, gerne gepaart mit kleinen dramatischen Inszenierungen. Anverwandlung der Tradition wie Kontrast, beides ist in Claudius' *Serenata* enthalten: Die Ortsangabe eröffnet die theatralische Kulisse, die Interaktion zwischen den Sängern, die von Strophe zu Strophe zunehmende Anzahl von Singenden macht sich die dramatischen Anteile der Gattung zu eigen. Eine soziale Kluft aber trennt diese *Serenata* von einer höfischen Festmusik, eine Spannung, die die Singenden genüßlich auskosten.

II.

Da die *Serenata* erstmals im *Musenalmanach für 1778* des Freundes Johann Heinrich Voß zum Abdruck kam, ist sie vermutlich im Laufe des Jahres 1777 entstanden. Es war ein bedeutsames Jahr in Claudius' Leben. Im April hatte er sein Darmstädter Intermezzo beendet. Gerade einmal zwölf Monate hatte er es dort ausgehalten, obwohl die 800 Gulden Gehalt, die die Stelle eines Oberlandkommissars ihm einbrachten, dem genügsamen Asmus erstmals ein solides Auskommen sicherten. Zwar sei er, wie er dem Präsidenten der Landgrafschaft Hessen-Darmstadt, Friedrich Karl von Moser, mitteilt, „für Feld und Wald und Bauervolk von jeher gestimmt gewesen", doch der gehobene Dienst hatte ihm schon im Vorfeld nicht recht zusagen wollen. An Herder, der sich für ihn verwandt hatte, schreibt er im August 1775: „(...) nach meiner Neigung möchte ich lieber eine weniger glänzende und mehr ruhige Stelle haben und etwa Vorsteher eines im Walde gelegenen Hospitals oder einer andern milden Stiftung, Verwalter eines Jagdschlosses, Garteninspektor, Vogt eines Dorfes pp. werden, dabei ich Zeit hätte, meinen Grillen nachzuhängen." Im November 1775 keimte Hoffnung auf, daß es so arbeitsreich doch nicht werden würde. Gerüchtweise verbreitete sich die Nachricht, er solle in Darmstadt ein „Burgvogt" werden, mit einem „mitten in einem Walde" gelegenen Wohnhaus und wenig Arbeit, was ihm weitaus angenehmer wäre als der angebotene Posten.

Mitten in einem Wald stand sein Wohnhaus dann leider nicht. Das Gebäude lag vielmehr am westlichen Stadttor und hatte trotz Geräumigkeit und typisch darmstädtischem Ambiente – die Militärbegeisterung des Landgrafen Ludwig IX. hatte vorzügliche Trommler herangezogen – einen großen Nachteil: Claudius' Aufzählung der Annehmlichkeiten gipfelt in dem Stoßseufzer „und keinen Garten und keinen Garten, und so hol der Henker den großen Saal und die Stube für uns und die Stube mit dem Nachttopf und Küche und Keller und Waschhaus". Er behilft sich mit Gedankenspaziergängen im Garten Herders, der sich mittlerweile als Superintendent in Weimar etabliert hat.

In der Wirklichkeit mußte die Natur den fehlenden Garten ersetzen. Immerhin eröffnete sich Claudius von seinem Haus aus eine herrliche Aussicht auf die „berühmte Bergstraße" und den „köstlichen Moelibocus", dem Claudius, wie er dem Halberstädter Domprobst Gleim mitteilt, alsbald „eine Wallfahrt" abstattete und beeindruckt von der phantastischen Fernsicht über das „ganze schöne Rheintal" zurückkehrte. Sein liebster Spaziergang führte ihn nach den Erkenntnissen der Heimatforscher durch den großen Tannenwald, der sich gleich hinter seinem Haus jenseits der Stadtmauer auftat. Sein berühmtes *Abendlied* aber soll, der Legende nach, im Osten der Stadt auf dem Schnampelweg entstanden sein.

Wenn auch der Traum vom Leben im Walde sich nicht erfüllte, mit Feld und Wald hatte Claudius in seinem Amt reichlich zu tun. Die *Hessen-Darmstädtische privilegirte Land-Zeitung*, zu deren Gründung und Leitung Claudius berufen worden war, diente der Aufgabe, das Landvolk moralisch zu erbauen und in der Sache zu belehren – dies alles zu dem hohen Ziel, den Maßnahmen der neueingerichteten Landkommission den Weg zu bahnen. Im physiokratischen Geiste sollten die bewirtschafteten Flächen erweitert und intensiver genutzt, Obstbäume angepflanzt und die Wälder gepflegt werden. Der ganze Jahrgang der Zeitschrift, die zweimal wöchentlich im Verlag der Invaliden-Anstalt herauskam, kostete einen wohlfeilen Reichstaler, und Claudius traf den rechten Ton. Mit kurzen Sendschreiben unter der Maske des Görgel, „sonst auch A —— s genannt", der sich im ersten Heft als „Plenipotentiair" (Generalbevollmächtigter) „der sämtlichen Invaliden" vorstellt, gelegentlich auch als

„Felix Freymuth, Invaliden-Gefreyter", bringt er seinen Lesern die Vorteile der Agrarreform nahe. Kleine schlichtgereimte Gedichte sorgen dafür, daß neben dem prodesse das delectare nicht zu kurz kommt. Als es gilt, den hessischen Bauern den Kleeanbau und die Stallhaltung schmackhaft zu machen, packt Claudius sie bei ihrem landsmännischen Stolz:

Was meynt ihr wohl? In Schwaben
Da giebt es rechtes Vieh,
So wie wir Ochsen haben,
So sind dort ihre Küh.

Und hierbey thut das meiste
Sie pflanzen dort viel Klee,
Der macht ihr Rindvieh feiste
Und schwemmt es in die Höh.

Man sagt zwar sonst ein Schwabe
Der sey ein guter Tropf,
Allein viel Grütze habe
Er nicht in seinem Kopf.

Doch hierinn ist er leider
Ob er gleich Schwabe ist
Wahrhaftig viel gescheuter
Als unser einer ist.

Denn ist das Vieh brav fette
Und bleibts im Stalle stehn,
Man muß es gleich, ich wette,
An Wald und Felder sehn.

Denn dichter stehn die Aehren
Und schöner grünt der Wald,
Weil ihn nicht mehr verheeren
Die Hirten mit Gewalt. (Nr. 29)

Bis dato war es üblich, das Vieh auf den Fluren und in den Wäldern extensiv weiden zu lassen. Erst die Stallhaltung machte es möglich, den Mist gezielt zur Düngung der Felder einzusetzen und den Jungwuchs der Wälder zu schützen. Die Vorteile zählt Claudius in einer Klimax auf, deren krönenden

Abschluß der schöner grünende Wald bildet. Wie sehr der Wald Claudius am Herzen lag, zeigt auch das Gedicht *Der Mann im Mond*, das am 2. April in der 27. Nummer der *Land-Zeitung* stand. Inhaltlich knüpft es an die alte Volkssage vom Reisigsammler an, der ausgerechnet am Sonntag seinem Gewerbe nachging und zur Strafe auf den Mond verbannt wurde, wo er als Schatten zu sehen ist. Zudem zeigt sich, daß der ‚Wandsbecker Bote', dem die Darmstädter Luft auf die Atemwege schlug, sich sprachlich gleichwohl rasch akklimatisiert hat: Der im vierten Vers benutzte Begriff „Wellen" für Reisigbündel ist nur im hessischen (und im Schweizerischen) Wortschatz üblich.

Der Mann im Mond ist warlich nicht
So schlimm als überall
Fast Jung und Altes von ihm spricht
Weil er vier Wellen stahl.
Was thut er dann der gute Mann
In seinem lieben Mond?
Er sieht uns blos von weitem an
Und läßt das Holz verschont.
Wär' Burgemeister und Gericht
Bißweilen hier und da
Nur auf den Wald nicht so verpicht,
Es gieng euch besser ha!
Viel länger kanns nicht mehr bestehn,
Das Waldrecht bleibt ja kaum —
Man zecht aufs hohe Wohlergehn
Von jedem Tannenbaum.
Allein ich hör ein Mäußgen leis,
Das pfeift mir hübsch ins Ohr,
Es käm in kurzem schwarz und weis
Und hieng ein Schloß davor.
Wers dann noch treibt, dem wirds gelohnt,
Ob er gleich reich und stolz —
Man stellt ihn nemlich brav in Mond
Mit sieben Klafter Holz.

III.

Nicht nur die trockene Darmstädter Luft machte Claudius zu schaffen. Die Berufung eines ‚Ausländers' auf die einflußreiche Stelle in der Landkommission verursachte der seit Generationen versippten und verschwägerten Darmstädter Beamtenschaft Unbehagen. Man flickte Claudius am Zeug, wo immer es ging, denunzierte ihn als faul, enthielt ihm Informationen vor und behauptete, er habe Interna ausgeplaudert. Nur wenige verstanden seine Wesensart zu schätzen, allen voran Johann Heinrich Merck, im Brotberuf Rat in der militärisch bezeichneten, gleichwohl mit finanziellen Aufgaben betrauten Kriegskommission. Dabei hatte gerade Merck allen Grund, dem hergereisten Kollegen gram zu sein; war er ihm doch trotz warmer Empfehlung bei der Vergabe der neugeschaffenen Stelle vorgezogen worden, die zudem fast das Doppelte an Gehalt eintrug. Wichtiger aber war ihr Einverständnis in dem, was Merck in der ihm eigenen Diktion als „Empyräo des Intellektuellen" zu bezeichnen pflegte – im siebten Himmel der Literatur trafen sich die beiden ungleichen Männer. Im *Wandsbecker Bothen* hatte Claudius Mercks Verssatire *Rhapsodie von Johann Heinrich Reimhart, dem Jüngern* als ein „allerliebstes Gedicht (...) voll Satyre, Witz und Laune" gerühmt und nur bedauert, daß es so kurz sei. Man wußte von langer Hand voneinander, das Netzwerk der zeitgenössischen Literaten war eng gestrickt. Dem Dichter Johann Heinrich Voß, der mit dem ehemaligen Göttinger *Musenalmanach* in Lauenburg gestrandet war, läßt Merck durch Claudius Unterkunft und Auskommen in seinem Landhaus anbieten. Das Anwesen ist so ganz nach Claudius' Herzen, daß er selbst „fast geneigt wäre, mich in das Tal hineinzusetzen und ganz für mich allein zu sein". Merck habe ihm „wirklich viel Dienst getan und von Anfang an sehr gegen uns betragen", berichtet Claudius dem gemeinsamen Freund Herder am 3. September 1776. Bei der Ausstattung seines Hauses beim Einzug wie bei der Auflösung des Haushalts nach Jahresfrist war Merck uneigennützig behilflich. Versiert im Silhouettenschneiden, nahm er die Schattenrisse von Rebekka und Claudius. Claudius fand sein Konterfei so treffend, daß er es ringsum verteilte. Er revanchierte sich, indem er im Herbst

1776 drei Romanzen Mercks, Nachdichtungen aus Thomas Percys Volksliedsammlung *Reliques of Ancient English Poetry*, an die *Hamburgischen Addreß-Comtoir-Nachrichten* vermittelte, deren Redaktor er 1768–1770 gewesen war. Irrtümlich geriet – ein schöner Beleg ihrer Geistesverwandtschaft – sein Name darunter, was erst im späteren Nachdruck eines der Texte berichtigt wurde.

Im provinziellen Darmstädter Alltag ließ sich diese Geistesverwandtschaft nicht durchhalten. Anfänglich war Merck, selbst in vielem ein Außenseiter in seiner Heimatstadt, noch sehr angetan von Claudius' unangepaßtem Verhalten, der ohne Rücksicht auf offizielle Besucher die Kinder aufs Töpfchen setze, leidenschaftlich Karten spiele, ohne Stock und Degen unfrisiert zu Moser gehe und außerdem herrlich Klavier spiele. Schon einen Monat später aber muß ihm dieses Verhalten denn doch zu weit gegangen sein. Aus ihrem Verhältnis werde wohl nie „was gescheutes". Claudius betrage sich „ganz u. gar wie ein Mensch aus einer andern Welt, u. das mit jedermann." Der Großbürger Merck hielt auf Reputation. „Der Teufel hole die ganze Poesie, die die Menschen von andern abzieht, u. sie inwendig mit der betteltapezerey ihrer eignen Würde u. Hoheit ausmeublirt. Wir sind doch nur in so fern etwas, als wir was für andere sind", faßte er die Situation zusammen. „Merck ist ein schlauer Mann, der in der gelehrten und zivilen Welt gute Kenntnisse und connexions hat", urteilt Claudius seinerseits denn auch gegenüber Voß, „aber mit ganzem Herzen kann ich ihn nicht lieben."

Es spricht für beide, daß sie dem jeweils anderen Gerechtigkeit widerfahren ließen. Wald und Bäume werden zur Chiffre ihrer gegenseitigen Hochachtung. „Die Bäume sind hier itzo fast grün und mein Herr Kriegsraht würde gar nicht übel thun, wenn Sie sich ermannten und eins nach Hamburg und Wandsbeck versuchten", schreibt Claudius zwei Wochen nach der Rückkunft in Wandsbek. Wichtig ist ihm auch die Nachricht, daß er endlich wieder mit der kleinen Caroline im Garten herumspringen könne.

Merck überwindet die Kluft auf die ihm eigene Weise, nämlich rezensierend. Als er der *Serenata* im Vossischen *Musenal-*

manach für 1778 ansichtig wird, rückt er in seine Besprechung für das Novemberheft 1777 des *Teutschen Merkur* seines Freundes Wieland den Satz ein: „Vetter Asmus scheint wieder aus dem Lande der Prosa zurückgekommen zu sein; denn nur poetisch läßt sichs erklären, warum ein Mensch über den Anblick eines Baums in eine Serenata auszubrechen vermag.“ Nicht genug damit, streicht er im Januarheft 1778 in seinem gewichtigen Essay *Ueber den Mangel des Epischen Geistes in unserm lieben Vaterland* Claudius' Ausnahmegenie heraus: „Zum epischen Wesen gehören wackre Sinnen. So sehr man jetzo von Liebe zur Natur schwatzt, so sind doch wenig der Herren Poeten, die so ganz von Natur durch die Gegenwart eines lieben Baums zur Serenade erweckt würden, wie Freund Asmus. Bey den meisten ists garstige Tradition, und sie lieben die schöne Natur, weil sie beschrieben und besungen worden.“

Die Doppelung ist Teil eines intertextuellen Spiels, das mit Claudius' *Billet doux von Görgel an seinen Herrn, den 10. Jan.* in Nr. 4 der *Hessen-Darmstädtischen privilegirten Landzeitung* am 11. Januar 1777 seinen Anfang genommen hatte. Da berichtet Görgel in seiner kunstvoll-naiven Manier vom harten, nicht enden wollenden Winter und seinen Spaziergängen in den Wald: „Was doch für eine Menge Schnee in der Welt ist! hier so viel Schnee! und in der Pfalz so viel! und in America! und in der Tanne! — ich pflege denn so meinen Gang nach der Tanne zu haben, weiß er wohl. Der grose Wald ist von Natur mein Lustrevier, und die Tanne liegt mir so bequem, grade am Thor, und führt eine schöne lange Lindenallee dahin; denn sind auch immer so viele arme Leute darin, alt und jung, die Holz sammlen, und auf dem Kopf zu Hause tragen; und das seh ich so mit an, und gehe meinen Gang hin. Seit der viele Schnee gefallen ist, fehlt mir aber meine Gesellschaft; die arme Leute können nicht zu, und ich kann denken, daß sie so wohl hier, als überall wo so viel Schnee liegt, bey der Kälte übel daran sind. Mein Herr hat gottlob einen warmen Rock und eine warme Stube, da merkt er's nicht so, aber wenn man nichts in und um den Leib hat und denn kein Holz im Ofen ist, da friert's einen gewaltig.“

Im Naturverständnis des späten 18. Jahrhunderts gehen Schönheit und Nutzen eine enge Verbindung ein. In der ‚Gartenrevolution' löste der englische Park mit integrierten Agrar- und Waldflächen die rein dekorativen, streng symmetrischen französischen Anlagen ab. Soziale Aspekte mischen sich ein, „lieb" sind Bäume und Wald auch, weil sie Brennholz liefern. Der Rückzug ins karge Wandsbecker Leben mußte dem Besitzbürger Merck – er erwarb im Laufe der Jahre immer größere Häuser und Gärten – wie ein sozialer Abstieg erscheinen. Mit der Auskunft „Wir sind Gottlob gesund und wohl, und habe Holz für den Winter eingekauft" vom 12. Oktober 1778 spielt Claudius ein letztes Mal auf den klandestinen Austausch an, der im Gespräch über Bäume eine Verständigung über höchst heterogene Lebensweisen suchte. Daß es nicht allein um Erwerb und Wohlstand gehen dürfe, hat er den Darmstädtern in der letzten von ihm verantworteten Nummer der *Land-Zeitung* hinterlassen. Da schreibt Görgel ein letztes Mal an seinen Herrn: „Aber gewiß Herr! die Menschen sind nicht mehr so wie sonst, sind so stumpf und fragen den Henker was nach Gottes Werk. Es wär' ihnen mein Seel! einerley, wenn die Bäume gemauert wären, wenn nur Obst dran hienge."

IV.

Bernard von Brentano, der 1945 mit dem kleinen Auswahlband *Das Schönste von Matthias Claudius* die Bombenlücken in den deutschen Bücherschränken füllen half und die Görgeliana sicherlich nicht kannte, bescheinigt Claudius' Prosatexten eine vornehmlich „lehrende, belehrende und aufklärende" Funktion. Der Lyriker Claudius aber sei „von einer Objektivität, von einer Vertrautheit mit den Dingen und den Gefühlen der Menschen, die seine Gedichte zu meisterhaften Beiträgen einer Zeitung machten."

In Claudius' lyrischem Werk ist die *Serenata* keine Ausnahme. Inhaltliche Parallelen finden sich in Gedichten wie *Täglich zu singen* oder dem *Morgen-* und *Abendlied eines Bauermanns*, formale Ähnlichkeiten im *Motett*, wo auf ein rezitatives Solo ein erster, zweiter, dritter Chor folgen und in „Alle Chöre" aufgehen. In *Urians Reise um die Welt* wechseln Erzähler und

„Tutti“, in *Ein Lied in die Haushaltung* „Mutter“ und „Coro“, Rollengedichte mit Sprecherwechsel sind *Der Tod und das Mädchen*, *Die Eltern am Grabe*, *Hinz und Kunz*, *Charlotte und die Mutter*, *Der Philosoph und die Sonne*, um jeweils nur einige zu nennen.

Die *Serenata* hat zwölf Strophen, elf davon mit vier Versen. In der Mitte befindet sich eine auffällige Zäsur. Die als „Recitativo“ bezeichnete sechste Strophe besitzt nur zwei Verse, die beiden fehlenden sind der siebten zugeschlagen, die dadurch sechsversig gerät. Der durchgehend regelmäßige Kreuzreim in vierhebigen Jamben mit männlicher Kadenz geht hier über diese Strophengrenze hinweg. Die Zäsur betrifft zugleich den Inhalt. Die ersten drei Strophen beschäftigen sich mit dem Wald, wobei die beiden ersten das Schreckensbild von dessen Nichtexistenz imaginieren, um dann in der dritten Strophe zum Wohlgefühl des lyrischen Ich und zum Hochruf auf die Bäume und ihre Zweige überzuleiten. Deren Vielzahl und stolze Erscheinung sind Gegenstand der Strophen vier und fünf. Der Sprechgesang der sechsten eröffnet die Aussage der siebten, der „Fugato“-Strophe. Dem frohen Dasein und Gesang im Wald wird das Gebaren der „reichen Leut“ kontrapunktisch entgegengestellt. Ihre Entfremdung von der Natur wird, wiederum als Rezitativ, in der achten Strophe karikiert: Die Trockenheit des Sprechgesangs entspricht der kühlen Künstelei der „klug- und weisen Herr'n“, die durch Durchrationalisierung der Natur einen Sinn abzuzwingen meinen. Den Gärtner, den sie „zu ha'n geruhn“, straft seine Berufsbezeichnung Lüge – er wird entlarvt als „Schneidermeister“. Gegen so viel Herzlosigkeit hilft nur der verstärkte Einsatz der Musik – „Tutti“ und „Tuttissimi“ schleudern diesem Unverstand ihren Abscheu entgegen. Ihre geballte Einigkeit vollzieht die Versfolge: Vers 1 der „Tutti“-Strophe 9 wird in Vers 3 der „Tuttissimi“-Strophe 10 wiederaufgegriffen, Vers 3 von Strophe 9 entspricht sogar vollends Vers 1 von Strophe 10. Mehr noch, die Reimfolge a b a b von Strophe 9 wird in Strophe 10 klappsymmetrisch wiederholt. Das monotone Schema ahmt ironisch die Anlage formaler Gartenanlagen nach. Dem entspricht die inhaltliche Aussage: Was die großen Herren treiben, sei ein Gewaltakt gegen „das große volle Herz / Von Mutterlieb Natur". Setzte eingangs der kühne Vergleich mit dem „Fisch im Meer" eine lustvolle Pointe, so bleibt der „Schneiderscherz" kalter Witz.

Viele Gedichte des frommen Claudius paaren die Naturanschauung mit Dank an den Schöpfergott und loben dessen Werk. Auch die musikalische Kennzeichnung „Choral" über den letzten beiden Strophen der *Serenata* läßt den Dank als eine Art Basso continuo anklingen, erfüllt ihn aber erst im allerletzten Vers. Wichtiger ist der soziale Kontrast zwischen den Sängern im Wald und den Sitzgelegenheiten der Herren, dem weichen Sitz des Barons ebenso wie dem repräsentativen Thron der Fürsten. Ein vierfaches „wir" wird ihnen wortwörtlich entgegengesetzt. Doch ist es, bei aller nachvollziehbaren Freude am Wald, wirklich erstrebenswert, auf „blosser Erde, feucht und kalt" zu verweilen? Ana-Stanca Tabarasi in ihrer großen Untersuchung *Der Landschaftsgarten als Lebensmodell* zweifelt das zu Recht an. Sie beobachtet als eigentliches Thema des Gedichts die Kritik am Barockgarten, liest daraus eine „politische und antirationalistische Botschaft" und beobachtet einen wichtigen Übergang – Goethe zitiert die Serenata am Ende seines Gedichts *Die empfindsame Gärtnerin*, entpolitisiert und auf einen sentimentalen Aspekt verkürzt:

Von der Schere fallen Blätter,
Fallen Blüthen, welcher Schmerz!
Asmus, unser lieber Vetter,
Nennt es puren Schneiderscherz.

Von der Mutter in die „Natur" hinausgeschickt, vermag Goethes junge Rollensprecherin in den symmetrisch geschnittenen hohen Hecken keine Natur zu finden. Der formale Garten hat ausgedient, das englische Vorbild erlebt in der Romantik einen neuen Höhepunkt. Von der *Serenata* bleibt eine reiche Rezeptionsgeschichte. Daß daran etliche Kompositionen ihren Anteil haben, verdankt sich nicht zuletzt der reizvollen musikalischen Gestaltung des Gedichts, die zur Vertonung nachgerade anregt.

Matthias Claudius

Motetto,

als der erste Zahn durch war

Victoria! Victoria!
Der kleine weiße Zahn ist da.
Du Mutter! komm, und groß und klein
Im Hause! kommt und kuckt hinein,
Und seht den hellen weißen Schein.

Der Zahn soll Alexander heißen.
Du liebes Kind! Gott halt ihn dir gesund,
Und geb Dir Zähne mehr in Deinen kleinen Mund,
Und immer was dafür zu beißen!

(SW S. 174)

Martin Geck

Der erste Zahn oder die Heiligkeit des Seins

Das „Motetto, als der erste Zahn durch war" hat nicht zuletzt in der Vertonung Carl Loewes Eingang in viele christliche Familien gefunden; ich selbst habe es in meiner Kindheit zusammen mit meiner Mutter aus einem Sammelband mit klavierbegleiteten Sololiedern des 19. Jahrhunderts gesungen. Wie weit verbreitet das Gedicht auch außerhalb der evangelischen Kreise war, denen sich mein Elternhaus zugehörig fühlte, zeigt ein 1831 in München erschienenes Buch Adolph von Schadens (1791–1840) mit dem Titel: „Die Franzosen in Algier und die Pariser Revolution im Jahr 1830". Der Autor, der im Anschluss an eine Karriere als Berufsoffizier vor allem im katholischen München literarisch tätig war, schließt sein „Historisch=romantisches Original=Gemälde", wie es im Untertitel heißt, mit folgender Episode (S. 223f.): Pierre, ein Veteran der französischen Kaisergarde, gibt nicht nur seinem Wunsch Ausdruck, dass ein zu erwartender Enkel nach Napoleon benannt werden möge; vielmehr hält er auch schon nach einem Lied auf den ersten Zahn Ausschau. Seine mit „Napoleon in spe" schwanger gehende Tochter Margoton, ein „liebliche[s], junge[s] Weibchen", kann da mit dem Gedicht von Claudius aushelfen; und der Veteran summt „von nun an, wo er gieng und stand, (...) sein ‚Victoria! Victoria! Der kleine weiße Zahn ist da!'"

Claudius, damals seit 16 Jahren nicht mehr unter den Lebenden, hätte sich zwar über die weite Verbreitung seines Motetto gefreut, jedoch nach Kräften dagegen protestiert, dass im Kontext seines Gedichts ausgerechnet der Name des ihm verhassten Korsen ins Spiel gebracht würde.

Doch Gedichte haben nun einmal ihre Geschichte – und nicht nur eine Nach-, sondern auch eine Vorgeschichte. Von Letzterer soll hier vorab die Rede sein, und zunächst soll es um den „hellen weißen Schein" gehen. Gott habe „einen hellen Schein in unsere Herzen gegeben", heißt es im 2. Korintherbrief Kap. 4, 6. Claudius hat diese Stelle natürlich ebenso gekannt wie all die Kirchenlieder, in denen wörtlich oder sinngemäß von einem „hellen Schein“ die Rede ist. So heißt es im Luther-Lied „Gelobet seist du, Jesu Christ“:

Das ewig Licht geht da herein,
gibt der Welt ein’ neuen Schein;
es leucht’ wohl mitten in der Nacht
und uns des Lichtes Kinder macht.
Kyrieleis.

Und Paul Gerhardt fragt in seinem Lied „Geh aus mein Herz, und suche Freud“:

Welch hohe Lust, welch heller Schein
Wird wohl in Christi Garten sein?

Charakteristikum dieser Beispiele ist, dass der Schein nicht von einer definierten Lichtquelle stammt, sondern – wie auch die Vorstellung eines „Heiligenscheins“ andeutet – ein Strahlen *an sich* bedeutet. In diesem Sinne ist auch der Titel einer Schrift von Mechthild von Magdeburg, „Das fließende Licht der Gottheit“, zu verstehen: Die Mystikerin kann ihre Erfahrungen einer *unio mystica* am besten in das Bild des Lichts fassen. Die entsprechende Lichtmetaphorik führt weiter zu dem Barockmystiker Jacob Böhme und seiner Schrift „Aurora oder Morgenröte im Aufgang“, deren 2. Kapitel eine „Anleitung, wie man das göttliche und natürliche Wesen betrachten soll“ enthält. Weiter geht es zu Philipp Otto Runges Gemälde „Der Morgen“, über das der Künstler schrieb: „Sieh’ so freut sich die Welt des Lichts, das Gott ausgehen ließ.“[1] Runge war ein jüngerer Freund von Matthias Claudius, der seinerseits der Mystik nahestand und mit dem „hellen Schein“ in seinem Motetto sicherlich gleichfalls darauf anspielte, dass man in dem Schöpfungswunder, das der erste Zahn für ihn darstellte, ganz im Sinne Böhmes ein Stück des „göttlichen und menschlichen Wesens“ vor Augen habe.

Ein Nachhall dieser Vorstellungen findet sich bei Martin Heidegger, der seinen jüngeren Kollegen Emil Staiger in einem

---

[1] Philipp Otto Runge, Hinterlassene Schriften Teil 1, Faksimilenachdruck der Ausgabe Hamburg 1841, Göttingen 1965, S. 20.

literaturästhetischen Disput über das Mörike-Gedicht „Auf eine Lampe" dafür tadelte, der „Sagekraft des Worts scheinen" nicht genug Aufmerksamkeit geschenkt zu haben,[2] wobei er als positives Gegenbeispiel Claudius' „Wiegenlied bei Mondschein zu singen" zur Lektüre empfahl.

Akzentuiert, jedoch unaufdringlich und ohne jede Bildungsattitüde weist Claudius mit der Wendung vom „hellen weißen Schein" auf die „Heiligkeit des Seins" hin – ein Terminus, der sich sowohl bei dem Theologen Paul Tillich als auch bei dem christlichen Existenzphilosophen Gabriel Marcel findet.[3] Das bedeutet jedoch nicht, dass der Wandsbeker Bote in Denken oder Sprache der Mystik versänke. Denn gleich das erste Wort des Gedichts, gleich zweimal hintereinander gebracht, verweist auf profane Zusammenhänge: „Victoria!" Zwar ist man an einige Zeilen aus Paul Gerhardts Osterlied „Auf, auf, mein Herz, mit Freuden" erinnert, die lauten: „Eh er's vermeint und denket, / Ist Christus wieder frei / Und ruft Victoria". Indessen liegen hier die profanen Konnotationen näher: Unter Berufung auf die antike Göttin Victoria in Siegesrufe auszubrechen, hatte damals bereits eine lange Tradition, in die sich auch Claudius' Freund Johann Wilhelm Ludwig Gleim mit seinem „Siegeslied nach der Schlacht bei Prag. Den 6. Mai 1757" einreiht, indem er dichtet: „Nun dankt Er Gott für seine Macht, / Und singt: Victoria!"[4]

Weniger martialisch ist der Ausruf eines anderen Claudius-Freundes, nämlich des Grafen Friedrich Leopold zu Stolberg gemeint, wenn er die Geburt seines ersten Sohnes bejubelt: „Victoria, der Bub' ist da". Das schreibt er am 31. Juli 1783 an

---

[2] Martin Heidegger, Erfahrung des Denkens, in: Gesamtausgabe I, Bd. 13, 2. Aufl. Frankfurt/M. 2002, S. 97.

[3] Gerd Hummel / Doris Lax (Hg.): Mystisches Erbe in Tillichs philosophischer Theologie. Münster usw. 2000, S. IX. - Gabriel Marcel: Unterwegssein = Werkauswahl, Bd. 3. Paderborn 1991, S. 301.

[4] Sämtliche Schriften des Herrn F. W. Gleims, Ersten Bandes I., II. und III. Theil, Karlsruhe 1780, S. 293.

seine Schwester Katharina;[5] und das Datum des Briefes könnte nahelegen, dass er damals Claudius' einige Jahre zuvor entstandenes Motetto als Anregung für seinen Ausruf genommen hat.

Von Victoria ist der Weg nicht weit zu einer anderen antiken Gestalt, nämlich zu Alexander dem Großen. Neuerdings ist die These vertreten worden, Claudius habe in seinem Gedicht nicht den griechischen Feldherrn vor Augen gehabt, da er sich über dessen Herrscherallüren mehrfach kritisch geäußert habe; vielmehr sei der Markgraf Carl Alexander von Ansbach-Bayreuth gemeint, Verwandter eines Christian Friedrich, dem einstens das alte Wandsbeker Schloss gehörte.[6] Diese These scheint mir jedoch zu kurz gegriffen: Der Witz der Gedichtzeile besteht darin, dass ein kleiner Zahn mit dem großen Alexander verglichen werden soll; und gerade die Kombination von Erhabenheit und Alltagsgeschehen charakterisiert den typischen Claudiusschen Ton: Zum einen ist ein erster Zahn ein ebenso großes Schöpfungswunder wie der sagenhafte Alexander, dessen Name übrigens sinngemäß „Beschützer" bedeutet; zum anderen darf sich auch ein großer Mann wie Alexander ruhig dafür hergeben, die Patenschaft für einen kleinen Zahn zu übernehmen. Der Biographie zufolge könnte es sich bei dem „lieben Kind" übrigens um seine Tochter Christiane gehandelt haben; und man darf Claudius den Scherz zutrauen, den Zahn seiner Tochter wie einen Eroberer zu feiern, der in alle Teile der alten Welt vordringen möchte.

Freilich soll der Zahn ob seines großen Paten nicht übermütig werden: Er wird ja noch eine ganze Reihe von Geschwistern bekommen; und alle zusammen mögen sich dereinst schon

---

[5] „Wohne immer in meinem Herzen und in den Herzen meiner Freunde allesbelebende Liebe!" Friedrich Leopold Graf zu Stolberg (1750–1819). Aus der literarisch-historischen Sammlung des Grafen Franz zu Stolberg 1210 – 1750 – 2001. Hg. von Elmar Mittler und Inka Tappenbeck. Göttingen 2001, S. 13.

[6] Walter Münz, „Der Zahn soll Alexander heißen". Spurensuche zu einem Vers von Matthias Claudius. In: Jahresschriften der Claudius-Gesellschaft 20 (2011), S. 17–24.

dann glücklich schätzen, wenn sie „immer was (...) zu beißen“ haben.

So endet das Gedicht, das mit der scherzhaft-pathetischen Anrufung der Göttin Victoria begonnen hat und zwischendurch beim großen Alexander gelandet ist, in aller Bescheidenheit. Claudius liebt die Höhenflüge dichterischer Fantasie und bleibt doch geerdet. Selbst wo die Sprache der Mystik anklingt, ist vordergründig nur von einem „hellen weißen Schein“ die Rede. „Das Gegenwärtige ist ihm immer groß und anziehend. (...) Jeder einzelne Eindruck ist kostbar, er sucht ihn wieder zu geben.“ – Mit solchen Sätzen charakterisiert Claudius’ Darmstädter Gönner Johann Heinrich Merck damals zwar den englischen Kultdichter Laurence Sterne.[7] Sie treffen jedoch ebenso auf Claudius selbst zu – mit dem Unterschied, dass sein bekanntes Statement – „Was im Hirn ist, das ist im Hirn; und Existenz ist die erste aller Eigenschaften“ (SW S. 546) – in seiner ganzen Tiefe nur vor *christlichem* Horizont erfasst werden kann.

Gleichwohl ist das Gedicht keine Predigt; vielmehr erinnert es an eine kleine Szene, die man sich mit verteilten Rollen gesprochen vorstellen könnte: Einzelne Familienmitglieder äußern sich zu dem freudigen Ereignis des ersten Zahns jeweils auf ihre Weise. Die Literaturwissenschaft kennt die Kategorie des „lyrischen Ichs“, welche die Germanistik geschaffen hat, um die Literatur von ihrer biographischen Lesart zu befreien. Goethes Gedicht „Wandrers Nachtlied“, um die gleiche Zeit wie das Motetto entstanden, kann als Illustration des Gemeinten dienen: Das Ich, das hier ein Du anspricht, ist kein real-biographisches, sondern ein „lyrisches Ich“, das die im Gedicht ausgedrückte Erfahrung verallgemeinert:

Über allen Gipfeln
Ist Ruh,
In allen Wipfeln
Spürest du
Kaum einen Hauch;

---

[7] Johann Heinrich Merck: Werke, ausgewählt und hg. von Arthur Henkel, Frankfurt/M. 1968, S. 389.

Die Vögelein schweigen im Walde.
Warte nur, balde
Ruhest du auch.

Auch Claudius verallgemeinert; gleichwohl hat er keine Bedenken, eine konkrete, durchaus auch biographisch erklärbare Situation zu imaginieren, in der augenscheinlich mehrere Familien-Ichs etwas zu sagen haben. Er will es Goethe auch nicht unbedingt an Eleganz des lyrischen Flusses gleichtun: Die Zeile „Der Zahn soll Alexander heißen", fügt sich zwar sinnvoll in das Reimschema ein, wirkt aber dennoch wie ein Zwischenruf, also wie Prosa. Auch die Anrufung von „Victoria" und „Alexander" signalisiert eine Direktheit, die einem „lyrischen Ich" nicht anstünde. Claudius' dichterisches Ich setzt vielmehr auffällige Ausrufzeichen; Umberto Eco würde angesichts der drastischen Metaphorik von kleinen „Wahrnehmungsschocks" sprechen,[8] die gemäß seiner Ästhetik das *offene* Kunstwerk kennzeichnen, welches Direktheit der Aussage über formale Einheitlichkeit stellt.

Ohne dass die „Heiligkeit des Seins" dadurch an Glanz verlöre, wird sie von Claudius in ihrer Alltagswirklichkeit beschworen. Das kommt einem Hiat nahe, den wohl kein anderer Dichter der Zeit zu präsentieren gewagt hat.

---

8 Umberto Eco: Die Grenzen der Interpretation. Aus dem Italienischen von Günter Memmert. München 1992, S. 202.

Matthias Claudius

Täglich zu singen

Ich danke Gott, und freue mich
  Wie 's Kind zur Weihnachtsgabe,
Daß ich bin, bin! Und daß ich dich,
  Schön menschlich Antlitz! habe;

Daß ich die Sonne, Berg und Meer,
  Und Laub und Gras kann sehen,
Und abends unterm Sternenheer
  Und lieben Monde gehen;

Und daß mir denn zumute ist,
  Als wenn wir Kinder kamen,
Und sahen, was der heil'ge Christ
  Bescheret hatte, amen!

Ich danke Gott mit Saitenspiel,
  Daß ich kein König worden;
Ich wär geschmeichelt worden viel,
  Und wär vielleicht verdorben.

Auch bet ich ihn von Herzen an,
  Daß ich auf dieser Erde
Nicht bin ein großer reicher Mann,
  Und auch wohl keiner werde.

Denn Ehr und Reichtum treibt und bläht,
  Hat mancherlei Gefahren,
Und vielen hat's das Herz verdreht,
  Die weiland wacker waren.

Und all das Geld und all das Gut
  Gewährt zwar viele Sachen;
Gesundheit, Schlaf und guten Mut
  Kann's aber doch nicht machen.

Und die sind doch, bei Ja und Nein!
  Ein rechter Lohn und Segen!
Drum will ich mich nicht groß kastein
  Des vielen Geldes wegen.

Gott gebe mir nur jeden Tag,
  Soviel ich darf zum Leben.
Er gibt's dem Sperling auf dem Dach;
  Wie sollt er's mir nicht geben!

(SW S. 149–150)

Jürgen Wehrs

Die Kunst, danken zu können

Das Gedicht „Täglich zu singen" ist, wenn man nach seinem Titel geht, gar kein Gedicht, sondern ein Lied, ohne dass der Autor festgelegt hat, nach welcher Melodie es denn gesungen werden soll. Das hat er anderen überlassen, von denen es auch einige Komponisten gibt, die eine Vertonung dieses Gedichtes vorgenommen haben, zum Beispiel Johann Friedrich Reichardt, von dem die erste Vertonung zu Lebzeiten Claudius' aus dem Jahr 1778[1] stammt, oder Franz Schubert, der 1817[2] eine Melodie zu diesem Lied schrieb. Von Carl Philipp Emanuel Bach allerdings, den Claudius persönlich kannte und der zu dieser Zeit in Hamburg als Kirchenmusiker wirkte, gibt es keine Vertonung dieses Gedichtes. Aber im 20. Jahrhundert ist es erneut wiederholt *vertont* worden, eine Fassung aus jüngerer Zeit stammt von Gerhard Schnitter.[3]

Als Lied, das mit einer bekannten Melodie gesungen wird, die nicht nur ins Ohr, sondern auch ins Herz geht, hat es eine größere, wenigstens aber eine vielfältigere Möglichkeit der Rezeption als ein Gedicht, das man nur lesen oder „aufsagen" kann. Das Gedicht „Täglich zu singen" hat es zwar nicht zu der Popularität des „Abendliedes" gebracht, es zählt aber zu den Gedichten, in denen Matthias Claudius Wesentliches von seiner Lebenseinstellung zu erkennen gibt.

„Täglich zu singen" ist ein etwas seltsamer Titel, der ja keinerlei Bezug auf den Inhalt des Gedichts nimmt, sondern eine Art Gebrauchsanweisung darstellt, wie das auch bei anderen Gedichten von Claudius vorkommt, zum Beispiel bei dem „Lied hinterm Ofen zu singen" (SW S. 235f.) oder bei „Ein

---

1 Musikbeilage der Hamburgischen Neuen Zeitung von 1778, Nr. 17/1 und J. F. Reichardt in: Oden und Lieder. Berlin 1779, S. 8.

2 Moritz Bauer: Die Lieder Franz Schuberts. Erster Band. Leipzig 1915, S. 117.

3 Gerhard Schnitter. Holzgerlingen 1985. Vgl. CD „Am Himmel hell und klar", Holzgerlingen: Hänssler Verlag 2004.

Wiegenlied bei Mondschein zu singen“ (S. 75f.). Der Autor konfrontiert den Leser mit einer Anweisung: Täglich zu singen. Die zeitliche Vorgabe könnte auch als Aufforderung verstanden werden, dieses Gedicht als eines anzusehen, das einen so bedeutsamen Inhalt hat, dass man sich dessen täglich vergewissern soll.

Dahinter steckt sicher nicht der eitle Wunsch eines Dichters, dass sein Gedicht möglichst oft gelesen, aufgesagt oder im Falle eines Liedes gesungen werden möge. Sondern damit verbindet er wohl eher die Absicht, dem Leser die Bedeutung dieses Gedichtes nahezubringen – etwa in dem Sinne: Dies ist ein Gedicht für den täglichen Gebrauch, ein Gedicht, das für dich wichtig ist. Das ist ein hoher Anspruch, denn wer liest schon täglich dasselbe Gedicht, wenn er es bereits nach dem ersten Mal verstanden hat? Das geschieht allenfalls, wenn es dem Leser den Eindruck zu vermitteln vermag, dass es für den Lebensalltag des Lesers und die Bewältigung desselben besonders nützlich sein könnte. Da im Hause von Matthias Claudius viel musiziert und gesungen wurde, lag es auch deshalb nicht fern, die Textfassung eines für ihn so wesentlichen Gedichtes wie „Täglich zu singen“ als Lied anzulegen.

Dieses Gedicht scheint seine Bedeutung darin zu finden, dass ihm der Autor den Charakter eines Gebets gegeben hat, jedenfalls wenn man den ersten Vers liest: „Ich danke Gott, und freue mich“. Zwar wird Gott nicht direkt angesprochen, aber an ihn ist der Inhalt des Gedichtes mit seiner zeitlich unbegrenzten Gültigkeit gerichtet. Unter Gläubigen ist es gängige Praxis, Gebete wie das „Vater unser“ wenn nicht täglich, so doch regelmäßig zu sprechen.

Schaut man sich das Gedicht in seinem Aufbau an, so hat es tatsächlich die Struktur eines Gebets: Die ersten drei Strophen stellen ein Dankgebet dar, in dem ein Lobpreis auf die Schöpfung ausgebracht wird, die der Ich-Sprecher an sich selbst erkennt. Die dann folgenden sechs Strophen stellen ein weiteres Dankgebet dar, in denen betont wird, was dem Ich-Sprecher durch seinen Schöpfer im Leben alles erspart geblieben ist. In der letzten Strophe schließlich erkennt der Leser ein Bittgebet, in dem darum gebeten wird, dass alles so bleiben möge wie es ist. Auch sprachlich wird der Gebetscharakter betont, wenn der Dichter neben dem „Ich danke Gott“ auch schreibt: „Auch bet ich ihn von Herzen an“ (Strophe 5). Dieses täglich zu singende Lied kann also auch als tägliches Gebet verstanden und als solches gesprochen oder gesungen werden.

Das Gedicht hat eine durchgehend einheitliche Form: Es besteht aus neun Strophen mit je vier Versen, jede Strophe verwendet gleichermaßen das Muster des Kreuzreimes, der erste und dritte Vers jeder Strophe steht im vierhebigen Jambus mit ‚männlichem‘ (betontem) Ende, jeder zweite und vierte Vers im dreihebigen Jambus mit ‚weiblichem‘ (unbetontem) Ende. Claudius hat dem Gedicht also eine klare und ohne Brüche gestaltete Form gegeben, die sich dem Leser als leicht einprägsam erschließt – und sich natürlich nicht zuletzt deshalb auch zum Vertonen eignet, weil es in seinem Rhythmus als Volks- oder Kirchenlied angelegt ist.

Die Sprache ist so gestaltet, dass sie jeder verstehen kann, weil sie sich lebensweltlicher Bezüge bedient, die leicht nachzuvollziehen sind. Auch wenn die Sätze, mit denen der Dichter die Verse ausgestaltet, unterschiedlich lang sind – der erste erstreckt sich über drei Strophen, andere nur über zwei Verse –, sind die Gedanken, die sie transportieren, in sich leicht zugänglich und in ihrer Nachvollziehbarkeit stringent. Ihr Verständnis setzt keine besonderen interpretatorischen Kompetenzen voraus. Das mag dazu beigetragen haben, dass Claudius als Dichter des einfaches Volkes eingeordnet, wenn nicht gar – wie im Fall Goethes, der Claudius einen „Narren, der voll Einfaltsprätensionen steckt“,[47] nannte – als einfältig abgetan wurde. Aber war Claudius ein Einfaltspinsel? Inwieweit die sprachliche Einfachheit der Poesie des Wandsbeker Dichters mit geistiger Einfalt gleichgesetzt werden kann und darf, wird noch zu untersuchen sein.

Unbestreitbar aber ist, dass Claudius der Einfachheit seiner Sprache auch ein beachtliches Maß an Volkstümlichkeit vieler seiner Gedichte verdankt.

---

[47] Johann Wolfgang von Goethe am 5.10.1787 an Herder. In: Goethe: Werke. Italienische Reise. München 1981, 15. Aufl. 2002, S. 413.

Das Gedicht „Täglich zu singen“ beginnt mit einem Dank an Gott über dessen Schöpfungswerk, das er an ihm vollzogen hat: „Daß ich bin, bin! Und daß ich dich, / schön menschlich Antlitz! habe“. Zweimal wird die Sprache mitten im Satz durch die Einfügung eines Ausrufezeichens euphorisiert. Diese Verse stehen in ihrer Ausdruckskraft einem Jubel näher als einer sachlichen Feststellung. Der Dichter hat eine frohe Botschaft zu verbreiten. Gott hat ihm nicht nur ein schönes Antlitz gegeben, sondern auch ein menschliches. Was Gott hier geschaffen hat, ist schön. Und diese Schönheit spiegelt sich im Antlitz des Menschen.

Am Anfang des Gedichtes steht die Entdeckung der Schöpfung an sich selbst, die Erkenntnis, dass der Ich-Sprecher Teil dieser Schöpfung ist und mit dem Ergebnis dieser Schöpfung sehr zufrieden sein kann. Dies erfüllt ihn nicht nur mit Dankbarkeit, sondern erfreut ihn in einer Weise, die er mit der kindlichen Freude angesichts eines Weihnachtsgeschenkes erlebt. Vielleicht bedarf es einer kindhaften Unschuld, um überhaupt zum Staunen über Gottes Schöpfung fähig zu sein.

Nach der Wahrnehmung der eigenen Person richtet sich der Blick nun auf die ihn umgebende Schöpfung, auf Sonne, Berg, Meer, Laub, Gras, Sterne und Mond (vgl. Str. 2). Mit wenigen Strichen zeichnet der Ich-Sprecher das Bild der Natur, die er sehen und in der er sich bewegen kann. Die Aufzählung erhebt sicher keinen Anspruch auf Vollständigkeit und könnte vom Leser gedanklich noch erweitert werden. Während die meisten Naturphänomene neutral genannt werden, wird der Mond zum „lieben Monde“. Hier drängt sich dem Leser die Affinität des Dichters zum Mond auf, die dieser in seiner Poesie aus unterschiedlichen Anlässen behandelt und in den Zusammenhang mit einem besonderen Stimmungszustand gebracht hat. Und „bis heute scheint das Wort ‚Mond‘ (...) im literarischen Gemeinplatz innig mit dem Verfasser des ‚Abendliedes‘ verbunden“[5] zu sein.

---

5 Walter Münz im Nachwort zu: Matthias Claudius, Ausgewählte Werke. Stuttgart 1990, S. 468f.

Ein zweites Mal bemüht Claudius das Bild der Weihnachtsbescherung, wenn er im Angesicht aller genannten Naturphänomene diese wie ein Geschenk Christi empfindet. Wieder kann er sich wie ein Kind über einen Gabentisch freuen und seinem Staunen keine Grenzen setzen. Mit einem „amen!“ (Str. 3 Ende) schließt der erste Satz dieses Gedichtes, das in seinem Inhalt einem Dankgebet nachempfunden ist. Und hier könnte das Gedicht auch zu Ende sein, weil in diesen drei Strophen der Schöpfung Gottes eine umfassende Referenz erwiesen worden ist.

Aber der Dichter setzt erneut mit einem „Ich danke Gott“ zu einem Abschnitt an, an dessen Ende diesmal kein „Amen“ steht. Ab Strophe 4 dankt der Dichter Gott für alles, was er nicht ist bzw. nicht geworden ist. Und damit dies nicht so klingt, als würde er sich den unerreichten Lebenszielen lediglich in Form einer Dankesschuld pflichtmäßig entledigen, begleitet er diesen Dank „mit Saitenspiel“, was wiederum auf einen Zustand innerer Euphorie schließen lässt.

So ist er dankbar dafür, kein König geworden zu sein. Die Schmeicheleien, die er in diesem Amt bekommen hätte, hätten ihn möglicherweise „verdorben“ (Str. 4). Es hat ihn auch nicht gereizt, sich mit etwas weniger als einem König, aber dennoch und immerhin mit einem großen und reichen Mann, zu begnügen. Das ist er nicht und das strebt er auch nicht an. Warum nicht? Hat er keinen Ehrgeiz, in seinem Leben etwas zu erreichen oder wenigstens weiterzukommen? Antriebsarmut scheint den Ich-Sprecher nicht befallen zu haben, vielmehr können ihn die Ergebnisse dieses Strebens nicht überzeugen. Wenn andere nach Ehre und Reichtum streben, tut er's nicht, denn beides „treibt und bläht“ (Str. 6), wie er die Folgen mit einer etwas derben Metapher belegt. Er ist überzeugt, dass Ehre und Reichtum den Menschen zum Schlechteren verändern und dass sie deshalb für ihn als Lebensziele nicht in Frage kommen. Zwar weiß er, wie in Strophe 7 deutlich wird, dass Geld und Vermögen einen Menschen dazu in die Lage versetzen, sich viel leisten zu können. Der Dichter weiß aber auch, dass man sich elementare Dinge wie „Gesundheit, Schlaf und guten Mut“ – allesamt immaterielle Güter – nicht kaufen kann. Eine Abwägung der einzelnen lebensnotwendigen Güter ergibt, dass die Anhäufung materieller Güter das Leben nicht unbedingt lebenswerter macht und dass es sich für die nicht lohnt, sich krumm zu legen. Der Segen liegt auf den immateriellen Gütern.

Während die ersten drei Strophen ein Dankgebet auf Gottes gute Schöpfung darstellen und die dann folgenden fünf Strophen die Aufmerksamkeit auf die Dinge richten, mit denen sich der Ich-Sprecher nicht belasten muss und für die er deshalb ebenfalls dankbar ist, folgt in der letzten Strophe konsequenterweise eine Bitte an Gott, nämlich die Bitte um die weitere Bereitstellung des Lebensnotwendigen. Das Übermäßige ist nicht erforderlich, das Lebensnotwendige schon: „Soviel ich darf zum Leben" (Str. 9). Was hier heißen will: Soviel ich zum Leben brauche. Und da hat der Ich-Sprecher ein großes Gottvertrauen: Er ist ganz zuversichtlich, dass er sein Auskommen haben wird, wenn es der Spatz auf dem Dach auch hat. In diesem Vertrauen kann er sich auf eine Stelle im Matthäus-Evangelium stützen, wo es (Kap. 6,16) heißt: „Seht die Vögel des Himmels an! Sie säen nicht und ernten nicht und sammeln nicht in Scheunen, und euer himmlischer Vater ernährt sie (doch). Seid ihr nicht mehr wert als sie?"

Besonders dieses Ende des Gedichtes gibt denjenigen Rezipienten Nahrung, die Claudius in einer Welt, in der Güter und die Möglichkeit des Zugangs zu ihnen ungleich verteilt sind und in der die soziale Ungleichheit geradezu ein gesellschaftliches Bestimmungsmerkmal zu sein scheint, eine falsche Bescheidenheit, wenn nicht gar eine Unterwerfung unter die bestehenden Verhältnisse vorwerfen. Sein Gedicht könnte als Legitimierung einer nicht gerechten, aber von Gott gewollten Ordnung gesehen werden, in der sich nichts ändern soll. Der arme Mann und die arme Frau werden mit dem Spatz auf dem Dach gleichgestellt, während die Raffgier derer ungehindert stattfinden darf, die sich die Taschen vollstopfen und von allem nicht genug bekommen können.

Es ist unbestritten, dass Claudius in diesem wie auch in anderen Gedichten die sozialen Verhältnisse seiner Zeit nicht angreift. Er war kein Georg Büchner, der in seiner Kampfschrift 50 Jahre später den Palästen den Krieg wünscht und den Hütten den Frieden.[6] Claudius war wohl für den Frieden in den Hütten, nicht aber für den Krieg in den Palästen. Der Wandsbeker Dichter hatte ganz andere Einsichten. Er sah die Welt mit den Augen des Schöpfers und versuchte für sich das Gute dieser Schöpfung zu erkennen, zu bewahren und die Verformungen der Schöpfung von sich fernzuhalten. Er wusste zwischen beiden sehr gut zu unterscheiden. In seinem Gedicht bringt er Beispiele dieser abstoßenden Verformungen (besonders Str. 6), die für ihn keine Lebensperspektive darstellen. Anstatt diese Verformungen jedoch zu bekämpfen, richtet er den Blick auf die guten Seiten der Schöpfung. Er verdankt sich selbst der Schöpferhand und bekräftigt dies täglich. Das bleibt nicht ohne Konsequenzen: Wer das Gute in Gottes Schöpfung sieht und schätzt, legt auf das Negative keinen großen Wert und straft es – wie in diesem Gedicht – mit Geringachtung.

Hier stellt sich die Frage nach dem biografischen Zusammenhang. Kann die Lebenssituation, in der sich Matthias Claudius zur Zeit der Entstehung dieses Gedichtes befand, eine Erklärung dafür hergeben, dass er die Dinge des Lebens so positiv sehen konnte?

Das Gedicht wurde erstmals am 11. September 1777 in den Hamburgischen Addreß-Comtoir-Nachrichten veröffentlicht und erschien ein Jahr später im III. Teil seiner Werke *Asmus omnia sua secum portans*. Claudius war im Jahr zuvor mit seiner Familie nach Darmstadt gegangen, um sich dort als Regierungsbeamter und Redakteur der *Hessen-Darmstädtischen privilegirten Land-Zeitung* zu versuchen. Dieses Unternehmen war jedoch schon nach einem Jahr wieder beendet und Claudius kehrte im Mai 1777 nach Wandsbek zurück. Im Grunde war er in Darmstadt beruflich gescheitert und niemand hätte es ihm verübelt, wenn ihn dieser Umstand in eine üble und misslaunige Stimmung versetzt hätte. Er hätte mit sich hadern können, zumal ja ein auch wirtschaftlich tragfähiger beruflicher Erfolg immer noch ausstand, der ihn in den Stand hätte verset-

[6] Georg Büchner. Der Hessische Landbote. In: Ders., Werke und Briefe. Münchner Ausgabe. München 1988, 12. Auflage 2006, S. 39ff.

zen können, für seine größer werdende Familie – seine Frau Rebecca war hochschwanger, als er aus Darmstadt zurückkehrte – ein auskömmliches Einkommen zur Verfügung zu haben. Aus einer gesicherten Existenz heraus ließe sich doch viel einfacher die Botschaft verbreiten, mit sich und der Welt im Reinen zu sein.[7]

Aber genau dies war nicht der Fall. Matthias Claudius befand sich wirtschaftlich immer noch in höchst ungesicherten Verhältnissen. Es ist also eher so, dass das Gedicht „Täglich zu singen" nicht aus einer situativ euphorischen Stimmungslage heraus entstanden ist, sondern dass es eher einer Grundbefindlichkeit des Dichters entspricht. Trotz seiner knappen wirtschaftlichen Ressourcen warf ihn ein Leben „von der Hand in den Mund" offenbar nicht aus der Bahn. Solange er darauf vertrauen durfte, dass Gott ihn genauso gut versorgen würde wie den Spatzen auf dem Dach, war er mit Dankbarkeit erfüllt.

Für eine eher materialistisch ausgerichtete Denkweise ist dies ein geradezu revolutionärer Denk- und Glaubensansatz: Sein Reichtum besteht aus den Anlässen, für die der Mensch Grund zum Danken hat, nicht aus dem Denken an den Mangel all dessen, wovon er noch gern etwas hätte. Umgekehrt ließe sich aus der Sichtweise von Matthias Claudius der Schluss ziehen, dass Undank nicht zu Lebenszufriedenheit führen kann, weil er den eigentlichen Reichtum nicht wahrnimmt bzw. gar nicht kennt. Und sicher dürfte es einen Menschen in der Sichtweise auf sein Leben verändern, wenn er die Erfahrung macht, dass er alles das, was er zum Leben braucht, schon hat, und dass er in einem Zustand leben kann, versorgt zu sein und sich von Gott beschenkt zu wissen.

Claudius löst die gern als komplex empfundenen Zusammenhänge des alltäglichen Lebens in ihre basalen Elemente auf. Das gelingt ihm nicht nur aus seiner frommen Haltung heraus, sondern auch sprachlich. Er findet eine Sprache, die jeder versteht, die auf Verschränkungen und Relativierungen verzichtet,

---

[7] Zur biografischen Situation von Matthias Claudius nach seiner Rückkehr aus Darmstadt vgl. Annelen Kranefuss: Matthias Claudius. Eine Biographie. Hamburg 2011, S. 161.

in der die Beziehung zwischen Ich-Sprecher und Gott klar erkennbar wird – und die einen eigenen Tonfall hat, auch dann, wenn sie nicht vertont ist. Es ist eine einfache, dennoch kunstvolle Sprache, bei der jedes Wort Gewicht hat und nachempfunden werden kann. Claudius macht dadurch aus dem Danken eine Kunst. Das ist zwar einfach zu verstehen, aber alles andere als einfältig.

Hat das Gedicht von Matthias Claudius 200 Jahre nach seinem Tod nicht längst an Bedeutung verloren? Hat es sich nicht inzwischen, nachdem ein ganz anderes gesellschaftliches Bewusstsein vorherrscht, in dem zum Beispiel Dynamik, Veränderung, aber auch die Entfaltung des Individuums gefragt sind, überlebt?

Der Soziologie Peter Gross hat in seiner umfangreichen Studie aus dem Jahr 1994 mit dem begriffsprägenden Titel „Multioptionsgesellschaft",[8] die inzwischen zehn unveränderte Auflagen erlebt hat, eine Beschreibung der modernen Gesellschaft versucht und davon gesprochen, dass es das Bestreben des modernen Menschen sei, von immer mehr immer schneller immer mehr haben zu wollen. „Auf dem Drang nach Mehr gründet die Moderne",[9] ist Gross überzeugt. Ein Leben im Stillstand seiner Bedürfnisse kenne der moderne Mensch im Leben des Überflusses nicht, weil er nach dem Prinzip lebe: Nichts ist unmöglich. Warum sollte er dann nicht auch auf die Idee kommen, das bisher Unmögliche möglich machen und sich selbst an die Stelle eines Schöpfers stellen zu wollen?

Dieses Konzept scheint die größtmögliche Distanz zu dem Konzept darzustellen, das Matthias Claudius in seinem Gedicht „Täglich zu singen" beschreibt: die Absage an alle Optionen, die über die Daseinsvorsorge hinausgehen. Sich mit dem zufriedenzugeben, was man hat, und auf den Überfluss zu verzichten, ist für die Multioptionsgesellschaft kein Thema. Die Claudius'sche Selbstgenügsamkeit käme hier gnadenlos unter die Räder.

---

[8] Peter Gross: Die Multioptionsgesellschaft. Frankfurt/M. 1994.
[9] Ebenda S. 11.

Gross betrachtet das Modell der Multioptionsgesellschaft nicht unkritisch. So sieht er die Gefahr, dass der moderne Mensch in mancherlei Hinsicht überfordert ist, den selbst gesteckten Zielen nachzukommen. Er scheitert an seinen eigenen Ansprüchen mit zum Teil verheerenden Folgen. In diesem Konzept kommt Gott als Schöpfer nicht mehr vor. Der Mensch ist an seine Stelle getreten in dem vermeintlichen Glauben, das (bisher) Unmögliche möglich machen zu können. Ist diese Haltung neu?

Auch zur Zeit Claudius', in der sich das Zeitalter der Aufklärung ankündigte und mit deren Ideen der Wandsbeker Dichter bereits Berührung hatte, gab es schon das Bestreben des Menschen, sich unter Einsatz seiner *ratio* von herkömmlichen und zur Unmündigkeit führenden Herrschaftsstrukturen emanzipieren zu können und zu wollen. Dem vernunftbegabten Menschen wurde zugetraut, seine Probleme selbst zu lösen. Er musste nicht mehr alles als gottgegeben hinnehmen.

Insofern traf Claudius schon in den siebziger Jahren des 18. Jahrhunderts auf Denkweisen, die seiner Botschaft entgegenstanden und den Widerspruch der Rationalisten hervorriefen. Er hat sich dabei die Freiheit genommen, seine eigene Unabhängigkeit zu leben, was Johann Georg Hamann einst zu der Frage veranlasst hatte, ob dieser Drang zur Unabhängigkeit „Eigensinn, Faulheit oder Unvermögenheit" sei.[10] Claudius war offenbar bereit, sich zugunsten der eigenen Denk- und Lebensfreiheit ein von den Maßstäben bürgerlichen oder, wie gerade in Darmstadt erlebt, höfischen Lebens freies Dasein zu gönnen. Instrumentalisieren lassen wollte er sich nicht.

Es erscheint demnach zu einfach, Matthias Claudius mit seinem hier behandelten Gedicht einer bestimmten Zeit zuordnen zu wollen, in der seine Haltung epochentypisch war. Auch zu seiner Zeit ging Claudius schon manchen Zeitgenossen gegen den Strich. Und so ist es bis heute geblieben. Und damit scheint der Wandsbeker Dichter auch posthum ganz gut zu leben: Einerseits genießt das Gedicht „Täglich zu singen" – wie manche

---

[10] Johann Georg Hamann in einem Brief an Johann Gottfried Herder, zitiert bei Annelen Kranefuss (wie Anm. 7), S. 161.

seiner anderen Gedichte auch – eine ungebrochene Popularität, andererseits löst es aber auch Distanzierungen aus, wenn es um die Akzeptanz seines Inhaltes geht. Wie lässt sich dieser Widerspruch erklären?

Claudius ernst zu nehmen heißt, sich seine Sichtweise zu eigen zu machen. Ohne seine Bodenhaftung aufzugeben, sieht Claudius auf das, was seine immaterielle Daseinsvorsorge bestimmt, die nicht er geschaffen hat, sondern die eine Schöpfung Gottes ist, zu der er sich selbst auch zählen darf. Wer einem falschen Anspruchsdenken nachhängt und den Grund seines Daseins fahrlässig ignoriert, dem wird der Zugang zu den geistlichen Quellen seines Daseins verschlossen bleiben, der wird ihren Wert nicht erkennen. Die guten Gaben Gottes, die das Leben reich machen, sind für den Menschen tägliche Existenzgrundlage. Um ihretwillen muss sich der Mensch nicht „kasteien“ (Str. 8). Sie sind schon da, der Mensch muss sie nur wahrnehmen, um sich an ihnen erfreuen zu können. Aus Sicht des Dichters kasteien sich diejenigen, die ihr Leben mit materiellen Gütern anhäufen, die eigentlich zu nichts Gutem nütze sind.

Matthias Claudius lädt mit seinem Gedicht zum Innehalten ein, dazu, auf die Welt einen anderen Blick zu werfen – den der Dankbarkeit für die gute Schöpfung Gottes. Er stiftet an zum Schätzesammeln im biblischen Sinn, damit sich der Mensch keine falschen Sorgen machen muss, weil sich ein anderer sorgt. Das ist ein zeitloses Thema, das freilich seine größte Wirkung dann entfalten kann, wenn es Menschen in ihrer angespannten, an Erwartungen hoch anspruchsvollen und mit sich selbst wenig nachsichtig umgehenden Alltagsgeschäftigkeit trifft.

Matthias Claudius

Über das Gebet, an meinen Freund Andres

Es ist sonderbar, daß Du von mir eine Weisung über's Gebet verlangst; und Du verstehst's gewiß viel besser als ich. Du kannst so in Dir sein, und auswendig so verstört und albern aussehen, daß der Priester Eli, wenn er Dein Pastor loci wäre, Dich leicht in bösen Ruf bringen könnte. Und das sind gute Anzeigen, Andres. Denn wenn das Wasser sich in Staubregen zersplittert, kann es keine Mühle treiben, und wo Klang und Rumor an Tür und Fenstern ist, passiert im Hause nicht viel.

Daß einer beim Beten die Augen verdreht etc. find' ich eben nicht nötig, und halte ichs besser: natürlich! Indes muß man einen darum nicht lästern wenn er nicht heuchelt; doch daß einer groß und breit beim Gebet tut, das muß man lästern, dünkt mich, und ist nicht auszustehen. Man darf Mut und Zuversicht haben, aber nicht eingebildet und selbstklug sein; denn weiß einer sich selbst zu raten und zu helfen, so ist ja das kürzeste daß er sich selbst hilft. Das Händefalten ist eine feine äußerliche Zucht, und sieht so aus als wenn sich einer auf Gnade und Ungnade ergibt und's Gewehr streckt etc. Aber das innerliche heimliche Hinhängen, Wellenschlagen und Wünschen des Herzens, das ist nach meiner Meinung beim Gebet die Hauptsache, und darum kann ich nicht begreifen was die Leute meinen, die nichts von Beten wissen wollen. Ist ebensoviel als wenn sie sagten, man solle nichts wünschen oder man solle keinen Bart und keine Ohren haben. Das müßte ja 'n hölzerner Bube sein der seinen Vater niemals etwas zu bitten hätte, und erst 'n halben Tag deliberierte, ob er's zu der Extremität wolle kommen lassen oder nicht. Wenn der Wunsch inwendig in Dir Dich nahe angeht, Andres, und warmer Komplexion ist; so wird er nicht lange anfragen, er wird Dich übermannen wie 'n starker gewappneter Mann, wird sich kurz und gut mit einigen Lumpen von Worten behängen und am Himmel anklopfen.

Aber das ist eine andre Frage, was und wie wir beten sollen. Kennt jemand das Wesen dieser Welt, und trachtet er ungeheuchelt nur nach dem was besser ist; denn hat's mit dem Gebet seine gewiesene Wege. Aber des Menschen Herz ist eitel und töricht von Mutterleibe an. Wir wissen nicht was uns gut ist, Andres, und unser liebster Wunsch hat uns oft betrogen! Und also muß man nicht auf seinem Stück stehen, sondern blöde und diskret sein, und dem lieber alles mit anheimstellen der's besser weiß als wir.

Ob nun das Gebet einer bewegten Seele etwas vermag und würken kann, oder ob der Nexus Rerum dergleichen nicht gestattet, wie einige Herren Gelehrte meinen, darüber lasse ich mich in keinen Streit ein. Ich hab' allen Respekt für den Nexus Rerum, kann aber doch nicht umhin dabei an Simson zu denken, der den Nexus der Torflügel unbeschädigt ließ und bekanntlich das ganze Tor auf den Berg trug. Und kurz, Andres, ich glaube, daß der Regen wohl kömmt wenn es dürre ist und daß der Hirsch nicht umsonst nach frischem Wasser schreie, wenn einer nur recht betet und recht gesinnt ist.

Das „Vater Unser“ ist ein für allemal das beste Gebet, denn Du weißt, wer's gemacht hat. Aber kein Mensch auf Gottes Erdboden kann's so nachbeten wie der 's gemeinet hat; wir krüppeln es nur von ferne, einer noch immer armseliger als der andere. Das schadt aber nicht, Andres, wenn wir's nur gut meinen; der liebe Gott muß so immer das Beste tun, und der weiß wie's sein soll. Weil Du's verlangst, will ich Dir aufrichtig sagen, wie ich's mit dem „Vater Unser“ mache. Ich denke aber, 's ist so nur sehr armselig gemacht, und ich möchte mich gerne eines Bessern belehren lassen.

Sieh', wenn ich's beten will, so denk' ich erst an meinen seligen Vater, wie der so gut war und mir so gerne geben mochte. Und denn stell' ich mir die ganze Welt als meines Vaters Haus vor; und alle Menschen in Europa, Asia, Afrika und Amerika sind denn in meinen Gedanken meine Brüder und Schwestern; und Gott sitzt im Himmel auf einem goldnen Stuhl, und hat seine rechte Hand über's Meer und bis ans Ende der Welt ausgestreckt, und seine linke voll Heil und Gutes, und die Bergspitzen umher rauchen – und denn fang' ich an:

Vater Unser der du bist im Himmel.
Geheiliget werde dein Name.

Das versteh' ich nun schon nicht. Die Juden sollen besondre Heimlichkeiten von dem Namen Gottes gewußt haben. Das lasse ich aber gut sein und wünsche nur, daß das Andenken an Gott, und eine jede Spur, daraus wir ihn e r k e n n e n können, mir und allen Menschen über alles groß und heilig sein möge.

Zu uns komme dein Reich.

Hiebei denk' ich an mich selbst, wie's in mir hin und her treibt und bald dies bald das regiert, und daß das alles Herzquälen ist und ich dabei auf keinen grünen Zweig komme. Und denn denk' ich, wie g u t es für mich wäre, wenn doch Gott all Fehd ein Ende machen und mich selbst regieren wollte.

Dein Wille geschehe wie im Himmel also auch auf Erden.

Hiebei stell' ich mir den Himmel mit den heiligen Engeln vor die mit Freuden seinen Willen tun, und keine Qual rühret sie an, und sie wissen sich vor Liebe und Seligkeit nicht zu retten, und frohlocken Tag und Nacht; und denn denk' ich: wenn es doch also auch auf Erden wäre!

Unser täglich Brot gib uns heute.

'n jeder weiß was täglich Brot heißt, und daß man essen muß solange man in der Welt ist, und daß es auch gut schmeckt. Daran denk' ich denn. Auch fallen mir wohl meine Kinder ein, wie die so gerne essen mögen und so flugs und fröhlich bei der Schüssel sind. Und denn bet' ich, daß der liebe Gott uns doch etwas wolle zu essen geben.

Und vergib uns unsre Schuld als wir vergeben
unsern Schuldigern.

Es tut weh wenn man beleidigt wird, und die Rache ist dem Menschen süß. Das kömmt mir auch so vor, und ich hätte wohl Lust dazu. Da tritt mir aber der Schalksknecht aus dem

Evangelio unter die Augen: und mir entfällt das Herz, und ich nehm's mir vor, daß ich meinem Mitknecht vergeben und ihm kein Wort von den hundert Groschen sagen will.

Und führe uns nicht in Versuchung.

Hier denk' ich an allerhand Exempel, wo Leute unter den und jenen Umständen vom Guten abgewichen und gefallen sind, und daß es mir nicht besser gehen würde.

Sondern erlöse uns von dem Übel.

Mir sind hier die Versuchungen noch im Sinn, und daß der Mensch so leicht verführt werden, und von der ebnen Bahn abkommen kann. Zugleich denk' ich aber auch an alle Mühe des Lebens, an Schwindsucht und Alter, an Kindesnot, Kalten Brand und Wahnsinn, und das tausendfältige Elend und Herzeleid das in der Welt ist und die armen Menschen martert und quält, und ist niemand der helfen kann. Und Du wirst finden, Andres! wenn die Tränen nicht vorher gekommen sind, hier kommen sie gewiß, und man kann sich so herzlich heraussehnen, und in sich so betrübt und niedergeschlagen werden, als ob gar keine Hülfe wäre. Denn muß man sich aber wieder Mut machen, die Hand auf den Mund legen, und wie im Triumph fortfahren:

Denn dein ist das Reich, und die Kraft und die
Macht und die Herrlichkeit in Ewigkeit,
Amen.

(SW S. 163–166)

Thomas Baumann

Schlichtheit mit Substanz
Zu Matthias Claudius' Auslegung des Vaterunsers

Das Schöne an den Werken des Wandsbecker Boten ist, dass sie einen immer wieder überraschen können. Nicht zuletzt durch das beharrliche Bemühen der Claudius-Forschung insbesondere der letzten gut drei Jahrzehnte hat sich inzwischen herumgesprochen, dass nicht alle seiner Texte, die im schlichten Gewand daherkommen, auch inhaltlich nicht so viel zu bieten hätten. Es lohnt sich immer, Texte von Matthias Claudius aufmerksam zu lesen, es handele sich um Poesie oder Prosa. Für mich ist ein solcher auf den ersten Blick eher unscheinbarer Text zu einer Entdeckung geworden.

Im III. Teil der „Sämtlichen Werke des Wandsbecker Boten" findet sich ein Prosastück mit dem Titel „Über das Gebet, an meinen Freund Andres" (SW S. 163–166). Claudius hat es in die Nähe seines Gedichts „Nach der Krankheit 1777" platziert, dessen Thema die Begegnung mit dem Tod durch eine lebensbedrohliche Krankheit ist. Der Tod geht noch einmal vorüber „Auf dein Gebet und Wort". Das Thema Gebet, das nun im Brief an Andres grundsätzlich behandelt wird, ist also nicht einfach ein beliebiger Gesprächsgegenstand, „über den man mal geredet haben sollte", die Platzierung dieses Textes legt nahe, dass Claudius ihm eine besondere, ja existentielle Bedeutung beimisst.

Der Adressat des Textes, der hier nicht ausdrücklich als Brief ausgewiesen wird, ist Andres. Wer ist Andres? Zusammen mit dem gelehrten Vetter bildet Andres das Zentrum des Netzes fiktiver Brief- und Gesprächspartner, das Claudius in seinen „Sämtlichen Werken" gesponnen hat; sie geben diesem Werk eine Vielstimmigkeit, die es zu etwas wirklich Besonderem macht. Während mit dem gelehrten Vetter Zeitfragen diskutiert werden, spricht der Autor mit Andres über scheinbar „zufällige" Dinge des alltäglichen Lebens, aber auch über grundsätzliche Themen des Glaubens. Die „Briefe an Andres" ziehen sich durch das Werk von Matthias Claudius von den ersten beiden Teilen, die 1775 erschienen, bis zum VIII. und letzten Teil, der als „Zugabe“ wenige Jahre vor dem Tod von Matthias Claudius 1812 veröffentlicht wurde, und schaffen so einen Wiedererkennungseffekt. Der bodenständige, nüchterne und zugleich warmherzige Andres wird uns immer vertrauter. In Andres wendet sich Claudius an den „im Gemeindeglauben stehenden Leser“,[1] den Christen, der das Herz auf dem rechten Fleck hat und sich den Kopf nicht durch die aktuellen „Religionsverbesserungen“ verdrehen lässt. Herbert Rowland meint sogar, dass „Andres (...) Claudius' Idealleser [verkörpere], den im edelsten Sinne des Wortes einfachen, für alles Gute und Schöne aufgeschlossenen Menschentypen, zu dem der Dichter seinen wirklichen Leser heranbilden wollte“.[2] Selbst wenn man nicht so weit gehen will und Claudius zugesteht, bewusst für ganz unterschiedliche (und unterschiedlich gebildete) Leser zu schreiben, kommt Andres, wie mir scheint, in der Tat eine zentrale Rolle als Repräsentant einer Frömmigkeit und Menschlichkeit zu, die Claudius als zutiefst echt und sympathisch schildert und die durchaus Vorbildcharakter haben soll.[3]

„Es ist sonderbar, dass Du von mir eine Weisung übers Gebet verlangst; und Du verstehst's gewiss viel besser als ich.“ Mit dem ersten Satz des kleinen Prosastücks „Über das Gebet, an meinen Freund Andres“ wird der Empfänger als einer charakterisiert, der sich mit Beten auskennt. Und der Verfasser ist schon mitten im Thema seines Textes, der weniger eine theoretische Abhandlung über das Gebet oder gar eine Auslegung des „Vaterunsers“ sein will (obwohl er das in Kurzform durchaus ist), sondern sich vielmehr als eine Einladung zum Beten versteht. „Du kannst so *in* Dir sein, und *auswendig* so verstört und albern aussehen, dass

---

[1] Reinhard Görisch: Matthias Claudius und der Sturm und Drang. Ein Abgrenzungsversuch. (...) Frankfurt/M. / Bern / Cirencester 1981, S. 112, Anm. 41.

[2] Herbert Rowland: Matthias Claudius. München 1990, S. 33.

[3] Zu Andres auch Reiner Andreas Neuschäfer: „Ich sitze mit Tränen in den Augen und nag an der Feder“. Matthias Claudius und seine „Briefe an Andres“. In: Jahresschriften der Claudius-Gesellschaft 20 (2011), S. 5–16.

der Priester Eli, wenn er Dein Pastor loci wäre, Dich leicht in bösen Ruf bringen könnte." Claudius spielt hier an auf das Gebet Hannas, von dem im 1. Samuelbuch Kap. 1 berichtet wird, und die verständnislose Reaktion des Priesters Eli darauf. Die kinderlose Hanna besucht wie jedes Jahr mit ihrem Mann das Heiligtum. Sie leidet sehr unter ihrer Kinderlosigkeit und den Sticheleien der zweiten Frau ihres Mannes; ganz verzweifelt geht sie ins Heiligtum, um zu beten, dabei wird sie vom Priester Eli bemerkt. „Hanna betete lange, und Eli beobachtete sie. Er sah, wie sie die Lippen bewegte; aber weil sie still für sich betete, konnte er nichts hören. Darum hielt er sie für betrunken" (Vers 12).[4] Das laut gesprochene Gebet ist im jüdischen Gottesdienst bis heute üblich, deshalb ist die Verwunderung und Fehldeutung des Priesters durchaus nachzuvollziehen.

Claudius plädiert hier für das Gebet als das Gespräch des Herzens mit Gott. Das Entscheidende ist das, was sich im Herzen abspielt, nicht das, was sich äußerlich wahrnehmen lässt. Claudius verdeutlicht das mit einem seiner plastischen Bilder aus der Alltagswelt: „Und das sind gute Anzeichen, Andres. Denn wenn das Wasser sich in Staubregen zersplittert, kann es keine Mühle treiben, und wo Klang und Rumor an Tür und Fenstern ist, passiert *im* Haus nicht viel."

Beten als Darstellung der eigenen Frömmigkeit „ist nicht auszustehen", meint Claudius. „Aber das innerliche heimliche Hinhängen, Wellenschlagen und Wünschen des Herzens, das ist nach meiner Meinung beim Gebet die Hauptsache". Kein Verständnis hat Claudius für die Leute, die nichts vom Beten wissen wollen. Das Beten ist die natürliche Äußerung unserer Wünsche und Bedürfnisse gegenüber unserem Vater im Himmel: „Das müsste ja 'n hölzerner Bube sein der seinen Vater niemals etwas zu bitten hätte, und erst 'n halben Tag deliberierte, ob er's zu der Extremität wolle kommen lassen oder nicht." Claudius ironisiert diese Position gegenüber Andres, seinem Freund aus dem Volk, mit Fremdwörtern, der Sprache der Gebildeten. Ganz ungebildet ist Andres indes auch nicht:

---

[4] Dieses Bibelzitat und die folgenden nach der Übersetzung „Die gute Nachricht".

„Wenn der Wunsch inwendig in Dir Dich nahe angeht, Andres, und warmer Komplexion ist; so wird er nicht lange anfragen, er wird Dich übermannen wie 'n starker gewappneter Mann, wird sich kurz und gut mit einigen Lumpen von Worten behängen und am Himmel anklopfen." Claudius wählt bis auf das Fremdwort „Komplexion" (Beschaffenheit) starke Bilder in einfachen kräftigen Worten; der gewappnete Starke erinnert an ein Gleichnis, das Jesus den Pharisäern erzählt (Lukas 11,21f.), die Lumpen machen deutlich: Die Einkleidung ist nicht entscheidend, auf das, was drin steckt, kommt es an beim Gebet. Und das Anklopfen am Himmel zeigt – ebenso wie das Bild vom gewappneten Starken – die Dringlichkeit, die hier hinter dem Gebet steckt. Ernsthaftigkeit, Echtheit und Natürlichkeit sind für Claudius Kennzeichen „richtigen" Betens.

Bevor er sich dem „Vaterunser" als dem (musterhaften) Gebet schlechthin zuwendet, geht Claudius noch kurz auf die Frage ein, ob das Gebet überhaupt etwas bewirken könne, „oder ob der Nexus Rerum dergleichen nicht gestattet, wie einige Herren Gelehrte meinen". Er umgeht die theologischen und philosophischen Probleme, die diese Frage mit sich bringt, mit einem Kunstgriff, indem er in einer Art Vorwärtsverteidigung wieder einmal eine biblische Begebenheit für seine Zwecke aktualisiert und mögliche Einwände dabei leise ironisiert. „Ich habe allen Respekt für den Nexus Rerum, kann aber doch nicht umhin dabei an Simson zu denken, der den Nexus der Torflügel unbeschädigt ließ und bekanntlich das ganze Tor auf den Berg trug." Im Buch der Richter, in dem diese Szene erzählt wird (Richter 16,1–3), befreit sich Simson durch diesen Gewaltakt aus einer bedrohlichen Lage. Er war in einer Philisterstadt eingeschlossen, am Morgen sollte er getötet werden. Simson stand jedoch um Mitternacht auf, „ging zum Stadttor, packte die beiden Torflügel und riss sie samt Pfosten und Riegel heraus. Dann nahm er sie auf die Schultern und trug sie bis auf den Berg gegenüber von Hebron" (Vers 3). Folgen wir der Logik des Bildes, wie es hier von Claudius verwendet wird, so rät er dazu, Gott anzurufen, ohne sich lange bei der Frage aufzuhalten, ob dieses Rufen etwas bewirkt oder nicht. Claudius hatte in seiner lebensbedrohlichen Krankheit selbst die Erfahrung gemacht, dass es nicht weiterhilft, lang und breit über die Wirksamkeit des Gebets zu reflektieren, seine Lieben und er selbst schrien in ihrer Angst und Not einfach zu Gott.

Im zweiten Teil dieses kurzen Textes macht Claudius dann einige hinweisartige Anmerkungen zum Verständnis des Vaterunsers. Er beginnt damit, dass er jeglichen Druck vom Beter nimmt, der sich fragen mag, wie er denn dieses Gebet „richtig" beten solle, das heißt so, wie es vom Verfasser gedacht war: „kein Mensch auf Gottes Erdboden kann's so nachbeten wie der's gemeinet hat; wir krüppeln es nur von ferne, einer noch immer armseliger als der andere. Das schadt aber nicht, Andres, wenn wir's nur gut meinen; der liebe Gott muss so immer das Beste tun, und der weiß wie's sein soll." Dann geht Claudius Bitte für Bitte durch und gibt Verständnishilfen, ohne den Anspruch einer vollständigen Auslegung zu erheben. Seine Beispiele sind praktisch, bildkräftig, alltagsnah und haben eine starke seelsorgerliche Komponente. Etwa seine Bemerkungen zur Bitte „Zu uns komme dein Reich": „Hierbei denke ich an mich selbst, wie's in mir hin und her treibt und bald dies bald das regiert, und dass das alles Herzquälen ist und ich dabei auf keinen grünen Zweig komme. Und denn denk' ich, wie gut es für mich wäre, wenn doch Gott all Fehd ein Ende machen und mich selbst regieren wollte."[5] Mich fasziniert, wie es Claudius gelingt, auf engstem Raum die Auswirkung des Reiches Gottes, hier verstanden als Herrschaft Gottes, auf die Seele des gläubigen Menschen zu schildern.

Das „Vaterunser" ist auch Gegenstand eines weiteren Prosastücks, das Eingang in den VIII. Teil der „Sämtlichen Werke des Wandsbecker Boten" gefunden hat (SW S. 641–645). Claudius geht in diesem späten Text sehr viel ausführlicher auf die Anrede und die ersten drei Bitten des „Vaterunsers" ein, bricht danach aber mit einigen andeutenden Hinweisen seine

---

[5] Claudius zitiert hier die Schlusszeile des reformatorischen Kirchenliedes „Allein Gott in der Höh sei Ehr" von Nikolaus Decius von 1522): „All Fehd hat nun ein Ende".

Auslegung ab. Sein Schlusswort knüpft an die Intention und Motivation unseres frühen Textes an:

„Ob wir nun aber das *Vaterunser* nicht ganz verstehen; so kann doch das unser Vertrauen, und unsre Andacht und Zuversicht es zu beten, nicht stören. Wir verstehen genug um zu wissen, was uns an der Erhörung dieses Gebets gelegen ist, und dass wir es nicht oft und herzlich genug beten können. Und für das übrige verlassen wir uns auf d e n, der es uns zu beten befohlen hat. D e r muss so bei allem unserm Gebet das Beste tun" (SW S. 645).

Die Auslegung des Gebets mündet hier ein in eine Einladung zu beten. Dies ist, wie schon gesagt, auch die vorrangige Absicht dieses frühen Textes: Er will keine erschöpfende theoretische Abhandlung über das Gebet sein, er ist vielmehr Claudius' Plädoyer für das Beten als die ganz natürliche Mitteilung des Herzens.

Matthias Claudius macht in diesem Text deutlich, dass Gebet Gespräch ist. Beten braucht und hat ein Gegenüber im Vater im Himmel, der seine Kinder nicht nur hört, sondern der ihnen beim Beten zu Hilfe kommt. Dass Gebet Gespräch ist, demonstriert Claudius auch dadurch, dass er über das Gebet nicht predigt, sondern mit einem Gesprächspartner, mit Andres, spricht.

„Über das Gebet, an meinen Freund Andres" ist ein kurzer und auf den ersten Blick schmuckloser Text. Seine Qualität hat sich mir erst auf den zweiten Blick, beim aufmerksamen und nachdenkenden Lesen, erschlossen. Inzwischen halte ich ihn aufgrund seines Anspielungsreichtums und seiner komprimierten Reduziertheit für ein kleines Meisterwerk Claudius'scher Prosa. Sein Hauptcharakteristikum ist seine kraftvolle Schlichtheit.

Matthias Claudius

Kriegslied

’s ist Krieg! ’s ist Krieg! O Gottes Engel wehre,
Und rede du darein!
’s ist leider Krieg – und ich begehre
Nicht schuld daran zu sein!

Was sollt ich machen, wenn im Schlaf mit Grämen
Und blutig, bleich und blaß,
Die Geister der Erschlagnen zu mir kämen,
Und vor mir weinten, was?

Wenn wackre Männer, die sich Ehre suchten,
Verstümmelt und halb tot
Im Staub sich vor mir wälzten, und mir fluchten
In ihrer Todesnot?

Wenn tausend tausend Väter, Mütter, Bräute,
So glücklich vor dem Krieg,
Nun alle elend, alle arme Leute,
Wehklagten über mich?

Wenn Hunger, böse Seuch und ihre Nöten
Freund, Freund und Feind ins Grab
Versammelten und mir zu Ehren krähten
Von einer Leich herab?

Was hülf mir Kron und Land und Gold und Ehre?
Die könnten mich nicht freun!
’s ist leider Krieg – und ich begehre
Nicht schuld daran zu sein!

(SW S. 236)

Reiner Andreas Neuschäfer

Leider Leid – Friedensverantwortung und Kriegsgrausamkeiten Zu Matthias Claudius' „Kriegslied"

Krieg ist Krieg

Claudius fällt mit der Tür ins Haus: Es ist Krieg! Und weil doppelt genäht besser hält, wird diese Ungeheuerlichkeit gleich wiederholt: Es ist Krieg! Als wäre er außer Atem oder der Satz käme ihm kaum über die Lippen, hechelt, ja: stottert er quasi fassungslos: „'s ist Krieg! 's ist Krieg!" Oder soll das angehauchte „'s ist …" vielleicht gar nicht so laut herausposaunt werden, sondern eher wispernd-flüsternd und bekümmert?! Immerhin wird ja gleich ein Engel mit ins Spiel gebracht und dessen Intervention erbeten – obwohl Engel und Krieg so gar nicht zusammenpassen wollen. Ein Engel steht für Frieden, das erste Wort hat aber der Krieg. Und sogleich schenkt Claudius hier reinen Wein ein: Er spricht nicht von kriegsähnlichen Zuständen, von Krisen, von Konflikten, von kritischen Zusammenhängen, von Auseinandersetzungen, von problematischen politischen Punkten … Er nennt den Krieg – wie schon im Titel des Gedichts „Kriegslied" – beim Namen.

Ein Kriegslied – das war zu Zeiten des Wandsbecker Boten kein Marsch und auch kein Song, der als Protestsong beim „March on Washington for Jobs and Freedom" (28. August 1963) vor der Rede „I have a dream" von Martin Luther King hätte gesungen werden wollen. Ein Kriegslied hatte Ende des 18. Jahrhunderts heroische und patriotische Züge. Johann Wilhelm Ludwig Gleim (1719–1803) und Heinrich von Kleist (1777–1811) verstanden es, in diesem Sinne vom Krieg ein Lied zu singen. Ein Kriegslied sollte damals Söldnerheere motivieren, Gemeinschaftssinn oder Tapferkeit hervorrufen und für den Kampf begeistern. Doch Claudius' Kriegslied ruft nicht Begeisterung hervor. Es lockt vielmehr die Geister der Erschlagenen wieder heraus, um das Kriegsgeschehen als grausam zu deklarieren …

Was sollt ich machen, wenn im Schlaf mit Grämen
Und blutig, bleich und blaß,
Die Geister der Erschlagnen zu mir kämen,
Und vor mir weinten, was?

William Shakespeares Drama „Richard III." rief ähnlich die Geister in einem Gewissenstraum. Das Thema der Legitimität und Usurpation, der Verletzung und der Wiederherstellung der Ordnung – manchmal gelingt sie, manchmal auch nicht – zieht sich durch diese „Historie" Shakespeares. Die Frage nach Gerechtigkeit und Recht einer Herrschaft, nach Akzeptanz oder Widerstand beschäftigte die Zeitgenossen noch lange nach den Wirren dieser sogenannten Rosenkriege und kam kaum zur Ruhe. Die Leidenden und Gequälten scheinen zwar von der Bühne verschwunden zu sein – unsichtbar und spurlos für die vielleicht „Gewissenlosen". Doch im Gewissenstraum tauchen sie bei Shakespeare auf – und ähnlich auch bei Claudius als diejenigen, die vom Krieg nicht profitieren konnten, sondern unter seinen Folgen nach wie vor leiden. Sie werden unterschätzt, obgleich sie nicht wirklich unterzukriegen sind. Sie melden sich früher oder später.

Wie beim Jüngsten Gericht Gottes geht es um Schuld und Verantwortung. Und um die Frage, wie Erlösung erreicht werden kann, wer die Schuld trägt. Auch die, die an der Spitze stehen, die Könige, Gewaltherrscher und Generäle, müssen sich verantworten, also Antwort geben auf Fragen zu ihren Entscheidungen und Kriegsgräueln. Auch der Größte muss dann vielleicht klein beigeben und zugeben, dass er nicht alles für den Frieden eingesetzt hat. Hier bei Claudius sind es die Angstträume schlafloser Nächte und fluchende Stimmen, die den Machthabern ins Gewissen reden und letztlich den Krieg in Frage stellen. Claudius bringt zur Sprache, was sich tatsächlich im Krieg abspielt. Ihm kommt es nicht nur auf das Resultat – ob Sieg oder Niederlage – an. Bei ihm spielt auch das eine Rolle, was leicht in der Dramatik des Kriegs übersehen wird: das Kriegsleid, die Ohnmacht, die Enttäuschung, die Opfer.

Kriegslied und Kriegsleid

Weniger einen konkreten Krieg hat das „Kriegslied“ vor Augen, vielmehr intendiert es eine grundsätzliche Kritik, die nichts von den Gräueln des Krieges ignoriert oder beschönigt. Matthias Claudius singt kein Kriegs*lied*, sondern beklagt das Kriegs*leid*. Es ist eine individuelle Antwort, die das Kriegsgeschehen in einen unmittelbaren Bezug zum individuellen Handeln und zur persönlichen Verantwortung der Herrschenden setzt. Verheißene Ehre, die Verleihung einer Krone, der Erwerb von Schätzen oder die Zuteilung von Land können nicht die Schmach ersetzen, Schuld am Kriegsgeschehen zu teilen und unmittelbar vom Krieg bedroht bzw. betroffen zu sein. Bewusst verschweigt Matthias Claudius jegliche Rechtfertigung durch Kriegs*gründe* oder Kriegs*ziele*, die er angesichts des Leides nicht gelten ließe. Der Krieg an sich steht bei ihm als Schreckensvision im Mittelpunkt. Dabei ist die letzte Strophe auf die erste bezogen, in beiden lauten die letzten zwei Zeilen gleich: „'s ist leider Krieg – und ich begehre / Nicht schuld daran zu sein!“ In diesem Seufzer drückt sich die Ambivalenz zwischen menschlicher Eigenverantwortung und göttlichem Beistand aus. Einerseits muss sich der herrschende Mensch entscheiden und dann Verantwortung übernehmen, andererseits geht das alles nicht an Gott vorbei, der sich bitten und anflehen lässt – sowohl von den Mächtigen als auch von den Ohnmächtigen …

Die Bitte bzw. das Flehen „O Gottes Engel wehre, / und rede du darein!“ signalisiert etwas von der Ohnmacht angesichts des Krieges, der rein menschlich gesehen nicht zu überwinden ist. Er ist unkontrollierbar. Daher muss jemand von außen kommen und Einhalt gebieten, ein Ende setzen. Engel werden hier quasi als letzte Option für eine Veränderung einer äußerst aussichtslosen Situation angesehen und angefleht. Angesichts der Grenzerfahrung des Krieges wendet sich Matthias Claudius an die Grenzgänger zwischen Himmel und Erde, die einerseits allzeit das Angesicht Gottes schauen (vgl. Matthäus-Evangelium Kap. 18) und andererseits für die Menschen da sind. Engel sind hier keine Wehrmacht, sondern sollen gerade dieser Macht wehren und der Ohnmacht der Wehrlosen eine Hoffnung geben. Die „Herrscher von Gottes Gnaden“ rufen Gottes Gehilfen an!

Die Adresse des Flehens („Gottes Engel") wird noch dadurch hervorgehoben, dass in der zweiten Strophe nicht mehr singularisch von einem Engel (ein *dienstbarer Geist*, wie es zu Beginn des Hebräerbriefs im Neuen Testament heißt), sondern pluralisch von „*Geistern* der Erschlagnen" die Rede ist. Dem Schrecken der Kriege wird „entgeistert" der Schutz der Engel gegenübergestellt. Verantwortung der Fürsten und Verheißung der Engel werden nicht gegeneinander ausgespielt, sondern spielen gemeinsam eine Rolle: einerseits als Fürsprache oder Fürbitt-Gebet für die Mächtigen, andererseits als Kritik und Mahnung an die Machthabenden. Daher folgt, nachdem mit dem Engel die himmlischen Heerscharen eingeführt wurden, das Heer der Opfer, die den Fürsten drangsalieren mit ihrem Schicksal. Matthias Claudius geht es nicht um ein motivierendes Kriegs*lied*, sondern um das zu monierende Kriegs*leid*! In seiner Sicht gehört angesichts der Kriegsgefahr Fürbitte ebenso dazu, wie das Fürchterliche als solches auch zu benennen.

Fürchterlich kann nämlich auch die Verantwortung für den Fürsten sein. So sehr, dass er sich wünschte – ja: begehrt – „nicht schuld daran zu sein!" Oder: sich nicht wünscht, schuld daran zu sein. Das hängt davon ab, wo man ein Komma setzen würde. Die Negation „nicht" müsste meiner Meinung nach zu „begehre" gezogen werden, sodass hinter „nicht" das Komma stünde. Zu Zeiten von Matthias Claudius waren Rechtschreibung und Zeichensetzung ja noch nicht genau festgelegt. Hier wird jedoch kaum nur ein unverbindlicher Wunsch geäußert, so wie man sich vielleicht zu Weihnachten etwas wünscht. Hier begehrt jemand, hier ist Begierde im Spiel, also eine Leidenschaft, die nicht locker lässt, die ein starkes Verlangen hat voller Sehnsucht und Bestreben.

Erst in der letzten Strophe wird offensichtlich, dass im „Kriegslied" ein Fürst selber zu Wort kommt. Zumindest versetzt sich jemand in die Lage des kriegsführenden Fürsten. Das „lyrische Ich" fragt sich, was ihm Krone und Gold (ein)bringen würden. Ginge es ihm nicht besser, wenn keine Schuld ihn um die Nachtruhe bringen würde?! Hier dringt etwas wie Sehnsucht nach Frieden durch, der mehr ist als das Schweigen der Waffen. Schlafen lässt sich besser, wenn das Gewissen gelassen sein kann. Daher sollte jeder Verantwortliche wach sein, wenn der Friede gefährdet ist. Auch weil der Fürst auf das Wohl seiner Untertanen bedacht sein sollte, wie Matthias Claudius immer wieder in seinen politischen Äußerungen hervorhebt und was zudem in einer ursprünglich letzten, dann gestrichenen Strophe zum Ausdruck kommt.

Die Ohnmacht des Mächtigen signalisiert bereits die anklagende Anfrage „Was sollt ich machen …?“, von der alle vier weiteren Strophen abhängig sind. Kein Krieg ist nämlich folgenlos, wie die zweite Strophe zur Sprache bringt. Die Erschlagenen folgen einem bis in den Schlaf hinein „mit Grämen“. Sie verschonen einen nicht und gebärden sich ungeschminkt, nämlich „blutig, bleich und blass“. Diese Alliteration der Adjektive besticht durch ihre Gegensätzlichkeit: rot und weiß! Das macht einen ratlos, sprachlos, ja: ohnmächtig. Statt Entspannung im Schlaf erlebt der Fürst Anspannung, weil die Opfer ihm vor Augen stehen. Ihre Tränen sind nicht mehr zu trocknen. Es ist keine Gelegenheit mehr da, etwas wiedergutzumachen. Re-Signation muss sich da breit machen. Das Gegenteil wäre Standfestigkeit, Wackersein. Doch die vom Krieg Gezeichneten sind unwiderruflich dem Tod ausgeliefert. Sie können nicht mehr wie zuvor weiterleben. Ihr Wackersein bringt nichts mehr ein. Ihre Sehnsucht nach Anerkennung, Auszeichnung und Ehre geht ins Leere. Nun können sie keine Lehre mehr aus allem ziehen. Der Zug ist abgefahren. Zurück bleiben Flüche, Enttäuschungen, Verwünschungen. Der Krieg führte sie in den Tod oder in seine Nähe. Das Leben der vom Feind Niedergestreckten blieb auf der Strecke.

Dabei berührt ihre Not nicht nur sie selbst. Matthias Claudius sieht den Krieg systemisch, würde man heute vielleicht sagen. Er sieht Zusammenhänge, Einflüsse und Berührungspunkte, die sonst ausgeblendet werden. Soldaten sind nicht nur auf den Fürsten bezogen. Ihr Schicksal zieht vieles nach sich, hinterlässt seine Spuren bei ganz vielen Personen: vor allem bei den Eltern und bei den Bräuten, die nun um eine ihnen nächste Person ärmer sind und mit diesem Verlust umgehen müssen. Das ist mehr als ein Einzelschicksal. Unzählige sind betroffen – im doppelten Sinne des Wortes. Deren reiches Glück wurde durch den Krieg ins Gegenteil verkehrt. Das ist verkehrt. Es führt automatisch zu Argwohn, Aufstand und Wehklagen gegenüber den Verantwortlichen, die letztlich eine Antwort schuldig bleiben und schweigen müssen.

Der Krieg hat auch unmittelbare Folgen: Hunger, Krankheiten, Armut. Hiervon sind alle betroffen – auch die Gegner. Niemand wird verschont. Der Tod unterscheidet nicht zwischen Freund und Feind. „Ehre“ erscheint dann als ein eher ambivalentes Wort. Es hat seinen Wohlklang angesichts des Krieges voll und ganz verloren: Es kann im Grunde genommen nur noch gekrächzt werden wie von einer Krähe. Es ist quasi zum Schreien: eine Krähe, die wie ein Hahn einen (die Leichen?) auf(er)wecken soll?

Die ersten beiden Zeilen der letzten Strophe schließen die vier vorangehenden Strophen vollends ab: Zur „Ehre“, die hier in der ersten Zeile ein letztes Mal erwähnt wird, reiht Matthias Claudius zusätzlich Krone, Land und Gold ein – Synonyme für Macht, Besitz und Reichtum. Sie werden im Nachhall der vorherigen Strophen zu bloßen Begriffen, mit deren Hilfe man eben nicht den Krieg begreiflich machen kann. Sie alle und jedes für sich sind oft Grund, Anlass oder Ziel eines Krieges. Allerdings lässt sich das „lyrische Ich“ von keinem dieser Stichworte bestechen: Allesamt sind es nicht wert, einen Krieg anzuzetteln. Keines von ihnen gibt Grund zur Freude. Damit schließt Matthias Claudius jedes Motiv und jeden Grund aus, der einen Krieg rechtfertigen könnte – im Gegensatz zu den Kriegsliedern seiner Zeit, die den Marsch in den Krieg irgendwie zu rechtfertigen versuchten. Daher ist ein wie auch immer gearteter Krieg nicht zu verantworten und kommt in jedem Fall nicht ohne ein Schuldigwerden aus. Ein Machthaber sollte es sich nicht zu leicht mit und nichts aus dem Krieg machen. Angesagter als Macht, Besitz, Reichtum oder Ehre wäre jedenfalls das Streben nach Frieden. So heißt es schon in der Mitte der Bibel: „Suche den Frieden und jage ihm nach!“ (Psalm 43,15). Matthias Claudius kritisiert somit den absolutistischen Bellizismus seiner Zeit.

Ein Kriegslied ohne Krieg

Interessant ist, dass Matthias Claudius dieses Gedicht 1778 im „Vossischen Musenalmanach“ für das Jahr 1779 veröffentlichte. Denn in seiner unmittelbaren Umgebung war nirgends Krieg. Matthias Claudius hielt also selbst in friedlichen Zeiten Zeilen gegen den Krieg für angebracht. Auch wenn die Waffen schweigen, schreibt er, um für die Frage des Friedens und Krieges zu sensibilisieren. Vielleicht wollte Matthias Claudius, dass sich der Siebenjährige Krieg (1756–1763) nicht wiederholt. Oder ihm war womöglich der Bayerische Erbfolgekrieg vor Augen, der im Juli 1778 ausgebrochen war und dann ohne militärische Aktionen im kommenden Jahr (Mai 1779) ein baldiges Ende fand. Als letzter Kabinettskrieg der Frühen Neuzeit war er durch den Anspruch Österreichs auf Niederbayern und die Oberpfalz ausgelöst worden, nachdem die bayerische Linie der Wittelsbacher im Jahre 1777 ausgestorben war und das Kurfürstentum Bayern an die pfälzische Linie fallen sollte. Als „Kartoffelkrieg“ ging er in die deutsche Geschichte ein, da die Versorgungsengpässe Kartoffeln zur Hauptnahrung der Soldaten werden ließen.

Die ursprünglich als intensiver, eindringlicher Appell an die Fürsten konzipierte letzte Strophe der Musenalmanach-Fassung tilgte Matthias Claudius fünf Jahre später im IV. Teil seiner „Sämtlichen Werke“ (1783). Dadurch werden Gedankengang und Aufbau des Gedichts stimmiger. Dennoch – und das ist um mancher Fehldeutung willen zu betonen – erweitert Matthias Claudius hierdurch nicht den Kreis der Adressaten, als wenn „Hinz und Kunz“ für die Schrecken des Krieges verantwortlich wären; die Verantwortung für den Frieden kann kein Fürst von sich weisen, worauf jene Strophe explizit hinweist:

> Doch Friede schaffen, Fried’ im Land’ und Meere:
>   Das wäre Freude nun!
> Ihr Fürsten, ach! wenn’s irgend möglich wäre!!
>   Was könnt Ihr Größers thun?

Friede als hohes Gut schreibt Claudius den hohen Fürsten ins Gewissen – als Wunsch, als Bitte und vielleicht auch als Forderung. Schrecken, Schweigen und Schuld – darum dreht es sich im Kriegslied. Es fragt als Anti-Kriegsgedicht nach den Hoffnungen und Idealen eines Krieges bzw. nach der Verantwortlichkeit für das Sterben mit einem Fokus auf der Verantwortung der Fürsten. Entsprechend sind auch die beiden anderen Gedichte ausgerichtet, in denen es um Krieg und Frieden geht: „Ein Lied nach dem Frieden in Anno 1779“ (SW S. 218–220) und „Auf den Tod der Kaiserin“ (SW S. 230); im ersten rühmt Matthias Claudius vierzehn Strophen lang das Kriegsende bzw. den Friedensschluss zwischen Friedrich dem Großen von Preußen und Maria Theresia von Österreich als vorbildliche, ja: vorzügliche Tat „gute(r) Fürsten“. Im zweiten Gedicht, das mit dem Vers „Sie machte Frieden! Das ist mein Gedicht“ anfängt und aufhört, würdigt Matthias Claudius die 1780 verstorbene Regentin Maria Theresia in Hervorhebung jenes Friedenspaktes. Ähnlich berührt der Ausklang der Erzählung „Nachricht von meiner Audienz beim Kaiser von Japan“ (SW S. 149) diesen Zusammenhang von Verantwortung und Frieden für den Fürsten: „Wir haben in Nagasaki so viele Soldaten und Kanonen gesehn: wenn du *irgend* umhinkannst, lieber guter Fürst, so führe nicht Krieg. Menschenblut schreiet zu Gott und ein Eroberer hat keine Ruhe.“

Im Gegensatz zu heute waren damals sogenannte Söldnerheere üblich; es gab Wehrpflicht im Sinne einer staatlichen Kriegsdienstverpflichtung. Der Kampf um Ideale und der Einsatz aufgrund eines Enthusiasmus für (z. B. revolutionäre) Ideen kam erst mit der Französischen Revolution auf und veränderte die Kriegsführung und die Kriegsheere von Grund auf. Der Ausbruch eines Krieges konnte daher damals begeistern oder beklemmen. Während die einen jubelnd in eine Schlacht zogen, zogen es die anderen eher vor, nicht vornean zu sein, oder versuchten sich sogar ganz dem Geschehen zu entziehen.

Wider leichtfertige Äußerungen

Wie schnell sich Personen der kirchlichen Öffentlichkeit, die sonst gerne markante Worte wie „Nichts ist gut in Afghanistan!“ (Margot Käßmann) sprechen, zurückziehen, zeigte sich 2014 in der Krise um die Ukraine und noch mehr im Blick auf den IS („Islamischer Staat“) im Norden des Irak. Eine schlimmere Diskreditierung des sonst so worteifernden deutschen Protestantismus und seines humanitären Anspruchs war kaum denkbar. Statt deutlich etwas zu sagen, schien vielen die Stimme zu versagen. Statt Gebeten und Taten ein Durcheinander an Positionen. Nichts mehr mit Dietrich Bonhoeffers Diktum „Beten und Tun des Gerechten“! Dabei war es wahrscheinlich noch nicht einmal moralische Indolenz oder Trägheit des Herzens, die hier den Worten und Taten Fesseln anlegte. Auch ging es vordergründig nicht nur um politische Interessen, religiöse Rücksichten oder strategische Bedenken. Vielmehr war es offensichtlich eine schiere Ratlosigkeit, die sich breitmachte und dieses Geschehen so einzigartig machte. Man war wie gelähmt. Man meinte erstarren zu müssen, wenn man es nicht schon getan hatte. Denn man konnte und wollte wohl auch nichts wirklich bewegen. Das war tragisch. Für manche tödlich. Man kam kaum weg von der Ausweglosigkeit, vom Versagen, von den Fragen, aus dem Dilemma. Die Macht des Krieges angesichts der Ohnmacht des Friedens war schwer zu ertragen. Die weißen Tauben waren müde …

Da nützte auch wenig die Erinnerung an die Aussage bei der Gründung des Ökumenischen Rats der Kirchen 1948 in Amsterdam: „Krieg soll nach Gottes Willen nicht sein.“ Als wenn es so einfach wäre – und so einfach, Gottes Willen zu bestimmen. Nach wie vor herrschen in der Geschichte und Gegenwart unbeherrschbare Gewalt und Leidenschaften. Ob man aus der Geschichte lernen kann? Vielleicht stimmt es doch, dass der Teufel der Einzige sei, der aus der Geschichte lernen könne: nämlich wie er die Menschen wieder reinlegen und verführen könne …

Zu Beginn des 20. Jahrhunderts bekam das „Kriegslied“ gegen die Kriegsbegeisterung in Zusammenhang mit dem Ersten Weltkrieg ebenso einen neuen Klang wie durch das Aufkommen eines populären Pazifismus in Gefolge von Bertha von Suttner und Karl May. Vielleicht als Erster im 20. Jahrhundert setzte der österreichische Satiriker Karl Kraus sich nachdrücklich für das „Kriegslied“ ein und nahm es in seine Auswahl von Claudius-Gedichten in der Zeitschrift „Die Fackel“ von 1917 auf. In seinen Lesungen und „Vorlesungen“ trug Kraus seit Dezember 1916 auch das „Kriegslied“ von Claudius vor. „Und gerade dieses Gedicht liebte auch Kraus sehr. Ihm verdanken wir zum Beispiel den Hinweis, wie groß Sprachkunst ist, wenn sie es vermag, „... ‚leider‘ zu sagen wie Claudius in dem Satz: *’s ist leider* Krieg ..., diesem tiefsten Komparativ von Leid, vor dem alle Leidenslyrik vergeht“ (Rudolf Walter Leonhardt in: Die Zeit, 4.11.1960). Auch der Berliner Schauspieler und Rezitator Ludwig Hardt hatte das „Kriegslied“ in seinem Programm und veröffentlichte es 1924 in seinem Vortragsbuch „Hauptstücke aus seinen Programmen“ (Hamburg 1924) zusammen mit sieben weiteren Gedichten und einem Prosatext aus der Feder von Matthias Claudius.

Bei Thomas Mann hat das „Kriegslied“ bereits 1921 einen erweiterten, vom Kriegsmotiv abgelösten Sinnbezug bekommen, wenn er in Bezug auf eine antisemitische Provokation in München erklärt, dies sei „eine entsetzliche Schande, und ich begehre, wie es beim alten Claudius heißt, ‚nicht schuld daran zu sein‘.“[1] Gut zehn Jahre später schreibt er aus Sanary sur Mer an Hermann Hesse fast synonym formulierend: „Ein furchtbarer Bürgerkrieg scheint mir unvermeidlich, und ‚ich begehre‘, wie unser Matthias Claudius sagt, ‚nicht schuld zu sein‘ an alldem, was geschehen ist, geschieht und geschehen wird“.[2]

Der dem Pazifismus zugeneigte Theologe Dietrich Bonhoeffer hielt am 28. August 1934 vor der ökumenischen Konferenz „Life and Work“ auf Fanø/Dänemark eine Ansprache („Wie wird Friede?“), in der er angesichts der Kriegsgefahr die Frage erörterte, als was der Krieg verstanden werden müsse. Für Bonhoeffer sei der Krieg eine „bewußte Tat des menschlichen Willens, für die dieser in vollem Umfang verantwortlich ist“. Zur Bekräftigung dieser Auffassung zitierte Bonhoeffer die letzte Strophe von Claudius’ „Kriegslied“, allerdings ein klein wenig

---

[1] Thomas Mann: Gesammelte Werke; 13: Nachträge. Frankfurt/M. 1974, S. 474.

[2] Hermann Hesse – Thomas Mann Briefwechsel, hg. von Anni Carlson und Volker Michels. 3. Auflage Frankfurt/M. 1999, S. 89.

verändert, indem er „Gold" durch „Volk" ersetzte und aktualisierend „im Land" hinzufügte:

> Was nützt mir Kron und Land und Volk und Ehr,
> die können mich nicht freun –
> 's ist leider Krieg im Land und ich begehr,
> nicht schuld daran zu sein.

Wolf-Dieter Zimmermann erinnert sich daran, dass Dietrich Bonhoeffer immer wieder – die Kriegsgefahr vor Augen – im Predigerseminar Finkenwalde das „Kriegslied" rezitiert hat: „Oft hat Bonhoeffer uns – angesichts der drohenden Kriegsgefahr – das ‚Kriegslied' von Matthias Claudius vorgetragen. Das Grauen, das in verschiedenen Versen zum Ausdruck kommt, hat er dann mit eindrucksvoller Lautmalerei verdeutlicht."[3]

Wenn das Gedicht zum Lied wird

Obwohl das „Kriegslied" eher ein Gedicht ist denn eine Textvorlage für ein Lied, wurde es einige Male vertont, so z. B. schon kurz nach Veröffentlichung des noch sieben(!) Strophen umfassenden Gedichts von Christoph Rheineck (1780) und Wilhelm Ferdinand Halter (1782). Die sechs Strophen umfassende Endfassung von 1783 wurde erst im 20. Jahrhundert von Komponisten entdeckt, so u. a. von Othmar Schoeck in seinem „Wandsbecker Liederbuch" (1936/37), von dem israelischen Komponisten Erich Walter Sternberg (als Klavierlied und Chorstück), von Paul Dessau (als Klavierlied in drei Fassungen 1945/1947/1950) und von Felicitas Kukuck (1996). Auch z. B. der in Guatemala geborene Komponist Salvador Ley und der niederländische Musiker Huub de Lange haben in jüngerer Zeit Claudius' „Kriegslied" vertont sowie zuletzt Siegfried Fietz auf der CD „Der ungesungene Claudius" (Abakus 2014). Das Couplet „'s ist Krieg" aus der Feder des Berliner Sängers Otto Reutter lehnt sich an Claudius' „Kriegslied" an und lehnt die Kriegsbegeisterung des Ersten Weltkriegs ab.

---

[3] Wolf-Dieter Zimmermann: Wir nannten ihn Bruder Bonhoeffer. Einblicke in ein hoffnungsvolles Leben, Berlin 1995, S. 94.

Interessant ist, dass bei dem Schweizer Komponisten Othmar Schoeck (1886–1957) die Eingangsworte „'s Krieg! 's Krieg!" als schriller Schrei erscheinen. Das passt zur Intention der Worte von Matthias Claudius, der Krieg „zum Schreien" fand und mit seinem „Kriegslied" dem Schreien der Ungehörten ein Forum bietet.

Siegfried Fietz (*1946) versucht in seiner marschmäßigen musikalischen Interpretation von 2014 das Militärische aufzugreifen – und so ist bei ihm das Musikalische ein Kontrapunkt zum vermeintlichen „Friedenslied". Die erste Strophe macht er zum Refrain und die anderen Strophen durch instrumentale Zurückhaltung zum Widerpart des „'s Krieg!". Allerdings nimmt er auch eine Textveränderung vor: Statt „'s ist leider Krieg! Und ich begehre nicht schuld daran zu sein" bietet er „Hilf, Herr, 's ist Krieg und ich begehre, nicht schuld daran zu sein", mit der Betonung auf „nicht", und bringt damit die Dimension Gottes in einer dominanten Weise herein, die von Claudius so sicher nicht gewollt gewesen wäre.

Der gefährdete Friede

Matthias Claudius' Kriegslied signalisiert auf tragische Weise also auch den Balanceakt christlicher Friedensethik: Der Staat hat nach göttlicher Anordnung die Aufgabe, in einer eben noch nicht erlösten Welt nach menschlichem Ermessen auch unter Androhung und Ausübung von Gewalt für Recht und Frieden zu sorgen. Ein naiver oder realitätsnaher Pazifismus kann für sich nicht den Anspruch erheben, der einzige vom Evangelium gewiesene Weg des Friedens zu sein. Zwar ist der Einsatz militärischer Mittel immer mit der Gefahr verbunden, schuldig zu werden. Das Gleiche gilt aber auch für eine kategorische Ablehnung jeglicher militärischer Option. „Es gibt keinen Weg zum Frieden, Frieden ist der Weg" – dieser Mahatma Gandhi in den Mund gelegte Ausspruch ist ein hoher Anspruch, der jedoch auch als schlichtweg naiv empfunden werden kann. Ist er also ein schöner Spruch für Aphoristiker?

Selbst der Weihnachtsfrieden in den Schützengräben von 1914 währte schließlich nur ein paar Tage. Wie kann man Gewalt begegnen, wenn nicht durch Gewalt. Stimmt der pädagogisch so oft bemühte Satz „Gewalt ist keine Lösung“ wirklich? Hat, wer alles auf die Karte Frieden setzt, wirklich letztlich die guten Karten in der Hand? Die Kriege gehen weiter. Kein Jahrhundert brachte mehr Kriege und Gräueltaten hervor als das 21. Jahrhundert. Dieses beruhigende pazifistische „Wir sind alle guten Willens, und es passiert schon nichts“ war und bleibt Unsinn. Es ist nicht wirklichkeitstauglich. Statt Träumereien bedarf es einer realistischen Einschätzung, was die Welt tatsächlich ist. Innerhalb dieser Weltauffassung kann man dann vielleicht solide einen Anspruch auf Individualität, Freiheit und Demokratie behaupten.

Einige meiner Ausführungen sind angeregt von folgenden Aufsätzen: Wolfgang Promies: Bürgerliche Bedenken gegen den Vater aller Dinge. Zu dem „Kriegslied“ von Matthias Claudius. In: Karl Richter (Hg.): Gedichte und Interpretationen, Bd. 2: Aufklärung und Sturm und Drang, Stuttgart 1983 (RUB 7891), S. 356–371. – Reinhard Görisch: „’s ist leider Krieg“. Das „Kriegslied“ von Matthias Claudius in Kriegs- und anderen Zeiten. Stationen seiner Wirkungsgeschichte. In: Dirk Kemper (Hg.): Weltseitigkeit. Jörg-Ulrich Fechner zu Ehren. Paderborn 2014, S. 177–201. – Vgl. auch Reiner Andreas Neuschäfer: Das Welt- und Geschichtsverständnis aus christlicher Hoffnung, Stuttgart 2014.

Matthias Claudius

Abendlied

Der Mond ist aufgegangen
Die goldnen Sternlein prangen
Am Himmel hell und klar;
Der Wald steht schwarz und schweiget,
Und aus den Wiesen steiget
Der weiße Nebel wunderbar.

Wie ist die Welt so stille,
Und in der Dämmrung Hülle
So traulich und so hold!
Als eine stille Kammer,
Wo ihr des Tages Jammer
Verschlafen und vergessen sollt.

Seht ihr den Mond dort stehen? –
Er ist nur halb zu sehen,
Und ist doch rund und schön!
So sind wohl manche Sachen,
Die wir getrost belachen,
Weil unsre Augen sie nicht sehn.

Wir stolze Menschenkinder
Sind eitel arme Sünder,
Und wissen gar nicht viel;
Wir spinnen Luftgespinste,
Und suchen viele Künste,
Und kommen weiter von dem Ziel.

Gott, laß uns *dein* Heil schauen,
Auf nichts Vergänglichs trauen,
Nicht Eitelkeit uns freun!
Laß uns einfältig werden,
Und vor dir hier auf Erden
Wie Kinder fromm und fröhlich sein!

Wollst endlich sonder Grämen
Aus dieser Welt uns nehmen
  Durch einen sanften Tod!
Und, wenn du uns genommen,
Laß uns in Himmel kommen,
  Du unser Herr und unser Gott!

So legt euch denn, ihr Brüder,
In Gottes Namen nieder;
  Kalt ist der Abendhauch.
Verschon uns, Gott! mit Strafen,
Und laß uns ruhig schlafen!
  Und unsern kranken Nachbar auch!

(SW S. 217–218)

Julius Steinberg

Claudius' *Abendlied* und der Prediger Salomo

Das „Abendlied", I

Welches sind die Zutaten für einen gelingenden Schlaf? Eine friedliche Umgebung, Stille, die wir bewusst wahrnehmen und aufnehmen. Ein Loslassen der Gedanken und Sorgen, die uns den Tag über beschäftigt haben. Gesundheit – die wir nur erhoffen und erbitten können. Die Sicherheit und das Vertrauen, auch im Schlaf gut aufgehoben sein.

Eine Anleitung zum entspannten Einschlafen, so könnte man das *Abendlied* von Matthias Claudius charakterisieren. Schlicht und lebensnah im Charakter, einfühlsam in seiner Emotionalität, ganz unmittelbar entfaltet es seine Wirkung.

Während der Sonnenschein bei Claudius den Aktivitäten des Tages zugeordnet ist, eröffnet der Mond einen Raum der Ruhe, aber auch den des Innehaltens und der Reflexion. Mitten in der Schlichtheit gewinnt das Lied überraschend an philosophischer Tiefe. Nicht ein Entspannungsrezept wird vermittelt, sondern eine Lebenseinstellung. Wie es am Abend gut tut, die Sorgen loszulassen, so tut es auch im ganzen Leben gut, nicht dem nachzujagen, was ohnehin unverfügbar bleibt. Vielmehr gilt es, den Tag vertrauensvoll aus der Hand Gottes zu nehmen und ihn im Hier und Jetzt zu leben. Ein evangelisches *Carpe Diem*: „wie Kinder fromm und fröhlich sein". Mit einer solchen Lebenseinstellung kann dann auch der Abend friedlich ausklingen.

Das Lied enthält viel von dem, was für das literarische Schaffen von Matthias Claudius typisch ist. Ja, es stellt beinahe so etwas wie eine poetische Essenz seiner Lebenseinstellung dar, seines philosophischen Programms eines „einfachen" Lebens in einer zunehmend unübersichtlich werdenden Welt.

Aus welchen Quellen speist sich dieses Programm, welche Anschauungen bilden seinen Hintergrund? Schon verschiedentlich wurde darüber geschrieben, wie das Werk von Claudius in das Spannungsfeld von Aufklärung, Pietismus und Luthertum hinein zu verorten ist. Weniger berücksichtigt wurde bisher die außerordentliche Nähe des *Abendliedes* zum alttestamentlichen

Buch „Prediger Salomo". Dem möchte ich im Folgenden nachgehen.

Von Claudius zu Salomo

Wer das *Abendlied* und das alttestamentliche Buch Prediger (auch Kohelet, Ecclesiastes) miteinander vergleicht, dem fallen zunächst einige sprachliche Bezüge und Anklänge auf. Ein Schlüsselwort der dritten und vierten Strophe des *Abendliedes* ist „eitel" bzw. „Eitelkeit". Zum semantischen Umfeld gehören auch die „Luftgespinste" und das „Vergängliche". Der Begriff „eitel" erscheint auch im Predigerbuch auffallend häufig: In den alten Lutherübersetzungen begegnet er über 30 Mal. Darüber hinaus ist die Aussage „Es ist alles ganz eitel" betont am Anfang und am Ende des Buches platziert (Pred. 1,2 und 12,8) und bildet so etwas wie ein rahmendes Motto: „Es ist alles ganz eitel, sprach der Prediger, es ist alles ganz eitel".

Eine Stelle, die von ihrem Aussagezusammenhang der fünften Strophe des *Abendliedes* besonders nahesteht: „Wo viel Träume sind, da ist Eitelkeit und viel Worte; aber fürchte du Gott!" (Pred. 5,6).

Das „eitle" Handeln beschreibt Claudius auch mit der Formulierung „und suchen viele Künste". Hierbei handelt es sich um einen Anklang an Pred. 7,29: „Alleine schaue das, ich habe gefunden, dass Gott den Menschen hat aufrichtig gemacht; aber sie suchen viele Künste."

Auch in dem formulierten Kontrast entsprechen sich die Bibelstelle und das Claudiuslied: Das „aufrichtige" Menschsein liegt nah bei dem, was Claudius als „einfältigen" Lebensstil vertritt (Friemel: *Christliche Simplicität*, siehe die Literaturangaben am Schluss).

In der zweiten Strophe kann es überraschen, dass Claudius den Alltag zusammenfassend als „des Tages Jammer" wiedergibt. Damit folgt er einer Diktion, die auch im Predigerbuch vorliegt, nämlich das „Mühen" des Menschen „unter der Sonne" (z. B. Pred. 1,3). Mehrere Stellen in den alten Lutherübersetzungen vor 1912 verwenden auch das Wort „Jammer", z. B. Pred. 1,14: „Ich sah an alles Tun, das unter der Sonne geschieht; und siehe, es war alles eitel und Jammer."

Der Kontrast zwischen der Stille des Abends und „des Tages Jammer" kommt auch in Pred. 4,6 zum Ausdruck: „Es ist besser eine Hand voll mit Ruhe denn beide Fäuste voll mit Mühe und Jammer."

Weitere Übereinstimmungen lassen sich finden, etwa der Begriff „fröhlich", dem sowohl im *Abendlied* als auch im Predigerbuch zentrale Bedeutung zukommt. Auch die Formulierungen „weil unsre Augen sie nicht sehn" sowie „und wissen gar nicht viel" reflektieren Aussagen des Predigerbuches. Ergiebiger ist jedoch an diesen Stellen die Untersuchung von inhaltlichen Verbindungen, die die eigentliche Verwandtschaft zwischen dem *Abendlied* und dem Predigerbuch ausmachen.

Der Prediger Salomo in der Bibelwissenschaft

Der „Prediger" gehört zu den schillernden Gestalten des Alten Testaments bzw. der Hebräischen Bibel. Die Auslegung seines Buches ist, wie so vieles in der alttestamentlichen Bibelwissenschaft, umstritten. So reichen etwa die Datierungsvorschläge für das Buch vom 10. bis zum 2. Jahrhundert v. Chr. Eine Herausforderung stellt neben dem für das Alte Testament scheinbar singulären Gedankengut auch die für uns fremde Art von literarischer Ästhetik dar. Letztere wird in der Bibelwissenschaft seit den 1970er Jahren neu entdeckt und zum Studienobjekt gemacht.

Nach meiner Analyse, die der neueren Forschungsrichtung folgt (Steinberg: *Die Ketuvim*, S. 319–342, zur detaillierten Forschungsdiskussion siehe dort) ist der erste Hauptteil des Predigerbuches von der Frage gerahmt: „Welchen Gewinn hat der Mensch von all seinem Mühen, mit dem er sich abmüht unter der Sonne?" (Pred. 1,3 und 3,9). Es handelt sich um die Frage nach dem, was in der Rechnung des Lebens „unterm Strich" bleibt, also um eine Variante der Sinnfrage. Innerhalb dieses Rahmens befindet sich ein zweiter Rahmen: zwei Gedichte, die das Wechselspiel der Ereignisse in der Natur und im menschlichen Leben beschreiben (1,4–11 und 3,1–8). Der Tenor ist in beiden Fällen, dass sich entgegengesetzte Ereignisse bzw. Handlungen gegenseitig aufheben, so dass eben „unterm Strich" nichts übrigbleibt.

Im Zentrum der Komposition wertet der literarische Salomo – das Buch nennt den Namen nicht – sein eigenes Leben im Blick auf die gestellte Sinnfrage aus. Zunächst werden drei Thesen aufgestellt: Weder Leistungen noch Weisheit noch Genuss können dem Leben einen bleibenden Sinn geben. Anschließend schildert Salomo das „Experiment seines Lebens“ und kommt zu dem Ergebnis: „Also gibt es keinen Gewinn unter der Sonne.“ Es folgt ein auswertender Abschnitt, in dem die Nichtigkeit von Leistung und von Weisheit angesichts des Todes herausgestellt wird. Was den Lebensgenuss angeht, so kommt der Prediger zu der Erkenntnis: „Nicht im Menschen gründet das Glück, wenn er isst und trinkt und seine Seele Gutes sehen lässt bei seinem Mühen. Ich sah, dass dies alles aus Gottes Hand kommt“ (Pred. 2,24, Übersetzung nach Schwienhorst-Schönberger: *Kohelet*). Dem Prediger zufolge ist Glück nicht machbar, sondern ergibt sich in der Folge einer Lebenseinstellung, die das Leben als Geschenk aus Gottes Hand ansieht.

Die folgende Übersicht macht den ringförmigen Aufbau sichtbar:

1,3	Rahmende Frage: Welchen Gewinn hat der Mensch von seinem Mühen?
1,4–11	Gedicht: Es gibt nichts Neues unter der Sonne.
1,12–2,2	Thesen zur Nichtigkeit des Lebens
2,3–11	Prüfung der Thesen am eigenen Leben; Ergebnis: Der Mensch hat keinen Gewinn unter der Sonne.
2,12–23	Auswertungen: Menschliches Handeln ist nichtig angesichts des Todes.
2,24–26	Auswertung: Der Genuss des Lebens kommt nur aus der Hand Gottes.
3,1–8	Gedicht: Alles hat seine Zeit.
3,9	Rahmende Frage: Welchen Gewinn hat der Mensch von seinem Mühen?

Während der erste Hauptteil von den Grenzen des Lebens handelt, befasst sich der zweite mit den Grenzen des Verstehens. Er reicht von Kap. 3,10 bis 8,17 und ist nach meiner Analyse ebenfalls in konzentrischen Ringen angelegt. Die Abschnitte am Anfang und am Ende geben die Gesamtthematik vor: die Grenzen der Erkenntnis und die Frage, wie angesichts dieser Grenzen Leben gestaltet werden kann. Die doppelte Antwort des Predigers ist der Respekt vor dem Gott, der allein Anfang und Ende kennt, und der Genuss des Lebens, das aus Gottes Hand gegeben ist. Von außen nach innen fortschreitend werden die Aspekte der Thematik näher entfaltet. Im Zentrum steht eine Reflexion über die Gefahren und den Segen des Reichtums.

3,10–22	Unergründlichkeit des Handelns Gottes Aufruf zum Lebensgenuss und zur Gottesfurcht
4,1–16	Unergründlichkeiten des Lebens
4,17–5,6	Aufrufe zur Selbstbescheidung
5,7–6,9	Gefahren und Segen des Reichtums
6,10–7,14	Aufrufe zur Selbstbescheidung
7,15–8,8	Unergründlichkeiten des Lebens
8,9–17	Unergründlichkeit des Handelns Gottes Aufruf zum Lebensgenuss und zur Gottesfurcht

Der dritte Buchteil erstreckt sich von 9,1 bis 12,8. Er ist von Abschnitten gerahmt, die sich mit dem Tod befassen: dem plötzlichen und unberechenbaren Tod (9,1–12) sowie dem Tod im Alter (11,7–12,7). Der Mittelteil befasst sich mit der Frage, wie in den Wechselfällen des Alltags, wo „Tun" und „Ergehen" nicht immer wie erwartet korrespondieren, dennoch ein Leben in Weisheit geführt werden kann.

Kurz gesagt, befasst sich das Predigerbuch mit zwei Grenzen des menschlichen Daseins „unter der Sonne": den Grenzen des Lebens und den Grenzen der Erkenntnis. Die Formulierung „unter der Sonne" steht für das Konzept der Immanenz: Wer nur das Hier und Jetzt betrachtet, dem muss alles vergeblich erscheinen. Insbesondere der Tod stellt alles menschliche Streben in Frage.

Neue Perspektiven entwickelt das Buch, indem es die Immanenz aufbricht und den Blick weitet hin auf Gott. In der Reflexion über die Grenzen lädt es zu einem Lebensstil ein, der von

Lebensfreude und Gottesfurcht gekennzeichnet ist. Sieben Aufrufe zum Genuss des Lebens aus Gottes Hand durchziehen das Predigerbuch. Auch die Gottesfurcht wird an einer Reihe von Stellen angemahnt. Herausgehoben erscheint sie als abschließende Maxime des Buches (12,13).

Von Salomo zu Claudius

In der Bibelwissenschaft hatte das Predigerbuch zu Claudius' Zeiten keinen hohen Stellenwert. Umso mehr hat mich bei meiner Arbeit am Predigerbuch überrascht, wie sehr Claudius die Anliegen des Buches aufnimmt. Claudius fasst den Prediger weder als Negativfolie zur christlichen Botschaft auf, noch nutzt er es, wie manch andere, als „skeptische Hintertür" zur Bibel (vgl. Krüger: *Kohelet*, S. 62). Vielmehr vollzieht er zentrale Gedankengänge dieses alttestamentlichen Werkes nuanciert nach und bettet diese zugleich in den Bezugsrahmen der neutestamentlich-christlichen Botschaft ein.

Im Werk von Claudius sind die biblischen Bezüge zahlreich. Was das Alte Testament betrifft, nimmt Salomo eine hervorstechende Rolle ein. Den für seine Regentschaft um Weisheit betenden Salomo stellt Claudius als Vorbild für die Obrigkeit seiner Zeit hin (z. B. „Ein guter Fürst fürchtet Gott, und bittet von ihm Weisheit", SW S. 145; „Wenn ein Prinz mit Salomo um Weisheit und Erkenntnis bittet ...", S. 237). Von den drei mit Salomo in Zusammenhang stehenden Bibelbüchern Sprüche, Prediger und Hoheslied ist das Sprüchebuch bei Claudius am wenigsten repräsentiert. Eine gewisse Nähe zu dem von Claudius vertretenen Lebensstil haben aber die „Sprüche Agurs" (Sprüche 30). Worte aus dem Hohelied Salomos „leiht" sich Claudius da, wo er über die Liebe zwischen Mann und Frau spricht. Am häufigsten aber sind die Verbindungen zum *Predigerbuch*. Was hat Claudius darin so besonders angesprochen? Zum einen klingt der Duktus der Predigerbuches immer wieder an solchen Stellen an, wo Claudius über die Last und Mühe des Alltags spricht, über die Eitelkeit allen menschlichen Strebens und über den Tod. So schreibt er in seiner *Parentation über Anselmo* (SW S. 177f): 178 „Es ist doch alles eitel und vergänglich, Sorge, Furcht, Hoffnung, und zuletzt der Tod", vgl.

Pred. 9,3 „daher auch das Herz der Menschen voll Arges wird, und Torheit ist in ihrem Herzen, dieweil sie leben; danach müssen sie sterben." Ähnlich heißt es im *Schreiben von Görgel* (SW S. 122f): „Aller Welt Lust und Herrlichkeit ist eitel und vergänglich, und am Ende besteht nichts, als wenn man Gott fürchtet und recht tut!" (vgl. Pred. 12,13).

Aus Kohelets „Mühen unter der Sonne" (z. B. Pred. 2,22) wird bei Claudius das Mühen „unter dem Mond", etwa in einem *Brief an Andres* (SW S. 22): „Andres! unterm Mond ist viel Mühe des Lebens". In *Ein Fragment, das nach der Stoa schmeckt* (S. 59f.), liegt jenseits des Mondes die Ewigkeit, „unterm Mond" aber zerplatzt vieles im Leben wie eine Seifenblase. Ein weiterer Anklang findet sich im *Trinklied* (S. 129) „Es wird manche Träne / Unterm Mond geweint", vgl. Pred. 4,1 „und sah alle, die Unrecht leiden unter der Sonne; und siehe, da waren Tränen derer, so Unrecht litten …"

Mehrere Gedichte nehmen als Ganze Themen des Predigerbuches auf. Die Gefahren des Reichtums (Pred. 5,7–16; 6,1–9) werden in *Täglich zu singen* (SW S. 149f.) reflektiert, mit einigen engeren Bezügen, etwa zur Schlaflosigkeit des Reichen (Pred. 5,11). Eng miteinander verwandt sind *Der Mensch* (SW S. 248) und Kohelets Gedicht „Alles hat seine Zeit" (Pred. 3,1–9), und zwar in der Beschreibung des Lebens über einander entgegengesetzte Tätigkeiten sowie in der Relativierung des Lebens vom Tod her.

Nur wenige biblische Texte hat Matthias Claudius in seinen Schriften explizit ausgelegt und kommentiert. Zu ihnen zählt auch das Predigerbuch in *Über einige Sprüche des Prediger Salomo* (SW S. 240–246). Den ersten „Spruch", „Es ist alles eitel", kommentiert Claudius, indem auf er auf dessen Zusammenhang mit dem „Experiment" Salomos (Pred. 1+2) Bezug nimmt: Wenn jemand wirklich beurteilen könne, dass Reichtum am Ende nicht zu Glück führe, dann doch Salomo. Das Fröhlichsein, vom dem Salomo „an verschiedenen Orten" spreche, resultiere nicht daraus, dass man alles erreiche, was man wünsche, sondern dass „man nicht mehr wünscht als man hat." Was zu dieser Einsicht führe, sei die Betrachtung des Todes:

Er „streift den Dingen dieser Welt ihre Regenbogenhaut ab" und „schließt das Herz zur Nüchternheit auf".

Für die Argumentation Kohelets ist der Ernst des Todes grundlegend. Der Tod stellt alles menschliche Streben und alle Sinnsuche grundsätzlich in Frage. Kohelets Frage „Wie kann man angesichts des Todes sein Leben gestalten?" muss Claudius schon von seiner Biographie her beschäftigt haben (vgl. seinen Brief an Gerstenberg vom 2. Oktober 1763). Auch in seinen Schriften schlägt sich dies nieder: Sowohl die ersten beiden als auch der III. Teil seiner gesammelten Werke sind bekanntermaßen dem „Freund Hain" gewidmet, der als Totengerippe am Anfang von Teil I/II abgebildet ist. Dieser sowie Teil III enden jeweils mit einem Nachruf (*Bei dem Grabe meines Vaters*, SW S. 97f., und *Parentation über Anselmo*, S. 177f.). Die Nachrufe bringen großen Schmerz zum Ausdruck, zeugen zugleich aber von einer Hoffnung, die über den Tod hinausgeht.

Mehr noch als das Biographische sind es aber meiner Einschätzung nach die zeitgeschichtlichen Bezüge, die das Predigerbuch für Claudius Bedeutung gewinnen lassen: In der Philosophie des alttestamentlichen Predigerbuches entdeckt Claudius nämlich die aus seiner Sicht längst fällige Kritik an der alle Grenzen sprengenden Aufklärung seiner Zeit. Wo der immerwährende Fortschritt zum Dogma wird, betont Kohelet die Grenzen des menschlichen Handelns. Wo der Verstand sich anschickt, alles erklären zu wollen, argumentiert Kohelet damit, dass menschliches Erkennen notwendig an Grenzen stößt. Wo eine aufklärerische Theologie die althergebrachten Dogmen abschütteln und das Wesen Gottes mit den Mitteln der Vernunft ergründen will, handelt das Koheletbuch davon, dass es keine absoluten Vernunftwahrheiten gibt, sondern dass menschliche Verstandestätigkeit immer ein Rahmenparadigma braucht.

Claudius' Verhältnis zur Aufklärung kann an dieser Stelle nicht weiter ausgeführt werden. Es soll lediglich auf zwei Stellen verwiesen werden, an denen Claudius in diesem Sinne an das Predigerbuch anknüpft: In *Passe-Temps* (SW S. 248–256) wird über die Möglichkeiten und Grenzen der Wahrnehmung diskutiert, dabei fällt auch ein Zitat aus Pred. 1,8 (SW S. 253).

Aber nicht nur der zitierte Satz, sondern mehr vom Gedankengut des Predigerbuches steht hinter der Diskussion.

In dem schon genannten Text *Über einige Sprüche des Prediger Salomo* (SW S. 240–246) bespricht Claudius auch den das Buch abschließenden Aufruf zur Gottesfurcht. Er untersucht das Verhältnis des Satzes zur vorangegangenen Argumentation, ähnlich wie dies auch heute in der Bibelwissenschaft getan wird. Sein Fazit ist, „daß die Furcht Gottes die Quelle alles Guten sei, daß es da anfangen und sich da wieder endigen müsse, und daß alles was sich darauf nicht gründet und nicht damit besteht, wie groß es auch scheine, doch nichts als Täuschung und Trug sei und unser Wohl nicht fördern möge" (S. 244f.).

Tatsächlich bildet der Rahmen der „JHWH-Furcht" das Alleinstellungsmerkmal der biblischen Weisheit. Die Weisheit ist von ihrem Charakter empirisch und paradigmatisch: Sie lernt aus Beobachtung und Erfahrung, sie hält fest, was „typisch" ist, und formuliert Regeln für das Verhalten im Alltag. Das spezifisch Biblische der alttestamentlichen Weisheit ist ihre Zuordnung zum Gottesglauben: „Die Furcht des HERRN ist der Anfang der Erkenntnis" (Sprüche 1,7). Auf der Grundlage des Bundesverhältnisses zwischen Israel und seinem Gott soll und kann der Einzelne sein Leben in Weisheit gestalten. Während die JHWH-Furcht im Sprüchebuch am Anfang steht und den Ausgangspunkt des weisheitlichen Strebens bildet, steht sie im Predigerbuch als Abschluss („dass es da anfangen und sich da wieder endigen müsse"): Die ausführliche Reflexion über die Grenzen des Lebens führt am Ende zurück zum Respekt vor Gott. Eine solche Selbstbescheidung und ein die Probleme kritischer Untersuchung transzendierender Glaube bedeutet dann aber nicht Naivität, sondern eine »second naiveté« (Anderson: *Qoheleth*, S. 235f.), eine Einfalt, die nicht vor dem Beginn des Nachdenkens, sondern an dessen Ende steht.

Das Alleinstellungsmerkmal der alttestamentlichen Weisheit korrespondiert sehr genau mit den Anliegen von Claudius, und zwar in Bezug auf den „traditionellen" christlichen Glauben, den er gegenüber der Aufklärung und ihrem Vernunftchristentum verteidigt.

Das „Abendlied“, II

Wenn wir mit dem so gewonnenen Hintergrund zu Claudius' *Abendlied* zurückkehren, so entdecken wir dort deutlicher als zuvor die Verbindungen zur Weisheit des Alten Testaments und speziell zum Prediger Salomo.

Die Reflexion beginnt in der *dritten Strophe*. Der nur halb zu sehende Mond wird zum Anschauungsobjekt dafür, dass die menschliche Wahrnehmung insgesamt begrenzt ist (vgl. *Passe-Temps*, SW S. 248–256). Das einleitende „Seht ihr“ kann an das wiederholte „ich sah“ des Predigers erinnern, mit dem er jeweils seine Reflexionen einleitet.

Die *vierte Strophe* setzt den Gedanken fort und spricht auf einer grundsätzlichen Ebene die Grenzen des Menschseins an, illustriert an den hilflosen und zum Scheitern verurteilten Versuchen, diese zu überwinden. Mit dem Predigerbuch lassen sich in der ersten Hälfte der Strophe die Grenzen des Wissens ausmachen, wobei der Stolz der Menschenkinder kontrastiert wird mit „Und wissen gar nicht viel“. In der zweiten Hälfte der Strophe klingen auch die Grenzen des Handelns an, und zwar in den Verben: „spinnen“, „suchen“ und „kommen“. Das Handeln wird als „Luftgespinste“ und „viele Künste“ charakterisiert, welche am Ende doch nicht zum ersehnten Ziel führen. Die beiden Grenzen des Wissens und des Lebens sind im *Abendlied* allerdings nicht deutlich voneinander getrennt, sondern greifen ineinander. Die „Luftgespinste“ können zugleich Luftgespinste des Denkens und des Handelns sein; ebenso können die vielen „Künste“ sowohl Lebensgestaltung als auch (aufklärerische) Philosophie meinen.

Ein Begriff der vierten Strophe gehört nicht zur zentralen Argumentation Kohelets, und zwar der „eitel arme Sünder“. Mit der Formulierung bezieht sich Claudius auf die Sündhaftigkeit des Menschen als erkenntnistheoretische Barriere. Der Zusammenhang zwischen Sünde und Begrenztheit wird im Predigerbuch nicht hergestellt, wohl aber an anderen Stellen der Bibel (z. B. Epheser 4,17–18). Claudius ergänzt also die Aussagen des Predigerbuches um diesen biblischen Lehrinhalt.

Das Predigerbuch betrachtet, wie schon dargestellt, die Grenzen des Menschseins „unter der Sonne“, also in seiner Immanenz. Positive Aussagen ergeben sich, wo die Immanenz aufgebrochen und der Blick auf Gott gerichtet wird. Die gleiche Bewegung finden wir im *Abendlied.* Von den Grenzen des Menschseins schwenkt der Blick am Ende der vierten Strophe auf das „Ziel" – welches ist gemeint? Die *fünfte Strophe* gibt Antwort:

Gott, lass uns *dein* Heil schauen

Sie setzt pointiert mit „Gott" ein, der in dieser und der folgenden Strophe zum Angeredeten wird. Das umfassende „Heil" in Gott steht der „Eitelkeit" alles Vergänglichen gegenüber. Das Wort „schauen" als Nebenbegriff zu „sehen" wird in der Lutherübersetzung gerne da verwendet, wo es um die Begegnung des Menschen mit dem Transzendenten geht (z. B. in Matthäus 5,8 „denn sie werden Gott schauen").

Lass uns einfältig werden

Die vielfältigen Reflexionen des Predigerbuches über die Begrenztheit des Menschen münden, wie oben dargestellt, am Ende in die einfache Schlussfolgerung, dass die Gottesfurcht über allem stehen soll. Diesem Weg folgt das *Abendlied*, indem es den „Luftgespinsten" und vergeblichen „Künsten" nun die „Einfalt" als Antwort gegenüberstellt. Im Sinne von Claudius geht es dabei „um die Ungeteiltheit des Herzens, um personale Ganzheit, Unkompliziertheit, Einfachheit und Schlichtheit" (Friemel: *Christliche Simplicität*, S. 3).

Und vor dir hier auf Erden

Die Zeile beschreibt eine doppelte Verortung: Weder gilt es, nach Vergöttlichung zu streben, noch, sein Glück allein im „Hier und Jetzt" zu suchen, sondern: sich ganz und gar seiner Erdgebundenheit bewusst sein und zugleich den Blick auf den zu richten, der über das irdische Dasein hinaus Halt gibt. Man kann die Zeile als positive Neuinterpretation von Pred. 5,1 verstehen: „denn Gott ist im Himmel und du auf Erden; darum lass deiner Worte wenig sein". Hier geht es wie im *Abendlied* um Einfalt und Respekt vor Gott. Wo der Prediger aber die Distanz zwischen dem Himmel und dem „auf Erden" in den Vordergrund rückt, bringt Claudius positiver Abstand und Verbundenheit zugleich zum Ausdruck.

Wie Kinder fromm und fröhlich sein.

Mit den „Kindern" nimmt Claudius noch einmal auf die Einfältigkeit Bezug, zugleich stehen im Hintergrund die Aussagen Jesu „lasst die Kindlein zu mir kommen" (Markus 10,4) und „es sei denn, dass ihr werdet wie die Kinder, so werdet ihr nicht ins Himmelreich kommen" (Matthäus 18,3).

Das Begriffspaar „fromm und fröhlich" greift dann in treffender Weise die beiden Maximen auf, für die das Predigerbuch durchgehend wirbt: die Lebensfreude und die Gottesfurcht. Zwei entsprechende Zitate vom Abschluss des zweiten Hauptteils: „Ob ein Sünder hundertmal Böses tut und doch lange lebt, so weiß ich doch, daß es wohlgehen wird denen, die Gott fürchten, die sein Angesicht scheuen" (Pred. 8,12), und: „Darum lobte ich die Freude, dass der Mensch nichts Besseres hat unter der Sonne denn essen und trinken und fröhlich sein; und solches werde ihm von der Arbeit sein Leben lang, das ihm Gott gibt unter der Sonne" (Pred. 8,15).

Die *sechste Strophe* des *Abendliedes* behandelt den Tod. Sie geht in ihrer Aussage deutlich über das Predigerbuch hinaus. Wo Kohelet schauerlich-düster mit einer Beschreibung des Todes endet (12,1–8), gilt nach dem Neuen Testament, dass die Auferstehung Jesu Christi dem Tod seinen letzten Schrecken nimmt. Der Weg zu einem ewigen Leben in der Gemeinschaft mit Gott „im Himmel" wird zur zentralen Perspektive. So findet Claudius im *Abendlied* sanftere Worte über den Tod, als dies bei Kohelet der Fall war. Ein Jenseits deutet allerdings auch das Koheletbuch in seinem letzten Vers schon an.

Die vierte, fünfte und sechste Strophe greifen nicht nur jeweils für sich auf das Predigerbuch zurück. Sie zeichnen, wie vorgestellt, auch insgesamt dessen Argumentationsgang nach, erweitert um die neutestamentliche Perspektive.

Die *letzte Strophe* schließt den Bogen. Hier sind wieder, wie am Anfang, die anwesenden Familienmitglieder angeredet. Doch hat sich die Stimmung beinahe unmerklich verändert. Der Abend ist nicht mehr „hell und klar", „wunderbar", „so traulich und so hold", sondern „kalt". Liegt es einfach daran, dass über dem Philosophieren Zeit vergangen ist? Man fröstelt; es wird Zeit, das Bett aufzusuchen. Oder geht es noch um mehr?

Vielleicht bleibt von der Tiefe der philosophischen Betrachtung, von der Begegnung mit dem Transzendenten, ein heiliger Schauer zurück. Wie Claudius an anderer Stelle (SW S. 246) schreibt: „wenn wir den Begriff [Gott] nur bloß mit der Imagination denken; so fährt er uns kalt durch, und macht uns Gott lieben und fürchten".

Noch etwas kann befremden: Wo gerade noch das „fromm und fröhlich" und der Gedanke an den „sanften Tod" ein Gefühl von Sicherheit verlieh, heißt es jetzt auf einmal: „Verschon uns, Gott! mit Strafen". Stellt ein solcher Abschluss das vorher Gesagte nicht unterschwellig in Frage? Mit dem Prediger Salomo gesprochen nicht: Es ist eben gerade der Respekt vor der Unverfügbarkeit Gottes – und zugleich das sich völlige Anvertrauen in Gottes liebende Fürsorge, auch für den kranken Nachbarn – das die Haltung einer wahren Gottesfurcht bestimmt.

Literaturnachweise

William H. U. Anderson: *Qoheleth and Its Pessimistic Theology: Hermeneutical Struggles in Wisdom Literature*, Mellen Biblical Press Series 54 (Lewiston, New York u. a.: Mellen, 1997).

Franz Georg Friemel, Christliche Simplicität. In: Jörg-Ulrich Fechner (Hg.), *Matthias Claudius 1740–1815: Leben, Zeit, Werk.* Wolfenbütteler Studien zur Aufklärung 21 (Tübingen: Niemeyer, 1996), S. 3–18.

Thomas Krüger: *Kohelet (Prediger)*, Biblischer Kommentar Altes Testament 19 (Neukirchen-Vluyn: Neukirchener, 2000).

Ludger Schwienhorst-Schönberger: *Kohelet.* Herders Theologischer Kommentar (Freiburg u. a.: Herder, 2004).

Julius Steinberg: *Die Ketuvim: Ihr Aufbau und ihre Botschaft.* Bonner Biblische Beiträge 152 (Hamburg: Philo, 2006).

Matthias Claudius

Der Mensch

Empfangen und genähret
  Vom Weibe wunderbar
Kömmt er und sieht und höret,
  Und nimmt des Trugs nicht wahr;
Gelüstet und begehret,
  Und bringt sein Tränlein dar;
Verachtet, und verehret;
  Hat Freude, und Gefahr;
Glaubt, zweifelt, wähnt und lehret,
  Hält nichts, und alles wahr;
Erbauet, und zerstöret;
  Und quält sich immerdar;
Schläft, wachet, wächst und zehret;
  Trägt braun und graues Haar etc.
Und alles dieses währet,
  Wenn's hoch kommt, achtzig Jahr.
Denn legt er sich zu seinen Vätern nieder,
Und er kömmt nimmer wieder.

(SW S. 248)

Frank Stückemann

Zwischen Pope und dem Prediger: Matthias Claudius, *Der Mensch*

Das Gedicht *Der Mensch* entstammt dem IV. Teil der „Sämtlichen Werke", 1783 bei Gottlieb Löwe in Breslau erschienen. Das Gedicht umfaßt 18 Verse, die bis auf das Schlußcouplet aus zwei alternierenden Reimen bestehen. Es läßt sich wohl am ehesten als erweiterte Stanze beschreiben. Der dreihebige Jambus gerät beim Wechsel der weiblichen und männlichen Reime regelmäßig „aus dem Takt" und erscheint dadurch als „hinkender" Klagevers. Das Metrum erinnert nach W. Martens an Paul Gerhardts *Befiehl du deine Wege.*[1] Durchbrochen wird das metrische Schema durch den fünfhebigen Jambus des vorletzten Verses, den biblischen Euphemismus für das Sterben und Begrabenwerden nach 1.Kön. 11,43 paraphrasierend, um den letzten Vers mit einem Paarreim wieder im bisherigen Metrum und eben nicht als *heroic couplet* ausklingen zu lassen.

Das dreihebige Versmaß hätte ohne weiteres auch in der vorletzten Zeile verwendet, das Schlußcouplet also lauten können: „Dann legt er sich zum Sterben nieder/ Und kehret nicht mehr wieder". Doch mit dem vorletzten Vers durchbrach Claudius vorsätzlich die bisherige Formstrenge: Durch den längeren Vers mit geprägter alttestamentlicher Sprachfloskel erzeugte er eine gesteigerte Erwartungshaltung, welche er dann durch den lapidaren Schlußvers mit syntaktischem Neuansatz bewußt enttäuschte.

Der Titel *Über einige Sprüche des Prediger Salomo* in unmittelbarer Nähe des Gedichts (SW S. 240–246) schafft unter Benennung der Leitmotive den nötigen Verständnishorizont: „Es ist alles ganz eitel", „Alles hat seine Zeit" und „Laßt uns die

---

[1] Wolfgang Martens: Gegen den Zeitgeist gerichtet: Matthias Claudius' Gedicht „Der Mensch". In: Zeitschrift für deutsche Philologie 110 (1991), S. 513, Anm.

Hauptsumme aller Lehre hören: fürchte Gott und halte seine Gebote, denn das gehört allen Menschen zu".[2]

Die ersten sechzehn Verse von *Der Mensch* entfalten diese Grundmotive wie von Claudius in Prosa paraphrasiert: „Zum Exempel. Der Mensch wird in neun Monden unter dem Herzen seiner Mutter gebildet, lebt siebzig Jahr, und wird denn wieder zur Erde davon er genommen ist" (S. 243). Vor allem Pred. 3,1–9 muß formal wie inhaltlich als Muster von *Der Mensch* angesehen werden, doch anders als das barocke Vanitas-Motiv[3] sieht die alttestamentliche Weisheit in zeitlicher Befristung positive Lebenschancen, welche der Mensch zu erkennen und wahrzunehmen hat. Die hebräische Vokabel „et" ist weniger im Sinn von *chronos* als vielmehr im Sinne von *kairos* zu verstehen; in den ersten neun Versen von Pred. 3 erscheint das Wort 29-mal als Anapher. Dieses Stilmittel ist für Claudius nur bedingt in der regelmäßigen Abfolge von acht gleichen weiblichen und acht gleichen männlichen Reimen übertragbar gewesen. Solch eine formale Virtuosität bei möglichst schlichtem Sprachduktus verlangt hohes Können, wovon fünf leider nicht mehr erhaltene Fassungen des Gedichts zeugen.[4]

Die permanente Wiederholung des „et" in Pred. 3 provozierte ferner das unlyrische „etc." bei Claudius nach dem Reimwort des 14. Verses; sonst wäre nach Pred. 12,12 des Büchermachens

---

[2] Auf den Prediger Salomo als Verständnishorizont von Claudius' *Der Mensch* verweisen Martens (wie Anm. 1), S. 514; Gerhard Kaiser: Vater und Mutter oder Heilsgeschichte und Natur. In: Neue Deutsche Hefte 30 (1983), S. 704; am deutlichsten Annelen Kranefuss: Die Gedichte des Wandsbecker Boten. Göttingen 1973, S. 196: „Es sind, was bisher durchweg übersehen wurde, die Gegensätze des Predigers Salomo, die hier die Rede bestimmen." J. Carl Ernst Sommer: Studien zu den Gedichten des Wandsbecker Boten. Frankfurt/Main 1935, S. 21 behauptet – wohl in Unkenntnis von Pred. 3,1–9 – dagegen: „daß ausdrückliche Zitate aus dem ‚Prediger' überhaupt nicht vorkommen".

[3] Anders Martens (wie Anm. 1), S. 507. Auch Kaiser (wie Anm. 2), S. 704 spricht von der „Monotonie der Vergeblichkeit" und „Barockrhetorik" (S. 701).

[4] Vgl. Martens (wie Anm. 1), S. 514.

kein Ende. Die „Befristung" der vom Prediger und von Claudius aufgezählten Motive ist das Gemeinsame, Regelmäßige, Gottgegebene, worüber der erkennende Mensch ins Staunen gerät.[5] Dem Weisen ist es Gabe Gottes, daß alles seine Zeit hat und er im wahrsten Sinne des Wortes „Zeit findet". Selbst der Schlußvers des Gedichts „Und er kömmt nimmer wieder" läßt sich positiv im Sinne der Einmaligkeit der gottgegebenen menschlichen Existenz lesen.

Der Mensch ist keine unzeitige Geburt – vgl. Hiob 3,16 –, sondern darf mit dem Beter des 139. Psalms (Vers 13f.) bekennen: „Du hast mich gebildet im Mutterleibe. Ich danke dir dafür, daß ich wunderbar gemacht bin, wunderbar sind deine Werke, das erkennt meine Seele." Martens benennt weitere Anklänge an Ps. 90,10 („Unser Leben währet siebzig Jahre, und wenn es hoch kommt, so sind's achtzig Jahre"), Hiob 14,1 („Der Mensch, vom Weibe geboren, lebt kurze Zeit und ist voll Unruhe"), 5.Mose 5,18 („Laß dich nicht gelüsten nach deines Nächsten Weib. Du sollst nicht begehren deines Nächsten Haus"); das Übrige sei „ein Echo auf den Prediger Salomo 3,2–10".[6]

Claudius zeigt hier seine Vorliebe für die Weisheitsliteratur Israels, bietet sie doch dem Menschen einen eigenständigen, natürlichen Weg zur Religion. Es ist darum eine Verkürzung und Verfälschung, biblische Redeweise gegen christliche[7] oder Altes Testament gegen Neues[8] ausspielen zu wollen. Als Leser „der ganzen Heiligen Schrift" verstand er Weisheitsliteratur als Klammer zwischen Altem und Neuem Testament. Daraus

---

[5] Gerhard von Rad: Weisheit in Israel. Neukirchen-Vluyn 1970, 3. Auflage 1985, S. 169 konstatiert, „daß sich der heutige Mensch wohl mehr über das Irreguläre wundert, das er in den Gesetzmäßigkeiten nicht unterbringen kann. Die Alten dagegen wunderten sich, wenn sich in der Wirrsal der täglichen Widerfahrnisse doch auch immer wieder Gesetzmäßigkeiten erkennen ließen."

[6] Martens (wie Anm. 1), S. 514.

[7] Vgl. ebenda S. 515: „Claudius spricht vom natürlichen Menschen nicht christlich, aber biblisch."

[8] Vgl. Kaiser (wie Anm. 2), S. 703: „Claudius ruft das Alte Testament herauf, damit der Hörer mit dem Neuen Testament antworte."

resultierte ein inniges Verhältnis zum göttlichen Weisheitslehrer Jesus Christus, welcher als wahrer Mensch erkannt werden will, bevor er als wahrer Gott zu bekennen und zu verehren ist. Die „überkonfessionelle christliche Mystik“ und sein „persönliches Engagement für die von ihm nachdrücklich befürwortete Entwicklung eines christlichen Freimaurertums“[9] manifestiert sich bei Claudius im weisheitlichen Zugang zum Menschen, zur Schöpfung und zu Gott.

Biblische Weisheit und lutherische Schöpfungstheologie sind bei ihm eine innige Verbindung eingegangen; die Schöpfung Gottes erscheint als Uroffenbarung, deren physische und moralische Gesetzmäßigkeiten dem Menschen aufgrund seiner Disposition zur göttlichen Weisheit vernehmbar und evident werden. Das Verhältnis zur Weisheit wie das zwischen Schöpfer und Geschöpf erscheint nach Sprüche Sal. 8 als geistiger Eros, daraus resultiert jenes naturgesetzliche bzw. schöpfungsgemäße Verhalten des Menschen, das Albert Schweitzer als „Ehrfurcht vor dem Leben“ bezeichnet.

Dem steht schon im Alten Testament der Typus des Toren gegenüber, welcher sich keineswegs durch Mangel an Intelligenz, sondern an Gottesfurcht auszeichnet; vgl. Psalm 53,2: „Die Toren sprechen in ihrem Herzen: ‚Es ist kein Gott.‘ Sie taugen nichts; ihr Freveln ist ein Greuel; da ist keiner, der Gutes tut.“ Torheit ist praktizierter Atheismus, welcher die Offenheit zu Schöpfung und Schöpfer zugunsten von individuellem oder kollektivem Egoismus preisgibt und seine geistige Vitalität in den damit einhergehenden Kosten-Nutzen-Rechnungen einbüßt.

Wenn also Claudius' Gedicht *Der Mensch* gegen den optimistischen Zeitgeist gerichtet ist, wie Martens überzeugend nachwies, dann hat nach solchen optimistischen Systembildungen der Moderne gefragt zu werden, welche das weisheitlich offene Verständnis des Schöpferglaubens als positiver Offenbarungsreligion durch den Konstruktivismus einer theologischen oder philosophischen Doktrin ersetzen. Zwischen dem deisti-

---

9 Vgl. Jörg-Ulrich Fechner: Einführung. In: Ders. (Hg.), Matthias Claudius 1740–1815. Tübingen 1996, S. IX.

schen Gottesbegriff und seinem *Christentum ohne Geheimnis* – vgl. den programmatischen Titel von John Tolands Hauptwerk aus dem Jahr 1696 – und dem dogmatisch normierten Vereinschristentum der 1780 gegründeten Basler Christentumsgesellschaft bestehen diesbezüglich keinerlei strukturelle Unterschiede. *Atheistisch an Gott glauben* zu müssen, hat in den jeweiligen Systemzwängen der „reinen", „natürlichen" bzw. „Vernunftreligion" eine lange Tradition, die weit hinter den einschlägigen Titel Dorothee Sölles aus dem Jahr 1968 zurückreicht.

Schon die Überschrift des Claudius-Gedichts *Der Mensch* widerlegt die Auffassung von Martens, daß es „keinen Gegner im Visier" habe, erinnert sie doch an eine der berühmtesten Lehrdichtungen des 18. Jahrhunderts: Alexander Popes *Essay on Man*. 1733/34 entstanden dessen 656 *heroic couplets* in vier Episteln an Henry St. John Lord Bolingbroke (1678–1751). Schon 1736/37 erschienen zwei französische Übersetzungen, 1740 die deutsche Nachdichtung von Barthold Heinrich Brockes (1680–1747); ferner wäre auf die genauere Blankvers-Übersetzung von Theobald Wilhelm Broxtermann (1771–1800) zu verweisen.[10]

Bolingbroke hatte sich als Leiter der Tory-Regierung unter Königin Anne (1665–1714), welche all ihre Kinder überlebte, aus parteipolitischen Gründen für eine Thronfolge der exilierten katholischen Stuarts eingesetzt, obwohl das Parlament im *Act of Settlement* von 1701 das protestantische Haus Braunschweig-Lüneburg zur Nachfolge bestimmt hatte. Nach der Inthronisation von George I. (1660–1727) mußte Bolingbroke ins französische Exil gehen und konnte erst 1723 als Privatmann unter Verzicht auf alle politischen Ämter nach England zurückkehren. In Twickenham freundete er sich mit seinem Nachbarn Pope an, wie er auch schon vor und während seines Exils Beziehungen zu Voltaire und Jonathan Swift pflegte.

---

[10] Vgl. Th. W. Broxtermann: Alexander Pope's Versuch über den Menschen, eine metrische Übersetzung, mit [William] Warburtons Kommentar und den nöthigsten Anmerkungen. Osnabrück 1789.

Die Freundschaft zwischen dem wegen Stuart-Sympathien geschaßten Tory-Ministerpräsidenten Bolingbroke und dem Katholiken Pope, welche in ihren deistischen Weltanschauungen weitgehend übereinstimmten, wurde von der Öffentlichkeit als provokant empfunden. Anglikaner und freikirchliche Dissenter waren sich weitgehend in der Ablehnung der Katholiken einig, denen in England bis 1823 viele bürgerliche Rechte vorenthalten wurden. Nun präsentierte Pope einen religiösen Minimalkonsens auf der Grundlage von Schöpfung, Vernunftgemäßheit und optimistischer Moral, verbunden mit der Forderung nach gesellschaftspolitischer Gleichberechtigung für alle. Dies empfand man als Angriff auf das britische *Establishment*; entsprechend wurde Pope als ein mit Tiara gekrönter Affe verhöhnt, eine dreifache Anspielung auf seinen Namen, seine körperlichen Gebrechen und seine „papistischen" Neigungen.[11]

Pope hatte mit seinem Lehrgedicht der englischen Dichtung klassische bzw. klassizistische Standards gesetzt, die als *Georgian* in die Literaturgeschichte eingingen. Mehr als Dichter denn als Denker wurde er auch 1755 von Lessing und Mendelssohn gewürdigt.[12] Sein berühmter Anfang der zweiten Epistel – *The proper study of mankind is man* – erfreute sich als Stammbuchvers großer Beliebtheit und wurde noch 1809 von Goethe wörtlich und ohne Hinweis auf die Herkunft für *Die Wahlverwandtschaften* übersetzt: „Das eigentliche Studium der Menschheit ist der Mensch."[13]

Im Blick auf die Rezeption durch Claudius spricht Jörg-Ulrich Fechner von „einer lokalen Hamburger literarischen Tradition, die von Alexander Pope, Friedrich von Hagedorn und allgemein dem neuen Naturgefühl des achtzehnten Jahrhunderts ge-

[11] Vgl. das anonyme Portrait in: Hans Ulrich Seeber (Hg.): Englische Literaturgeschichte. Stuttgart 1991, S. 168.

[12] Vgl. Gotthold Ephraim Lessing / Moses Mendelssohn: Pope, ein Metaphysiker! In: Gotthold Ephraim Lessing, Werke, Bd. 3: Frühe kritische Schriften, hg. von Herbert G. Göpfert. München 1972, S. 631–670.

[13] Vgl. J. W. Goethe: Die Wahlverwandtschaften, 2. Buch, Ende 7. Kapitel.

tragen ist."[14] Leider gibt es in dessen Werk keine direkten Belege hierfür; „Claudius['] Gedächtniss fasst gar keine Namen."[15] Fechner empfiehlt also die indirekte Methode: „Eine Möglichkeit, das geistige Umfeld von Claudius zu bestimmen, besteht darin, aus Zitaten und Anspielungen seiner Werke und Briefe die imaginäre Bibliothek des Wandsbecker Boten zu rekonstruieren."[16]

Solch eine verklausulierte Bezugnahme auf die oben zitierte Pope-Sentenz *The proper study of mankind is man* bietet der Brief von Claudius an den Düsseldorfer Kaufmann und Bankier Friedrich Christian Hoffmann (geb. 1749) vom 7.9.1813; darin bedankt er sich für eine finanzielle Unterstützung in den schwierigen Zeiten der Befreiungskriege.[17] Claudius nahm diese Kollekte von Freunden „mit Dank kurz und gut an", zeigte sich jedoch gleichzeitig jedweder institutionalisierten sozialen Fürsorge und Glückskalkulation wie überhaupt dem kollektivistischen Menschheitsbegriff gemäß Popes *Essay on Man* gegenüber spinnefeind, er schreibt an Hoffmann:

„Freilich das Ende und Resultat der jetzigen physischen und moralischen Gärung dürfte ich wohl nicht erleben und es wird interessant und wichtig sein, sie zu erleben und Gott hinten nach zu sehen; doch muß ich mich darüber trösten; *am Ende ist und bleibt auch der Mensch die Haupt-Sache für sich* und es mag wohl viel Unheil in der Welt daher entstanden sein und entstehen, daß man sich mehr um andre als um sich selbst bekümmert hat; auch haben wir mit uns selbst genug zu tun und mehr als wir bestreiten können, wenn uns der Stiller unsers

---

[14] Fechner (wie Anm. 9), S. XV.

[15] Reinhard Kekulé, Das Leben Friedrich Gottlieb Welcker's. Nach seinen eignen Aufzeichnungen und Briefen, Leipzig 1880, S. 136, zitiert nach Fechner, ebenda S. XVII.

[16] Fechner (wie Anm. 9), S. XVII.

[17] Zu den weiteren Hintergründen dieser Kollekte vgl. Reinhard Görisch: „... durch christliche Wohlthätigkeit einige Gaben zusammen zu bringen". Johann Friedrich Jacobis Anregung einer Hilfsaktion für Matthias Claudius im Jahr 1813. In: Jahresschriften der Claudius-Gesellschaft 19 (2010), S. 28–34.

Haders nicht zur Hilfe käme – doch Gott siehet den Willen an, wenn er ernstlich ist, und er zieht, wie Hamann sagt, den Ernst eines erstickten Seufzers dem Nierenfett der Chorsänger vor."[18]

Damit wendet Claudius sich gegen die Veräußerlichung echter Herzensfrömmigkeit und Opferbereitschaft, wodurch der religiöse Philanthropismus zum Utilitarismus und zur reinen Kosten-Nutzen-Kalkulation degeneriert. Die Akzeptanz einer persönlich gemeinten Liebesgabe ist eben etwas grundsätzlich anderes als die entwürdigende Abhängigkeit von einem sozialen Fürsorgesystem.

Pope, der Chorsänger des englischen Sozialutiliarismus, schärfte unermüdlich die Vorzüge eines berechnenden, also rein kaufmännisch „denkenden" Egoismus als Grundlage der Moral und der allgemeinen Wohlfahrt ein, so in den Schlußversen seines *Essays on Man*: „That REASON, PASSION, answer one great aim; That true *Self-Love* and *Social* are the same; That virtue only makes our bliss below; And all our knowledge is, *ourself to know*." Dem gegenüber wirkt die obige Passage aus dem Claudius-Brief wie eine Antizipation von Nietzsches Kritik der „Nächstensucht" in *Jenseits von Gut und Böse* (Aphorismus 228):

„Zuletzt wollen sie alle, daß die *englische* Moralität recht bekomme: insofern gerade damit der Menschheit, oder dem ‚allgemeinen Nutzen', oder ‚dem Glück der meisten', nein! dem Glücke *Englands* am besten gedient wird; sie möchten mit allen Kräften sich beweisen, daß das Streben nach *englischem* Glück,

---

[18] Matthias Claudius: Briefe an Freunde, hg. von Hans Jessen. Berlin 1938, S. 409 (Kursivierung F. St.). Claudius bezieht sich auf folgende Passage von Johann Georg Hamann (1730–1788): Klaggedicht in Gestalt eines Sendschreibens über die Kirchenmusik; an ein geistreiches Frauenzimmer außer Landes. In: Ders., Kreuzzüge des Philologen. Sämtliche Werke, Bd. 2: Schriften über Philosophie, Philologie, Kritik 1758–1763. Wien 1950, S. 146: „Sorgt Gott für die Farren und Kälber unserer Lippen? Der sich die Stimme der Raben, wenn sie ihn anrufen, gefallen läßt, und den Mund der Säuglinge zum Herold seines Ruhms bereiten kann, zieht den Ernst eines erstickten Seufzers, – einer zurückgehaltenen Zähre, – der spitzfindigen Gerechtigkeit und dem Nierenfett der Chorsänger vor."

ich meine nach comfort und fashion (und, an höchster Stelle, einem Sitz im Parlament) zugleich auch der rechte Pfad der Tugend sei, ja daß, soviel Tugend es bisher in der Welt gegeben hat, es eben in einem solchen Streben bestanden habe. Keins von allen diesen schwerfälligen, im Gewissen beunruhigten Herdentieren (die die Sache des Egoismus als Sache der allgemeinen Wohlfahrt zu führen unternehmen –) will etwas davon wissen und riechen, daß die ‚allgemeine Wohlfahrt' kein Ideal, kein Ziel, kein irgendwie faßbarer Begriff, sondern nur ein Brechmittel ist".

Damit nicht genug: Liest man das Claudius-Gedicht *Der Mensch* im Kontext des IV. Werke-Teils, deren „neue, bewußt komponierte Anordnung mit einem völlig veränderten Stellenwert"[19] berücksichtigt zu werden hat, so wird man gerade im Blick auf Popes *Essay on Man* und dessen Adressat Bolingbroke manche sarkastische Anspielung finden.

Der Leitvers des Predigers Salomo (1,2): „Es ist alles ganz eitel und ein Haschen nach Wind" rekurriert auf die weisheitlichen Schöpfungsberichte: Eitelkeit und Windhauch, im Hebräischen ein und dieselbe Vokabel, sind im sprechenden Namen Abel enthalten und weisen auf das schnelle Ende seines Trägers hin; vgl. 1.Mose 4,2. In genau diesem Zusammenhang steht auch der hintergründige Schlußvers von *Ein Lied für Schwindsüchtige*, welches Claudius ungeachtet zweier Vorabdrucke[20] gewiß nicht zufällig zwischen der Paraphrase *Über einige Sprüche des Prediger Salomo* und dem Gedicht *Der Mensch* plazierte: „Du hast der Luft so viel" (SW S. 246–248, hier S. 248). Ein Schelm, wer dabei an den schwindsüchtigen Pope mit dem langen dichterischen Atem seiner *heroic couplets* denken wollte!

Dem Gedicht *Der Mensch* gegenüber steht im IV. Werke-Teil ein Kupferstich von Daniel Chodowiecki (1721–1801) mit der Darstellung zweier Blinder, die in eine Grube stolpern; sicherlich eine Anspielung auf Lukas 6,39 („Kann auch ein Blin-

---

[19] Fechner (wie Anm. 9), S. IX.

[20] Vgl. Kayserlich privilegirte Hamburgische Neue Zeitung vom 9.7. 1780 (unpaginiert), und Voßischer Musen-Almanach: Poetische Blumenlese für das Jahr 1781, Hamburg [1780], S. 119–121.

der einem Blinden den Weg weisen? Werden sie nicht alle beide in die Grube fallen?“), aber vermag man nicht auch in der stolzen, geradezu hochnäsigen Körperhaltung des einen und der nach vorn gekrümmten, verwachsenen, buckligen Figur des zweiten wesentliche Merkmale der beiden „blinden Blindenführer“ (vgl. Matth. 15,14) Bolingbroke und Pope zu entdecken?

Die Titel der anschließenden Lehrdichtungen *Passe-Temps zwischen mir und meinem Vetter in der Schneiderstunde (Twilight)* (SW S. 248–256) über die Kurzsichtigkeit menschlicher Erkenntnis wie *Der Besuch im St. Hiob zu* ** (S. 257–259) verweisen ebenfalls auf England, wo die Ästhetisierung von Irrenhausbesuchen eine lange Tradition besitzt; vgl. etwa den letzten Kupferstich von William Hogarth (1697–1764) aus der Serie *A Rake's Progress* (1735) oder die Vertonungen von „Mad Songs“ wie das anonyme *Tom o'Bedlam* oder Henry Purcells (1659–1695) *Bess of Bedlam*. Vor allem die nach Sprüche Sal. 26,7 gestaltete Moral am Schluß von *Passe-Temps* zielt auf die Selbstherrlichkeit atheistischer Denkvoraussetzungen: „O Vetter, wenn dir ein Mensch vorkömmt, der sich so viel dünkt und so groß und breit dasteht; wende dich um und habe Mitleiden mit ihm. Wir sind nicht groß, und unser Glück ist, daß wir an etwas Größers und Bessers glauben können“ (S. 256) – eine deutliche Anspielung auf Sprüche Sal. 26,7 (Wenn du einen siehst, der sich weise dünkt, da ist für einen Toren mehr Hoffnung als für ihn).

Der Tor als Verdrängungskünstler, sein Sozialoptimismus ebenso weitschweifig wie illusorisch, von bösartiger Frivolität sein Dichten und Trachten – dem stellt Claudius Freund Hain gegenüber, welcher ihn als Wohltäter von Wahnvorstellungen befreit, auf den Teppich zurückbringt, für das Wesentliche sensibilisiert und tüchtig macht für das Leben wie für das Sterben. Der tiefe, bis in die Wortwurzel gehende Zusammenhang zwischen Humus, Humor und Humanität ist bei Claudius allgegenwärtig und für sein gesamtes Werk konstitutiv.

Der Erdling Adam muß von seinem Ende her denken lernen, um seines Lebens froh werden zu können; Paul Erdmann (vgl. SW S. 188ff.) hat sich von der Adama, von der Erde zu ernähren, bis er wieder zu Erde wird. Nur im Wissen darum kann er über sich selbst und seine Vergänglichkeit lachen, kann den Selbstbetrug seines Herzens erkennen, der Boshaftigkeit seines Dichtens und Trachtens steuern und sich innerhalb der gottgegebenen Schöpfungsordnung von Zeit und Ewigkeit zu Güte, Würde und wahrem Menschentum erziehen. Erst das Bewußtsein von Endlichkeit und Vergänglichkeit macht den Menschen menschlich, schenkt dem Dasein Tiefe, dem Augenblick Freude und Erfüllung, Geborgenheit in Gott, Liebe zu Wahrhaftigkeit und Weisheit.

Dies gilt auch vom *malum* menschlicher Vergeblichkeitserfahrungen, dem beim Prediger Salomo leitmotivischen Haschen oder Weiden des Windes, erst recht für die ebenso selbstherrliche wie törichte (weil gott- und ehrfurchtslose) Saat des Nichtigen durch den Menschen, der zu allem fähig, aber nicht wirklich zu gebrauchen ist: Windmacherei wird zum Sturm und als solcher vom Urheber geerntet, vgl. Hosea 8,7. Das Fruchtlose, Unbefriedigende, Verkehrte und Widrige verweist den Menschen an Gott und seine Gebote. Er selbst ist für seine Wertewelt verantwortlich, darum darf er sich auch nicht der Kulturarbeit im Garten Gottes verweigern (vgl. 1.Mose 2,15). Selbst hinter dem Voltaire'schen *Il faut cultiver notre jardin* verschwindet jedwede Theodizeefrage als müßiges Geschwätz und schönredende bzw. schönrechnende Naseweisheit.

Weil es bei den letzten Dingen (Tod, Gericht und Ewigkeit) keine Stellvertretung geben kann, ist dem Weisen nur eine Individualethik und ein Leben in eigener Verantwortung möglich. In diesem Sinn gerät Claudius' Gedicht *Der Mensch* zur Kritik an Popes *Essay on Man*; diesem dient die kollektive Menschheit lediglich als Studienobjekt, um den Einzelnen der gesellschaftspolitischen Kalkulation bzw. Spekulationen sowie utilitaristischwindiger Vorteilsnahme preiszugeben, wobei das willkürliche Mehrheitskriterium des größtmöglichen Glücks für die größtmögliche Masse jedwede an Gottes Schöpfung gebundene und naturrechtlich begründbare Werteordnung aushebelt.

Dogmenfreiheit, uneingeschränkter Vernunftgebrauch und die von Gott verordnete permanente Kulturarbeit sind salomonischer Aufklärung und aufklärerischer Religiosität bei Claudius gemeinsam: „Gottesfurcht befähigte eben nicht nur zur

Erkenntnis, sie hatte auch eine eminent kritische Funktion, indem sie in dem Erkennenden das Bewußtsein wach hielt, daß sich sein Erkenntnisvermögen einer Welt zuwendet, in der das Geheimnis dominiert. (...) Nach der Überzeugung der Weisen hat Jahwe der Schöpfung offenbar so viel Weisheit delegiert, ja, er war selbst in ihr derart gegenwärtig, daß der Mensch auf einen soliden ethischen Grund kommt, wenn er in diesen Ordnungen lesen lernt und sein Verhalten auf die gewonnenen Erfahrungen einstellt."[21]

Gott zu fürchten und seine Gebote zu halten ist für den Weisen die Hauptsumme aller Lehren, wie Claudius, Pred. 12,13 paraphrasierend, konstatiert (vgl. SW S. 245). Aber da es nicht nur Weise, sondern auch Toren gibt (teils „hochgelahrt"), wird dieser Aspekt im Gedicht *Der Mensch* nur unausgesprochen präsent. Die Weisheit kann nur rufen und einladen; ihre Worte – auch im Gedicht des Claudius – veranlassen den Menschen, sie als Liebling Gottes zu lieben – oder auch nicht. Doch wen das Buch der Schöpfung nicht lehrt, seinen Schöpfer wie seinen Nächsten von Herzen zu lieben und seine Zeit auf Erden sinnvoll anzuwenden, der wird sich auch zum göttlichen Weisheitslehrer und zum Geist der Wahrheit und der Liebe in kein positives Verhältnis setzen können. Ohne Herz und Verstand wird er lediglich buchhalterisch dem individuellen und kollektiven Egoismus Nutzen und Vorteile der gesellschaftlichen „Religion" errechnen. Das elementare Humanum, welches Claudius in *Der Mensch* thematisiert, ist in Popes *Essay on Man* nicht präsent. Claudius ehrt das Bild Gottes im Nächsten, Pope sieht den Menschen nur als Teil der Profangesellschaft. Entsprechend steht der Religion als Intimbereich der freien, selbstbestimmten Persönlichkeit die pseudoreligiös-hierarchisch begründete Einschränkung von Persönlichkeitsrechten im Namen von Staat und Gesellschaft gegenüber – und der Mensch muß dran glauben, immer wieder, wohl bis zum jüngsten Tage.

---

[21] von Rad (wie Anm. 5), S. 146 und 125.

Matthias Claudius

Der Besuch im St. Hiob zu **

Der Aufseher des Stifts heißt Bernard, und unser fünf oder sechs, lauter reisende Leute, welche die Herberge versammlet hatte, gingen hin es zu besehen. Der erste war Herr Tobel, ein ernsthafter Mann, der wenig sprach; der zweite, Herr Wange Prediger in der Nachbarschaft, ein Verwandter des Herrn Bernard und der eigentliche Anfänger und Anführer der ganzen Unternehmung; der dritte, wenn er für einen vollen Mann gelten soll, sein Sohn Fränzel, ein feiner Knabe von etwa zehn bis dreizehn Jahren; der vierte, Herr Sennert, 'n Bruder Studio, dem äußerlichen Ansehen nach; etc.

Unterwegs erzählte uns Herr Wange, daß er einen alten Bekannten im Stift habe, Herrn Cornelio. Dem starb seine Frau und sein Freund, und darauf ging er in den St. Hiob als Krankenwärter.

Herr Bernard empfing uns sehr höflich und bewirtete uns mit Karawantee; zeigte uns auch sein Naturalienkabinett, das ziemlich vollständig ist, sonderlich an Konchylien.

Nach verschiedenen Gesprächen über dies und das, kam's endlich zum Stiftbesehen und Herr Bernard ging voran.

Er führte uns zuerst zu den Wahnsinnigen, die gleich unten im Hofe am Eingang quartiert sind, ein jeder in einem kleinen Stübchen für sich.

So wie Leute, die noch zwischen Furcht und Hoffnung schweben, unglücklicher sind, als die schon Entscheidung haben; so scheinen einem die Wahnsinnigen, oder die zwischen Sinn und Unsinn schweben, unglücklicher zu sein als die Unsinnigen, und sie sind nicht so gräßlich, aber grauerlicher anzusehen. Wir sahen ihrer hier einige und dreißig, alt und jung, Männer und Weiber, und aus allen Ständen.

Herr Bernard wollte die Bemerkung gemacht haben, daß der Wahnsinn bei Weibsleuten sich immer auf Liebe oder Religion beziehe. Im St. Hiob fanden wir seine Bemerkung bestätigt, denn die Weibsleute sprachen alle wie Verliebte, oder predigten und prophezeiten. Bei den Männern trafen wir hier auch mancherlei andern Wahnsinn. Einer in einem grünen Schlafrock dünkte sich 'n Mohr und wusch sich emsiglich, kuckte ins Spiegel und wusch wieder, und seine weiße Comptoirmütze und eine Zitrone standen auf dem Tisch. Ein anderer stand mit verstörten Haaren und zeigte immer mit dem Finger nach einem Stundenglas das an der Wand hing, und seufzte dazu. Die merkwürdigsten von allen aber waren vier Brüder, die in *einem* Zimmer beisammensaßen gegeneinander über wie sie auf dem Kupfer sitzen – Söhne eines Musikanten, und Vater und Mutter waren im St. Hiob gestorben. Herr Bernard sagte, sie säßen die meiste Zeit so und ließen den ganzen Tag wenig oder gar nichts von sich hören; nur sooft ein Kranker im Stift gestorben sei, werde mit drei Schlägen vom Turm signiert, und sooft die Glocke gerührt werde, sängen sie einen Vers aus einem Totenliede. Man nenne sie auch deswegen im Stift die *Totenhähne.*

Von hier ging's zu den Unsinnigen. Ihre Kojen sind rundum in einem Zirkel gebaut, und in der Mitte steht ein großer Ofen, der im Winter geheizt wird. Nur etwa zwei Drittel davon waren itzo besetzt, und die Unglücklichen darin saßen, wie gewöhnlich, mit zerrissenen Kleidern und halb nackt, und sagten Greuel. Einer von ihnen war neun Jahre in der Sklaverei zu Algier gewesen, und hieß Hans Gumpert, und der war der wütigste von allen und hatte ungeheure Kräfte. Er hatte itzo eben eine gute Stunde, und als wir vor seine Klappe kamen, trat er heran und streckte die Hand heraus. Herr Tobel legte ihm einen Dukaten hinein und wir andern etwas Silbergeld; er warf aber alles weg und bat flehentlich um ein ganz kleines Stückchen Zucker.

Weiter brachte uns Herr Bernard in verschiedene Zimmer mit allerlei bösartigen Patienten, und denn kamen wir endlich in die *große Krankenstube.* Sie ist hoch, beinahe ein Quadrat, und es stehen drei Reihen Betten darin. Wir gingen hier von Bette zu Bette, und sahen in jedwedem einen Menschen liegen der elend war, mehr oder weniger.

Nicht weit vom Eingange trafen wir den Herrn Cornelio. Er hat helle Augen und eingefallene Backen, und ist lang und blaß. Herr Wange bot ihm freundlich guten Tag, und wollte ihn umarmen; das wollte er aber nicht, und sagte: er habe sich das Umarmen abgewöhnt.

Herr Bernard bat ihn, uns hier herumzuweisen, weil er hier am besten Bescheid wisse; und das ließ er sich gefallen und ging mit uns durchs ganze Zimmer, und sagte uns bei jedem Bette, den Namen des Kranken, seine Krankheit, wie lange er schon liege und sich quäle etc., auch allerhand Umstände aus ihrem Leben.

Am Ende des Zimmers war in einem Bette eine alte Frau eben gestorben, und Herr Bernard hieß sie herausnehmen und in die Leichenkammer tragen, und Herr Cornelio sagte uns indes wer sie gewesen und wie alt sie geworden, daß sie oft viel Schmerzen gehabt und immer so über die langen Nächte geklagt habe etc.

„Aber Cornelio", sagte Herr Wange, „wie können Sie alle Tage das Elend so ansehen?"

Cornelio: „Ist es darum weniger, wenn ich es nicht sehe? Und sieht man es denn allein hier?"

Wir nahmen darauf Abschied und gingen weg, nicht ganz gleichgültig. Als wir wieder auf den Hof kamen, ward die Leiche signiert, und sowie der dritte Schlag gefallen war, fingen die vier Brüder an:

Ach Herr! laß dein lieb Engelein,
Am letzten End die Seele mein,
  In Abrahams Schoß tragen,
Den Leib in sein'm Schlafkämmerlein,
Gar sanft ohn ein'ge Qual und Pein,
  Ruhn bis am Jüngsten Tage. etc.

(SW S. 257–259)

Friederike Felicitas Günther

Des Elends Ende? Matthias Claudius: *Der Besuch im St. Hiob zu ***

1783 schildert Claudius im *Asmus* den fiktiven Besuch eines Kranken- und Irrenhauses: *Der Besuch im St. Hiob zu* **. Solche Besuche insbesondere der Irrenhäuser galten im späten 18. Jahrhundert als touristisches Muss des aufgeklärten Reisenden, der sich an der Seite eines kundigen Führers schaudernd die Nachtseite der Vernunft ansehen konnte – das Tor des Londoner Irrenhauses Bedlam beispielsweise stand, wie man in Foucaults *Histoire de la folie* liest, interessierten Besuchern immer sonntags für einen Penny offen. Die Faszination des Wahnsinns spiegelte sich in einer Vielzahl literarischer und wissenschaftlicher Publikationen – 1783 war auch das erste Erscheinungsjahr von Karl Philipp Moritz' zehnbändigem *Magazin zur Erfahrungsseelenkunde*, einem Forum für Berichte von psychischen Abweichungen aller Art, die zum besseren Verständnis der Seele gesammelt wurden. Mit seiner Visite im Irrenhaus folgt Claudius zudem einem Trend der literarischen Gestaltung des Wahnsinns, der bis ins frühe 19. Jahrhundert anhält. So handelt Goethes Singspiel *Lila* (1778) beispielsweise von der einfühlenden Heilung einer fixen Idee, Lichtenbergs literarische Beschreibung von Hogarths Kupferstichen *A Rake's Progress* von 1796 wirft einen verstörten Blick ins Irrenhaus, Spieß gibt 1795 die eher reißerischen *Biographien der Wahnsinnigen* heraus und Heinrich von Kleist wird 1811 in seiner Erzählung *Die heilige Cäcilie oder die Macht der Musik* mit vier wahnsinnigen singenden Brüdern ein zentrales Motiv aus Claudius' Erzählung aufgreifen.

Doch wie so oft behandelt Claudius mit seinem *Besuch im St. Hiob zu* ** ein zeitgenössisches Phänomen, um es subtil zu persiflieren und im Sinne seiner christlichen Anthropologie zu wenden. An der Oberfläche gleicht die Erzählung tatsächlich einem „idealtypischen“ Irrenhausbericht[1]: Man durchschreitet in einer Gruppe interessierter Laien gemeinsam die Gänge des Stifts („unser fünf oder sechs, lauter reisende Leute (…), gingen hin es zu besehen“), lässt sich von einem Aufseher über die Ätiologie der Geisteskrankheiten belehren („daß der Wahnsinn bei Weibsleuten sich immer auf Liebe oder Religion beziehe“), wundert sich über besonders kuriose Fälle („Einer im grünen Schlafrock dünkte sich ’n Mohr und wusch sich emsiglich“), sieht im Wesentlichen die eigenen Erwartungen bestätigt („die Unglücklichen darin saßen, wie gewöhnlich, mit zerrissenen Kleidern und halb nackt, und sagten Greuel“) und geht schließlich, bereichert um diesen Einblick in die Abgründe der Seele, wieder heim („Wir nahmen darauf Abschied und gingen weg“).

Doch unterläuft Claudius dieses topologische Genre der Irrenbesichtigung durch einen zunächst kaum merklichen Sinneswandel des Erzählers, der wörtlich zu verstehen ist: die Perspektive der Erzählung verschiebt sich sukzessive vom Sehsinn auf Gehör und Gefühl. Mit diesem Sinneswandel verbindet sich eine veränderte Einstellung zum Wahrgenommenen, die sich nicht zuletzt in dem nachgeschobenen Abschluss des bereits zitierten Abschiedssatzes offenbart: „wir (…) gingen weg, nicht ganz gleichgültig“. Der Erzähler schildert das Geschehen nicht mehr mit distanziertem Blick, sondern er lässt sich offenkundig berühren. Verstärkt wird dieser Eindruck durch einen Kupferstich, der eine Geste des Krankenpflegers Cornelio zeigt: er berührt einen der Touristen (in dem man den Erzähler vermutet) auffordernd an der Hand, während er der Gruppe – so erfährt man aus dem Text – von der lang währenden Leidensgeschichte einer verstorbenen alten Frau im Krankensaal erzählt („Herr Cornelio sagte uns indes wer sie gewesen und wie alt sie geworden, daß sie oft viel Schmerzen gehabt und immer so über die langen Nächte geklagt habe etc.“).

Claudius hat die Kupferstiche im *Asmus* nicht als illustratives Beiwerk verstanden, sondern war sich ihrer emotionalen Ein-

---

[1] So Anke Bennholdt-Thomsen/Alfredo Guzzoni: Der Irrenhausbesuch. Ein Topos in der Literatur um 1800. In: Aurora 42 (1982), S. 82–110, hier S. 91.

färbung der Lektüre sehr bewusst: „mich dünkt“, schreibt er am 17. Februar 1783 an Chodowiecki, „Kupfer in einem Buch sollen nie fürs Auge des Kenners seyn, sondern sollen nur Ideen und Empfindungen recht lebendig machen, die der Scribent ohne den Kupferstecher nicht erreichen konnte“.[2] So verstärkt auch der Kupferstich mit der Geste des Cornelio im *Besuch im St. Hiob* die Aufforderung zum Mitgefühl und zum Abstreifen der Gleichgültigkeit gegenüber dem Geschauten, wenn mit dem Bild menschliche Empathie an die Stelle der distanzierten Besichtigung des Stifts tritt.

Dieser Gegensatz zwischen Besichtigung und Berührtwerden wird in der Erzählung von Beginn an vorbereitet. Der Figur des Cornelio, die Claudius in seiner Anweisung an den Kupferstecher Chodowiecki in einem Brief vom 3. Oktober 1782 als „äußerst blaß und elend, aber kühn“ vorstellt,[3] steht der „Aufseher des Stifts“ Bernard gegenüber. Dieser Bernard ist, obwohl er einem Stift mit dem sprechenden Namen „St. Hiob“ vorsteht, selbst kein Leidender. Im Gegensatz zum blassen und elenden Cornelio lässt er es sich und seinen Besuchern ausgesprochen gut gehen, bewirtet sie mit teurem (weil über Land transportiertem) „Karawantee“ und hat Zeit und Muße, der aufgeklärten Sammlerleidenschaft und Kategorisierung von Naturgegenständen zu folgen: Er „zeigte uns auch sein Naturalienkabinett, das ziemlich vollständig ist, sonderlich an Konchylien“ (Weichtierschalen). Während der deutlich parallelisierten Besichtigung der Konchylien und der Wahnsinnigen übernimmt er gleichermaßen die Führung und ordnet das Betrachtete ein („Wir sahen ihrer hier einige und dreißig, alt und jung, Männer und Weiber, und aus allen Ständen“). Bernard personifiziert insofern beinahe überdeutlich eine distanzierte und wissenschaftliche Weltsicht, die – ganz im Sinne des Leitsinns der lichtbrin-

[2] Zitiert aus Hans Albrecht Koch: Die Illustrationen zum Werk von Matthias Claudius. In: Einheit in der Vielfalt. Festschrift für Peter Lang zum 60. Geburtstag, redaktionell betreut von Gisela Quast. Bern 1988, S. 270–295, hier S. 280.

[3] Matthias Claudius: Botengänge. Briefe an Freunde. Hg. von Hans Jessen. Berlin 1965, S. 330.

genden Aufklärung – optisch konnotiert ist: er ist „Aufseher", und unter seiner Leitung wird St. Hiob „besehen". In seiner Abhandlung *Über den Ursprung der Sprache* bezeichnet Claudius' Freund Herder den Gesichtssinn als „kalt und gleichgültig"[4] – Claudius hat die Schrift bereits im I./II. Teil des *Asmus* rezensiert (SW S. 78–80). Das Auge zeichnet bei Herder insofern eben jene distanzierte Gleichgültigkeit aus (die Kant 1790 in der *Kritik der Urteilskraft* auch auf die Ästhetik überträgt[5]), die im *St. Hiob* durch die Berührung des Cornelio überwunden wird („wir schieden, nicht ganz gleichgültig").

Im abschließenden Gespräch mit der Besuchergruppe wird der Krankenpfleger den Sehsinn selbst thematisieren. Auf die Frage, wie er es aushalten könne, sich dieses Elend tagtäglich anzusehen, antwortet er: „Ist es darum weniger, wenn ich es nicht sehe?" Damit zielt er auf die Begrenztheit des menschlichen Blicks, die Claudius auch im *Abendlied* aufs Korn nimmt, wenn es in der dritten Strophe heißt: „So sind wohl manche Sachen, / Die wir getrost belachen, / weil unsre Augen sie nicht sehn" (SW S. 217). Allerdings wertet er damit nicht das Auge als Sinnesorgan im Besonderen ab, sondern will vor der menschlichen Hybris warnen, die sich in den Leitvokabeln der zeitgenössischen Philosophie insbesondere an der Metaphorik des Sehens festmacht, wenn man beispielsweise durch Abstraktion eine ‚Anschauung' bzw. ‚Erkenntnis' der gesamten Schöpfung gewinnen will („Die Herren Philosophen (...) abstrahieren der Natur ja das Fell über die Ohren", SW S. 30). Claudius wird nicht müde, auf die Begrenztheit aller Sinne in dieser Hinsicht hinzuweisen: „Was der liebe Gott alles für Weltkräfte erschaffen und wie er sie gegeneinander geordnet hat, das ist alles vor

---

4 *Über den Ursprung der Sprache.* In: Johann Gottfried Herder: Werke, hg. von Wolfgang Pross. München/Wien 1987, Bd. 2, S. 300.

5 Immanuel Kant: Kritik der Urteilskraft und Schriften zur Naturphilosophie. In: Ders., Schriften in sechs Bänden, hg. von Wilhelm Weischedel, Bd. 5, Wiesbaden 1957, § 2, S. 281: „Man muss nicht im mindesten für die Existenz einer Sache eingenommen, sondern in diesem Betracht ganz gleichgültig sein, um in Sachen des Geschmacks den Richter zu spielen."

unsern Augen verborgen, und ich wäre sehr geneigt, die ganze sichtbare Welt als eine Glocke anzusehen, die wir davon läuten hören, ohne recht zu wissen, in welchem Turm sie ist" (SW S. 119). Wie sein *Alter Ego* Cornelio plädiert er daher für eine Wahrnehmung, die nicht durch Abstraktion die Welt erfassen will, sondern sich mit allen Sinnen von ihr berühren lässt. Einer der „Unsinnigen" im *Besuch im St. Hiob* führt den Besuchern, ohne dass es ihnen bewusst würde, diesen Sinn fürs Konkrete vor: er „streckte die Hand heraus" aus seiner Klappe, und statt sich über das hineingelegte Geld (*die* Abstraktionsleistung der Moderne schlechthin) zu freuen, bittet er „flehentlich um ein ganz kleines Stückchen Zucker".

Trotz dieser unterschwelligen Aufwertung des Gefühls zuungunsten des Auges ist sich die Forschung einig, den *Besuch im St. Hiob* nicht etwa als Paradetext der Empfindsamkeit zu lesen. Es genügt schon der Hinweis darauf, dass Cornelio jeden Versuch einer Umarmung unterbindet („er habe sich das Umarmen abgewöhnt"), während doch die Umarmung – dokumentiert durch Briefe und Poesie – als die typische Geste des empfindsamen Liebes- und Freundschaftskults schlechthin gilt. In der Erstausgabe des *Asmus IV* ist der Kupferstich genau dort eingefügt, wo auf der neuen Seite oben Cornelios Äußerung steht, so dass seine Geste der Berührung im Bild und seine Abwehr des Umarmens im Text unmittelbar aufeinander folgen – das Berührtwerden, auf das die Erzählung abzielt, ist insofern nicht mit einem Plädoyer für das Gefühlige schlechthin zu verstehen. Im direkten Umkreis des Textes findet sich zudem ausreichend Kritik an einer übertriebenen „Empfindelei" („Du hast recht, Vetter, es wird in diesen Jahren mit Empfindungen und Rührungen ein Unfug getrieben, daß sich ein ehrlicher Kerl fast schämen muß gerührt zu sein", SW S. 223). Claudius' Schreiben kann zudem schon durch seine anthropologische Grundhaltung nicht mit einer Empfindsamkeit übereinstimmen, wie sie sich in den Oden des befreundeten Klopstock ausdrückt, dessen poetische Empfindung ihn immer wieder über den Tod hinaus katapultiert („Aber wie fühl' ich es auch, / Wie groß ich werde seyn! // (...) Ein kurzer, schneller, geflügelter Augenblick, / Er heisset Tod! dann wird ich es seyn!"[6]). In *Die Glückseligkeit Aller* reicht das Gefühl bis ins Unendliche („wie *fühl'* ich es auch") und überwindet alle Grenzen, insbesondere die der Sterblichkeit.

Dagegen entspringt die von Cornelio im *St. Hiob* evozierte Empfindung unmittelbar dessen eigener Erfahrung mit dem Elend des Sterbens, dem er sich täglich aussetzt. Anders als der Stiftsleiter Bernard, der von dem Leiden in seinem Stift unberührt bleibt, hat Cornelio zuvor Liebe und Freundschaft an den Tod verloren und daraus offenbar gelernt, dass nichts auf der Welt festzuhalten (zu umarmen) ist. Erst dieses Erlebnis der eigenen Hilflosigkeit im Angesicht des Todes ließ ihn zum Krankenpfleger werden: „Dem starb seine Frau und sein Freund, und darauf ging er in den St. Hiob als Krankenwärter." Diese kurze Charakterisierung des Krankenpflegers am Beginn der Erzählung wird aufmerksame Leser des *Asmus* motivieren, einige Seiten zurückzublättern. Vor dem *Besuch im St. Hiob* steht das *Passe-Temps zwischen mir und meinem Vetter in der Schneiderstunde (Twilight)*, und wiederum davor das Gedicht *Der Mensch*. Beide Texte relativieren die hoffnungsfrohe Auferstehungsgewissheit beträchtlich, die man Claudius gerne zuschreibt. Am Ende von *Der Mensch* steht bekanntlich nicht – wie bei Klopstock – der Tod als „kurzer, schneller, geflügelter Augenblick", auf den die Unendlichkeit folgt, sondern vielmehr ein lakonischer Satz aus der Perspektive des Diesseits: „Und er kömmt nimmer wieder" (SW S. 248).[7] In beiden dem *Besuch im*

---

[6] *Die Glückseligkeit Aller* (1759), Friedrich Gottlieb Klopstock: Ausgewählte Werke, hg. von Karl August Schleiden. München 1962, S. 95–98, hier S. 98. Claudius kommentiert Klopstock im *Asmus* folgendermaßen: „Ich stellte mir den Dichter vor, als 'n schönen weichherzigen Jüngling, der zu gewissen Stunden plethorisch wird und so desperat als wenn unsereinen der Nachtmoor reitet, und denn tritt 'n Fieber ein, das den schönen weichherzigen Jüngling heiß und krank macht, bis sich die Materia peccans in eine Ode, Elegie oder des etwas sezerniert; und wer ihm zu nahe kommt, wird angesteckt" (SW S. 53).

[7] „An den zeitgenössischen Bemühungen der Gelehrten um ‚Aussichten in die Ewigkeit' beteiligt sich Claudius nicht", schreibt Annelen Kranefuss in ihrem Kommentar zu *Der Mensch* und weist ebenfalls

St. Hiob vorangehenden Texten weckt der Tod ein tiefes Gefühl der Hilflosigkeit: Im *Passe-temps* steht der Erzähler am Totenbett seiner Mutter, wo ihm alle Gelehrsamkeit nicht weiterhelfen kann: „Ich dachte an alle die großen und kleinen Erfindungen der Menschen, (...) aber es wollte mir alles nichts verschlagen – und sie lag out of reach! lag am Abhang und sollte herunter! und ich konnte nicht einmal sehen wo sie hinfiel. – – Da befahl ich sie Gott, und ging hinaus ... und machte ein Sterbegebet daß sie's ihr vorläsen. Es war meine Mutter und hatte mich immer so liebgehabt, und ich konnte doch nichts anders! –" (SW S. 256). Auch der gelehrteste Kopf sieht dem Sterben eines geliebten Menschen hilflos zu und kann letztlich nur einen Sterbegesang anstimmen: das ist die Botschaft, die dem *Besuch im St. Hiob* voransteht. Nicht zuletzt ist die Tatsache, dass es sich bei dieser Äußerung um ein Gedicht handelt, ein deutlicher Hinweis auf Claudius' poetische Anthropologie der Endlichkeit. In diesem Kontext gelesen wird auch der Gesang der vier wahnsinnigen Brüder aus dem *Besuch im St. Hiob* existenziell aufgewertet. Sie erscheinen nicht mehr als verrücktes Kuriosum unter vielen anderen Verirrungen der menschlichen Seele („die merkwürdigsten von allen"), wenn sie – ansonsten fast immer schweigend – ausschließlich beim Klang der Totenglocke mit ihrem Sterbelied die Stimme erheben. Ihr ganzes Leben konzentriert sich vielmehr unbeirrt auf die Verkündung des Todes, den gerade die philosophischen und literarischen Aufschwünge in Claudius' Gegenwart so nachdrücklich zu umschiffen suchen. Sie singen das „Sterbelied", das dem Menschen im *Passe-temps* als das Einzige im Angesicht des Todes zu äußern bleibt, und mit diesem akustischen Eindruck endet die Erzählung. Vor diesem Hintergrund wird auch die

---

auf das nachfolgende *Passe-temps* hin (dies.: „Und er kömmt nimmer wieder". Poetische Endlichkeitsreflexion bei Matthias Claudius. In: Verf./Torsten Hoffmann (Hg.): Anthropologien der Endlichkeit. Göttingen 2011, S. 37–54.

Auferstehungserwartung, die sich in dem Kirchenlied der Brüder ausspricht („bis am Jüngsten Tage“ [8]), deutlich relativiert.

Auch zu den vier Brüdern hat Claudius bei Chodowiecki mit dem Brief vom 3. Oktober 1782 einen Kupferstich in Auftrag gegeben, der sie abbilden sollte als „vier Wahnsinnige, die zwei und zwei gegen einander über ganz stille sitzen in einer Stube eines großen Hospitals“.[9] Von einem Brunnen im Hintergrund des Hofes, der in Chodowieckis Kupferstich als Auferstehungssymbol zu sehen ist, schreibt Claudius nichts. Doch auch wenn der Blick durch die Perspektive und Beleuchtung auf die Wasser (des Lebens) schöpfende Frau gelenkt werden mag, so tritt dies vor den Gestalten der vier Brüder merklich in den Hintergrund. Deren Mimik und Haltung des duldenden, stumpfsinnigen oder gequälten Leides dominiert das Bild – im Text erfährt man von ihrer Geschichte nur, dass ihnen „Vater und Mutter (…) im St. Hiob gestorben“ waren, was sie mit Cornelio und dem Verfasser des Sterbegedichts aus dem *Passe-temps* verbindet.

Damit ist auch eine Verbindung zwischen den beiden Teilen des St. Hiob-Stiftes hergestellt, die in der Erzählung zunächst auseinanderklaffen. Durch das Irrenhaus führt Herr Bernhard, während im Krankensaal Cornelio das Wort übernimmt („weil er hier am besten Bescheid wisse“); im Irrenhaus blickt man auf das Absonderliche, im Krankensaal dagegen in jedem Bett auf „einen Menschen (…), der elend war, mehr oder weniger.“ Erst an diesem Punkt der Erzählung scheinen sich die Leidenden von Kuriositäten in Menschen zu verwandeln, und als solche werden sie den Besuchern von Cornelio – im deutlichen Gegensatz zu den vorigen Erläuterungen Bernards im Irrentrakt – nahegebracht (er „sagte uns bei jedem Bette, den Namen des Kranken, seine Krankheit, wie lange er schon liege und sich quäle etc., auch allerhand Umstände aus ihrem Leben“). Doch die Omnipräsenz des Leidens am Tode, auf die Cornelio hin-

[8] Anders als im Kommentar der Winkler-Ausgabe angegeben, handelt es sich um eine Strophe aus Martin Schallings Kirchenlied *Herzlich lieb hab ich dich, o Herr* (vgl. EG Nr. 397).

[9] Claudius (wie Anm. 3), S. 330.

weist („sieht man es denn allein hier?"), umfasst auch die Wahnsinnigen nicht nur in Gestalt der vier Brüder („Ein anderer stand mit verstörten Haaren und zeigte immer mit dem Finger nach einem Stundenglas das an der Wand hing, und seufzte dazu"). Das Lied und Leid der Sterblichkeit und nicht die Auferstehungshoffnung beschreibt den gemeinsamen Nenner der wahnsinnigen Brüder, des Krankenpflegers mit seiner traurigen Vergangenheit, der verstorbenen alten Frau und schließlich auch der davon berührten, nicht mehr ganz so gleichgültigen Gruppe der Betrachter (der Aufseher dagegen verschwindet aus diesem Blickfeld, während er die Leiche wegschaffen lässt). Wie sehr Claudius vermeiden will, in eine Klopstock'sche Auferstehungsgewissheit zu verfallen, die sich über das menschliche Los in seiner Begrenztheit hinweghebt, wird durch einen Blick auf den nachfolgenden Text deutlich, in dem Claudius an die biblische Geschichte vom Sündenfall als Verlust der Unsterblichkeit erinnert. „Wir kommen mit Angst und Geschrei in die Welt, und fahren mit Herzeleid wieder in die Grube … und (…) gehen trostlos und verlassen, (…) in Schmerz und Krankheit, sind wahnsinnig und unsinnig, können nicht schlafen, müssen gehen und husten Tag und Nacht und Eiter und Blut speien (…). So wär's auch (…) wohl das natürlichste, daß (…) alle Menschen (…) sich zusammen satt weinten" (SW S. 260f.). Wenn man dies als nachträgliche Illustration der *conditio humana* im Zeichen des „St. Hiob" liest, dann muss man Claudius' Bericht aus dem Irren- und Krankenhaus als recht bodenständige Mahnung lesen, sich mit Cornelio auf das Mitgefühl und die menschliche Gemeinsamkeit im Leiden zu besinnen, anstatt durch intelligible oder empfindsame Höhenflüge den Tod aus den Augen zu verlieren.

Matthias Claudius

Der Bauer, nach geendigtem Prozess

Gottlob, daß ich ein Bauer bin;
  Und nicht ein Advokat,
Der alle Tage seinen Sinn
  Auf Zank und Streiten hat.

Und wenn er noch so ehrlich ist,
  Wie sie nicht alle sind;
Fahr ich doch lieber meinen M...
  In Regen und in Wind.

Denn davon wächst die Saat herfür,
  Ohn Hülfe des Gerichts;
Aus nichts wird etwas denn bei mir,
  Bei ihm aus etwas nichts.

Gottlob, daß ich ein Bauer bin;
  Und nicht ein Advokat!
Und fahr ich wieder zu ihm hin;
  So breche mir das Rad!

(SW S. 345)

Georg Steinberg

Aus nichts etwas oder aus etwas nichts?

„Bauer“ und „Advokat“ in Matthias Claudius’ Staats- und Gesellschaftskonzept

I. Einleitung

Matthias Claudius (1740-1815) veröffentlicht das Gedicht *Der Bauer, nach geendigtem Prozess* 1790 im V. Teil der „Sämtlichen Werke“ (SW S. 345). Es stellt dem Bauern den Advokaten gegenüber: Während letzteren die Zweifelhaftigkeit seiner Integrität und seine Streitsucht charakterisieren, begnügt sich der erstere damit, sein Feld zu bestellen. Der Erfolg, dass die Saat aufgeht, gibt dem Bauern recht, gerichtliche Hilfe geht hier fehl, woraus in der dritten Strophe die denkbar größte Entgegensetzung folgt: hier das Erschaffen, dort das Zerstören, hier etwas, dort nichts. Die schließende vierte Strophe findet den Bauern in seinem Urteil moralischer Überlegenheit bestätigt, eine Verwünschung gegen sich selbst spricht er aus, falls er nochmals mit dem Advokaten in Kontakt treten sollte.

Juristen konnotiert Claudius auch andernorts negativ, zum Beispiel in

Hinz und Kunz

(Dem Gerichtshalter in – – gewidmet)

K.: Hinz, wäre Recht wohl in der Welt?
H.: Recht nun wohl eben nicht, Kunz, aber Geld.
K.: Sind doch so viele die des Rechtes pflegen!
H.: Eben deswegen. (SW S. 54, 1772)[1]

Die negativen Eigenschaften der Angehörigen anderer Berufe spießt Claudius ebenfalls auf, etwa des Pfarrers,[2] Arztes[3] und

---

[1] Vgl. auch SW S. 782 (1771), S. 83 (1773): „Kastraten, und Ehebruch und Advokaten“, S. 71 (1774): „Prozesse...“.

[2] SW S. 95 (1771).

Gelehrten.[4] Doch über die dortigen wenn auch beißenden, so doch launigen Überzeichnungen geht das Gedicht vom Bauern und Advokaten deutlich hinaus, indem hier in besonderer Schärfe der Erstere dem Letzteren jede soziale Funktion abspricht, ihn für ausschließlich destruktiv und es für verwünschenswert erklärt, mit ihm zu tun zu haben. Dabei gibt es keinen Hinweis darauf, dass diese Sicht nicht Claudius' eigene ist. In zwei Schritten wird eine Deutung des Gedichts unternommen. Da es bemerkenswert ist, dass Claudius einen solchen Text verfasst, nachdem er selbst Rechtswissenschaft studiert hat, wird zunächst das ihm im Studium vermittelte Rechtsverständnis rekonstruiert. Darauf aufbauend wird das Gegensatzpaar Bauer/Advokat in Claudius' philosophische und gesellschaftliche Vorstellungen eingeordnet.

II. Claudius als Student der Rechtswissenschaft in Jena 1760–62

1. Studienorganisation und Lehrinhalte

Matthias Claudius geht, nachdem er 1755–59 die Lateinschule in Plön besucht hat, gemeinsam mit seinem Bruder Josias an die Universität Jena, wo beide zum Sommersemester das Studium der Theologie aufnehmen. Mutmaßlich weil er sich wegen eines Brustleidens für ungeeignet für den Beruf des Pastors hält oder aber weil die dortigen Auseinandersetzungen der verschiedenen theologischen Strömungen ihn befremden, wechselt Matthias 1760 zur Juristischen Fakultät. Die Brüder werden Mitglieder der Teutschen Gesellschaft, was zur Freundschaft mit dem Dichter Heinrich Wilhelm von Gerstenberg (1737–1823) führt. Josias verstirbt am 19. November 1760 an den Pocken. Matthias kehrt 1762 zu seinen Eltern nach Reinfeld zurück. – Dies berichten, kurz gefasst, die Biografien über Claudius' Lebensabschnitt in Jena.[5] Im Folgenden werden nur die Umstän-

---

3 SW S. 84 (1774); gegen Rechtsgelehrte, Geistliche *und* Ärzte: S. 852 (1773).

4 SW S. 71 (1774), S. 93f. (1774), S. 226 (1783).

5 Zuletzt Annelen Kranefuss: Matthias Claudius. Hamburg 2011, S. 22–33.

de und Inhalte seines rechtswissenschaftlichen Studiums näher skizziert.

Die Universität Jena, als landesherrliche thüringische Universität 1548 gegründet, erlebt eine Blütezeit in der zweiten Hälfte des 17. Jahrhunderts, tritt aber seit Beginn des 18. Jahrhunderts in ihrer Bedeutung allmählich zurück insbesondere hinter den Reformuniversitäten Halle (gegründet 1794) und Göttingen (gegründet 1737). Denn nun ist Jena wissenschaftlich konservativ ausgerichtet, kapselt sich inhaltlich ab und besetzt Dozentenstellen vielfach durch eigenen Nachwuchs; belastend wirkt auch die permanente Unterfinanzierung. Die Studentenzahlen – als äußerer Indikator wissenschaftlicher Bedeutung – erreichen ihr Maximum in den 1710er Jahren mit durchschnittlich 1800 eingeschriebenen Studenten; in den 1760er Jahren beträgt die Durchschnittszahl 700.[6] In der Mitte des 18. Jahrhunderts ist die Universität Jena – wie üblich – noch in vier Fakultäten gegliedert, die Philosophische oder Artistische, die Theologische, die Juristische und die Medizinische. Die durchschnittliche Dauer des Jurastudiums liegt bei drei bis vier Jahren – inklusive der vorbereitenden Studien an der Philosophischen Fakultät, die eine Fülle historischer, naturwissenschaftlicher und philosophischer Gebiete umfassen.[7]

Philosophische Basis der Rechtswissenschaft ist seit der Mitte des 17. Jahrhunderts das frühneuzeitliche Naturrecht, das in Abkehr vom christlich fundierten mittelalterlichen Naturrecht in der Vernunft des Menschen als sozialen Wesens gründet und – praxisorientiert – auf eine dem allgemeinen Wohl dienende Gesellschaftsordnung zielt. Einflussreichster Vertreter im 18. Jahrhundert ist Christian Wolff (1679–1754) mit seinem umfas-

---

6 Max Steinmetz: Geschichte der Universität Jena, Band I. Jena 1958, S. 172–177, 226; Erich Maschke: Universität Jena. Köln 1969, S. 28–48.

7 Für Jena Steinmetz (wie Anm. 6), S. 178f.; allgemein Laurence Brockliss: Lehrpläne. In: Walter Rüegg (Hg.), Geschichte der Universität in Europa, Band II. München 1996, S. 456–474.

senden deduktiven Naturrechtssystem.[8] Seinen rationalistischen Ansatz erklären seine Gegner, die Vertreter einer empiristischen (erfahrungsgegründeten) Erkenntnistheorie, für spekulativ und praxisfern; nach ihnen soll weniger die systematische Geschlossenheit als die Praxistauglichkeit Qualitätsmerkmal der Philosophie und Wissenschaft überhaupt sein. Der Richtungsstreit wird auch an der Jenaer Theologischen Fakultät ausgetragen, deren bedeutendster Dozent zu dieser Zeit Johann Georg Walch (1693–1775) ist, bei dem auch Claudius Vorlesungen hört.[9]

Die juristischen Fächer im engeren Sinn sind das Privatrecht, Strafrecht, Staatsrecht und Kirchenrecht. Die Privatrechtslehre orientiert sich noch an den Texten des Römischen Rechts, vor allem an dem unter Kaiser Justinian (reg. 527–565) entstandenen *Corpus Juris civilis*. In der Mitte des 18. Jahrhunderts zielt man darauf, gestützt auf diese Textvorlage, auf historische Quellen und auf die Analyse der Gerichtspraxis eine aktuell praxistaugliche Privatrechtslehre zu formulieren, den *Usus modernus pandectarum*.[10] Im Strafrecht wenden sich die aufklärerischen Impulse gegen die theologische Strafbegründung; Strafart und -höhe sollen sich demgegenüber an der Sozialschädlichkeit der Straftat orientieren und gesellschaftlich nützlich sein.[11] Das Staatsrecht ist traditionell gelehrt worden auf der Basis des *Corpus Juris civilis* sowie des *Corpus Juris Canonici*, einer aus Schriften des Kirchenrechtlers Gratian (um 1140) und päpstlichen Dekretalien hevorgegangenen Gesetzessammlung. Seit Mitte des 17. Jahrhunderts wird es an deutschen Universitäten unter Rückgriff auf deutschrechtliche Quellen und die

[8] Hinrich Rüping / Günter Jerouschek: Grundriss der Strafrechtsgeschichte, 6. Auflage. München 2011, Randnummern 150–161.

[9] Max Wundt: Die Philosophie an der Universität Jena. Jena 1932, S. 90–105; Steinmetz (wie Anm. 6), S. 192, 200–205; Kranefuss (wie Anm. 5), S. 24f.

[10] Helmut Coing: Die juristische Fakultät und ihr Lehrprogramm. In: Ders. (Hg.), Handbuch der Quellen und Literatur der neueren europäischen Privatrechtsgeschichte, Band II/1. Göttingen 1977, S. 3ff., S. 44–46.

[11] Rüping / Jerouschek (wie Anm. 8), Randnummern 162–182.

bestehende Verfassungsrealität als *Jus Publicum Romano-Germanicum* gelehrt, wobei die naturrechtliche Idee des Gesellschaftsvertrags allmählich an Einfluss gewinnt. Politisch stärkt dieses Konzept die Machtposition der Territorialfürsten – zu Lasten des Kaisers und des Klerus. So hat auch bis zur Mitte des 18. Jahrhunderts das Kirchenrecht an Bedeutung deutlich eingebüßt.[12]

Dafür, dass bestimmte Jenaer Dozenten der Rechtswissenschaft[13] besonderen Eindruck auf Claudius gemacht hätten, bestehen keine Anhaltspunkte. Anders ist dies bei der Kameralistik, oder, wie Claudius formuliert, den „Polizei- und nützlichen Wissenschaften", die er „hauptsächlich studiert" hat.[14] Diese neue Lehre erfährt einen Aufschwung um die Mitte des 18. Jahrhunderts. Sie ist das (konformistische) wissenschaftliche Seitenstück des im Territorialabsolutismus verwirklichten Merkantilismus, nach dem durch herrscherliche Wirtschaftslenkung Wachstum und Gewinnsteigerungen zugunsten des Fürsten erzeugt werden sollen. Neben der Ökonomie umfasst die Kameralistik die Verwaltungswissenschaft (sog. Polizeywissenschaft), das heißt die Lehre, wie der Fürst sämtliche zum Wohl der Untertanen notwendigen Mittel bereitstellen kann und wie sich Untertanen – treu und zugleich tätig – zur Förderung des Gemeinwohls zu verhalten haben. Da die Kameralistik von der „Politischen Klugheit" als einer (im weiteren Sinn) philosophischen Disziplin her entwickelt ist, wird sie an manchen Universitäten der Philosophischen Fakultät zugeordnet, an anderen der Juristischen, nämlich dem Jus Publicum.[15]

---

[12] Coing (wie Anm. 10), S. 39f., 42f.

[13] Details bei Steinmetz (wie Anm. 6), S. 180–184, 279–281.

[14] Brief an Gerstenberg vom 11.4.1763. In: Matthias Claudius, Botengänge. Briefe an Freunde, hg. von Hans Jessen. 2. Auflage. Berlin 1965 [im Folgenden: „Botengänge"], S. 18; auch Brief an Gerstenberg, 12.5.1763, ebd. S. 20.

[15] Jutta Brückner: Staatswissenschaften, Kameralismus und Naturrecht. München 1977; Hans Erich Bödeker: Das staatswissenschaftliche Fächersystem. In: Rudolf Vierhaus (Hg.), Wissenschaften im Zeitalter der Aufklärung. Göttingen 1985, S. 143ff.

In Jena etabliert und lehrt die Kameralistik Joachim Georg Darjes (1715–1791), Professor für Politik und Moral an der Philosophischen Fakultät, dessen beliebte Vorlesungen Claudius hört und der auch Leiter der Teutschen Gesellschaft ist.[16] Einen noch stärkeren persönlichen Eindruck auf Claudius macht aber offenbar – daraus zu schließen, dass er diesem sein Gedicht „Der nützliche Gelehrte“ widmet[17] – Darjes' Schüler Johann August Schlettwein (1731–1802), der bedeutendste deutsche Vertreter der in Frankreich entwickelten, sich dem Merkantilismus britischer Prägung entgegenstellenden ökonomischen Lehre der Physiokratie (wörtlich: Herrschaft der Natur). Eine ihrer zentralen Thesen ist, dass nur in der Landwirtschaft Mehrwert geschöpft wird, nicht in den anderen ökonomischen Sektoren (Handel, Handwerk u. a.). Die „Gaben der Natur“ sind demnach die Quelle des Wohlstandes, die in der Landwirtschaft Tätigen die „classe productive“, und dem Territorialfürsten fällt naturrechtlicherweise die Aufgabe zu, den hierauf basierenden Wirtschaftskreislauf zu errichten und zu gewährleisten.[18]

Hat Claudius sein Studium der Rechtswissenschaft und Kameralistik erfolgreich abgeschlossen? Der in der Traueintragung seinem Namen angefügte Zusatz „J.V.B.“ ist als Abkürzung für „Juris utriusque baccalaureus“ (Baccalaureus beider Rechte, das heißt des Weltlichen und des Kirchlichen Rechts) gedeutet worden; dem soll aber entgegenstehen, dass im Dokument der dritte Buchstabe (und dadurch der Zusatz im Ganzen) unklar, jedenfalls aber kein „B.“ sei.[19] Universitätsgeschichtlich ist zu

---

[16] Steinmetz (wie Anm. 6), S. 184–187; Wundt (Anm. 9), S. 105–119; Joachim Bauer / Gerhard Müller: Joachim Georg Darjes (1714–1791). In: Joachim Bauer / Jens Riederer (Hg.), Zwischen Geheimnis und Öffentlichkeit. Jena 1991, S. 129ff.

[17] SW S. 724f. (1763); vgl. Kranefuss (wie Anm. 5), S. 28–30.

[18] Diethelm Klippel / Ulrike Andersch: Schlettwein, Johann August. In: Neue Deutsche Bibliografie, Band 23, 2007, S. 66ff.; Bauer / Müller (wie Anm. 16), S. 148, 173–176.

[19] Helmut Glagla / Dieter Lohmeier (Hg.): Matthias Claudius 1740–1815. Heide in Holstein 1990, S. 116.

erläutern, dass die mittelalterlichen Grade – Baccalaureus, Lizenziat, Doktor – unterschiedlich lange beibehalten werden, wie überhaupt jede Universität die Handhabung der Examina selbst regelt, was zu großer Uneinheitlichkeit führt.[20] Angeführt von Preußen etablieren sich in Deutschland seit der Mitte des 18. Jahrhunderts staatliche Prüfungen als Voraussetzung für den Eintritt in den juristischen und kameralistischen Staatsdienst, was die Bedeutung der universitären Abschlüsse deutlich herabmindert.[21] Festzuhalten ist, dass Claudius sein Studium, wie damals nicht unüblich, nach (mutmaßlich) vier Semestern und Erwerb juristischer und kameralistischer Grundkenntnisse ohne formalen Abschluss beendet, ohne dass dies ein berufliches Scheitern bedeutet.[22]

2. Prägende Eindrücke

Das Studium der Rechtswissenschaft hinterlässt, nach der Quellenlage zu urteilen, bei Claudius keinen prägenden Eindruck. Im Kontext beruflicher Planungen schreibt er 1775 an Johann Gottfried Herder (1744–1803): „ich (...) weiß vom Staats- und Völkerrecht nicht viel, (...) habe die Institutions und Pandekten gehört und Historie, weiß aber von Institutions, Pandekten und Historie nicht mehr als eben zur Leibesnahrung und Notdurft usw."[23] Tatsächlich finden sich in Claudius' Werk kaum juristische Ausführungen im engeren Sinn. Insbesondere seine Stellungnahmen zum englischen Parlamentarismus (SW S. 294–

---

[20] Coing (wie Anm. 10), S. 50–53; Willem Frijhoff: Graduation and Careers. In: Hilde de Ridder-Symoens (Hg.), A History of the University in Europe, Volume II. Cambridge 1996, S. 355ff., 355–363.

[21] Vgl. Frijhoff (wie Anm. 20), S. 373-377; Wilhelm Bleek, Von der Kameralausbildung zum Juristenprivileg, Berlin 1972, S. 45–82; Gerhard Dilcher: Die preußischen Juristen und die Staatsprüfungen. In: Karl Kroeschell (Hg.), Festschrift für Hans Thieme, Sigmaringen 1986, S. 295ff.

[22] Anders Helmut Glagla: Matthias Claudius als Student in Jena. In: Auskunft 1991, S. 309ff.; widersprüchlich Herbert Rowland: Matthias Claudius, München 1990, S. 17.

[23] Brief an Herder, 2.8.1775, Botengänge S. 150.

298, 1790) und zur Erklärung der Menschenrechte von 1789 (S. 424–431, 1794) sind provozierend simpel und – im Juristischen – polemisch oberflächlich gehalten; mangels Interesse oder Kenntnissen verzichtet Claudius darauf, sich hier auf einen *juristisch* ernstzunehmenden Diskurs einzulassen.

Dem entspricht, dass Claudius nie einen juristischen Beruf anstrebt: „nach Glückstadt gehen und anfangen zu plädieren – das kann mir der Hunger nur süß machen."[24] Vorstellen kann er sich demgegenüber, mehr oder weniger ernstgemeint und konkret, eine „Sekretärstelle", „Auditeurstelle", „Hofmeister", Bergwerksverwalter in Norwegen, „Konrektor", eine „kleine Amtswalter pp Stelle", „Organist",[25] „Amtsverwalter und Hebungsbedienter",[26] „Postmeister oder sonst so was kleines auf dem Lande",[27] „Burgvogt" als „ruhige Stelle im Walde",[28] „Informator-Stelle".[29] Tatsächlich verdient er sein Geld, abgesehen von seiner schriftstellerischen, journalistischen und Übersetzungstätigkeit, als Sekretär, Erzieher und Bankrevisor,[30] letzteres auf sein Schreiben an den Kronprinzen von Dänemark von 1787 hin, das für seine schalkhafte Ambitionslosigkeit bezeichnend ist: „Ich wünschte irgend eine Stelle (...), nur eine, die mich nährt (...). Wenn es mir auch erlaubt sein würde, so wüßte ich nicht zu sagen, wozu ich eigentlich geschickt bin, und muß Ew. Königl. Hoheit untertänig bitten, daß Sie gnä-

---

[24] Brief an Gerstenberg, 28.12.1762, Botengänge S. 15.

[25] Briefe an Gerstenberg, 11.4.1763, Botengänge S. 18; 12.5.1763, S. 19f.; 2.10.1763, S. 22; 4.11.1768, S. 48; 3.9.1771, S. 78; 1774, S. 123.

[26] Brief an Gerstenberg, 21.8.1775, Botengänge S. 151; Brief an Herder, 1.9.1775, S. 160.

[27] Brief an Christoph Martin Wieland (1733–1813), 28.9.1775, Botengänge S. 163.

[28] Brief an Herder, 25.11.1775, Botengänge S. 175; vgl. auch Brief an Moser, 3.12.1775, S. 177f.

[29] Brief an Gerstenberg, 3.10.1780, Botengänge S. 297.

[30] Jeweils näher Kranefuss (wie Anm. 5), S. 39–43; 162, 200f.; 216f.

digst geruhen, ein Machtwort zu sprechen und zu befehlen, wozu ich geschickt sein soll."[31]

In zweierlei Hinsicht aber lässt sich Claudius durch die Studieninhalte prägen: Er macht sich ganz das pragmatisch-utilitaristische, erfahrungsorientierte und eklektizistische Wissenschaftsverständnis seiner Zeit zu eigen und verspottet die theoretisierend-formalistische Philosophie, etwa in dem Schlettwein gewidmeten Gedicht (SW S. 724f., 1763).[32] Auch übernimmt Claudius die wichtigsten Elemente der Kameralistik, speziell des Physiokratismus, in seine Sicht auf Politik und Gesellschaft im territorialabsolutistischen Staat.[33] Dies tritt in Claudius' Werk vielfach hervor, besonders deutlich aber, als er selbst im Rahmen der bestehenden Herrschaftsstrukturen wirkt, nämlich während seines Aufenthalts in Darmstadt 1776–77, als er, als Oberlandkommissar und Mitglied der Invalidenkommission, zur Stützung eines herrscherlicherseits angeordneten sozialen Reformprogramms eine Zeitung herausgibt.[34] Die literarischen Erträge dieser Zeit, veröffentlicht 1777 im III. Werke-Teil, kreisen vielfach um gesellschaftlich-politische Fragen, und Claudius reproduziert hier das kameralwissenschaftliche Pro-

---

[31] Brief an den Kronprinzen von Dänemark, 19.10.1787, Botengänge S. 360f.

[32] Vgl. auch SW S. 19ff. (1771); S. 26: „dürre Sandwüsten der Wolffischen Philosophie" (1771); S. 47: „wo (...) Weise in Professores der Dialektik ausarteten" (1771); S. 89 (1772); S. 255 (1783); vgl. Wolfgang Freund: Matthias Claudius. Eine Untersuchung zur Frömmigkeit des Wandsbecker Boten und dessen Stellung in der Zeit. Diss. Jena [Typoskript], 1988, S. 21–23; Siobhán Donovan: Der christliche Publizist und sein Glaubensphilosoph. Zur Freundschaft zwischen Matthias Claudius und Friedrich Heinrich Jacobi. Würzburg 2004, S. 55–58.

[33] Vgl. Jörg-Ulrich Fechner: Literatur als praktische Ethik. In: Hartmut Lehmann / Dieter Lohmeier (Hg.), Aufklärung und Pietismus im dänischen Gesamtstaat 1770–1820. Neumünster 1983, S. 217ff., 226–230.

[34] Jörg-Ulrich Fechner (Hg.): Hessen-Darmstädtische privilegirte Land-Zeitung 1777. Darmstadt 1978; zu den Umständen dort im Nachwort S. 217ff.; Kranefuss (wie Anm. 5), S. 139–158.

gramm: Der Herrscher soll für das Wohl der Untertanen sorgen, außenpolitisch durch Verzicht auf Krieg, insbesondere Eroberungen,[35] innenpolitisch durch „Gerechtigkeit", „Menschlichkeit", „Wohltun",[36] konkret durch Schonung des Untertanen[37] und Überlassung der ihm notwendigen Mittel.[38] Die Untertanen – im Zentrum stehen, entsprechend dem physiokratischen Konzept, die Bauern – leben tugendhaft und fröhlich im männlich dominierten Familienverband und fügen sich in die bestehende territorial-absolutistische Herrschaft (SW S. 109f., 1777), von der nur die individuelle innere Glaubensfreiheit ausgenommen ist (vgl. S. 344, 1790: „Antwort"). Sie sollen nicht fordern, aber sie dürfen den Fürsten ermahnen, seine Herrschaft gut auszuüben (S. 144f., 1777).

III. Bauer und Advokat: Philosophische und politische Antagonismen

Der V. Werke-Teil, dessen Subskriptionsanzeige Claudius am 15.12.1789 verfasst, steht über weite Strecken in expliziter Auseinandersetzung mit den aufklärerischen Positionen, die in die Französische Revolution münden. Das gilt für „Subskriptionsanzeige" und „Vorrede" (SW S. 277, 278, 1790), für die „Gespräche, die Freiheit betreffend" (S. 294ff., 1790), „Eine Korrespondenz mit mir selbst" (S. 310ff., 1790) das „Schreiben des Kaisers von J-p-n an einen gewissen –" (S. 313, 1790) sowie für

[35] SW S. 149 (1777); S. 154 (1777); auch bereits S. 14 Strophe 12 (1773); sodann auch S. 236 (1779); S. 218ff. (1779); S. 230 (1780); S. 188f. (1783); S. 232 (1783); S. 467ff. (1797); S. 550 Strophe 3 (1803); S. 965 (1809); S. 621 f. (1812); S. 966 (1814).

[36] SW S. 120 Strophe 6 (1777); zum „guten" Fürsten auch S. 123 (1777); S. 135, 144f. (1777); auch bereits S. 764 (1770).

[37] SW S. 156f. (1777); vgl. Fechner 1978 (wie Anm. 34), S. 277; Kranefuss (wie Anm. 5), S. 166f.; vgl. auch: SW S. 107 (1777): „mild"; S. 112 am „Ende der Fabel" (1777); S. 120 Strophen 2–5 (1777); auch bereits S. 58 „Die Biene" (1773); sodann auch S. 291 (1790).

[38] SW S. 121f. (1777); sodann auch S. 291 (1790).

die Gedichte „Der Bauer, nach geendigtem Prozess“ (S. 345) und „Urians Reise um die Welt“ (S. 345–348).

Im Gedicht vom Bauern und Advokaten eröffnet sich dabei, wenn man vom stärksten Gegensatzpaar (etwas/nichts) ausgeht, zunächst eine erkenntnistheoretische Dimension. Zur Philosophie Immanuel Kants (1724–1804), mit dessen Schriften sich Claudius in den 1790er Jahren beschäftigt, schreibt er 1792 an Friedrich Heinrich Jacobi (1743–1819): „Bei andern Menschen (...) geht das Treiben immer von Nichts zu Etwas, von Ideen zu Sachen pp. Kant treibt grade umgekehrt von Etwas zu Nichts, er verriegelt und verrammelt sich (...) gegen alle Sachen“.[39] Und 1797 fragt Claudius: „Soll ich meine Kinder die ‚kritische Philosophie‘ studieren lassen (...)? (...) Einige sagen, daß sie von nichts zu etwas, und andre wieder, daß sie von etwas zu nichts führe. Nun ist mir das Nichts von jeher in der Sache zuwider gewesen (...)“ (SW S. 455, 1797). Und in dem Gedicht „Vorfall“ scheitert der kritische Philosoph auf seiner Kutschfahrt daran, dass sein Wagen (auf dem Bock sitzt der „Imperativ“) nur mit „armen Postulaten“ bespannt ist. Der nahende Bauer ist es, der den Philosophen belehrt, dass solche „Mähren“, die „nichts in ’n Knochen“ haben, nicht ziehen können.[40]

Claudius reagiert mit Unverständnis und Ablehnung auf Kants Lehre;[41] einerseits ist sie vom Nützlichkeitsdogma seiner Studentenzeit allzu weit entfernt, andererseits scheint sie ihm unvereinbar mit seinem christlichen Standpunkt. Johann Georg Hamann (1730–1788) erkläre, so Claudius, „die Natur bis auf die erste Elemente zergliedern wollen, heiße Gottes unsichtbares Wesen ertappen wollen und sei vergebliche Arbeit. (...) Wie ich ein Samkorn in die Erde lege (...), so geht es auf (...) – das ist das Geschäft (...) der wahren Philosophie. Zerteile ich aber das Samenkorn in seine Bestandteile (...), so kann ich zwar wohl von sein Öl und Salz viel Theorie (...) zu Wege bringen, aber

---

[39] Brief an Jacobi, 9.2.1792, Botengänge S. 372.

[40] SW S. 940 (1797); auch S. 462-464 (1797); S. 948f. (1799); S. 535f. (1803); S. 599 (1803).

[41] Zum Ganzen Donovan (wie Anm. 32), S. 150–179; besonders S. 159–169 mit weiteren Belegen.

kein Wachsen, (...), und das ist das Geschäft (...) der falschen Philosophie."[42] Die Überlegenheit des Bauern über den kritischen Philosophen im „Vorfall" und im Gedicht vom Bauern und Advokaten, der Gegensatz zwischen der Schaffenskraft des Bauern und dem zerstörerischen Wirken des Advokaten beruhen demnach auf des Bauern – und Claudius' – besonderer Verbundenheit mit der Natur, die sie als Gottes Schöpfung und den Segen des Himmels als eigentliche kreative und ordnende Kraft wahrnehmen.[43] Lächerlich macht sich, wer dieses Verhältnis auf den Kopf stellt: „wie da nämlich die Sonne Fehler über Fehler gemacht, und ganze Stunden und Tage von abhänden hat kommen lassen (...) bis endlich Papst Gregor XIII. (...) mit Hülfe der höchsten Reichsgerichte (...) die Ordnung wieder hergestellt hat" (SW S. 311f., 1790).

Die Rigorosität, mit der im Gedicht vom Bauern und Advokaten letzterem die soziale Daseinsberechtigung abgesprochen und ausschließlich Destruktion zugeschrieben wird, wohingegen der Bauer am göttlichen Schöpfungsakt mitwirkt, ist demnach nur vordergründig (in physiokratischem Anklang) als berufsbezogen zu deuten, eigentlich geht es aber um die Gegenüberstellung zweier geistlicher und politischer Haltungen: Der

---

[42] Brief an Jacobi, 9.3.1792, Botengänge S. 380f.; vgl. auch Brief an Jacobi, 16.1.1792, S. 371.

[43] SW S. 20 (1771); S. 32 „Im Junius" (1772); S. 35ff. (1774); S. 54 (1774); S. 104ff. (1777); S. 114ff. (1778); S. 184ff. (1783); S. 206ff. (1783); S. 228 (1783); S. 291f. (1790); S. 361 Strophe 7–9 (1790); S. 362f. (1790); S. 446f. (1797); S. 470ff. (1797); S. 958 (1805); S. 671 (1812); vgl. Wolfgang Frühwald: Der Sonne und des Mondes Philosoph. In: Friedhelm Debus (Hg.), Matthias Claudius 250 Jahre – Werk und Wirkung. Symposium der Joachim Jungius-Gesellschaft der Wissenschaften Hamburg 31. August – 2. September 1990. Göttingen 1991, S. 13ff., 22–36; Annelen Kranefuss: „Es gibt was Bessers in der Welt". Zum poetischen „Unterricht von göttlichen Dingen" bei Matthias Claudius. In: Jörg-Ulrich Fechner (Hg.), Matthias Claudius 1740-1815. Leben – Zeit – Werk. Tübingen 1996, S. 181ff., 181–190; Johann Anselm Steiger: Matthias Claudius (1740–1815). Totentanz, Humor, Narretei und Sokratik. Heidelberg 2002, S. 49–59.

Bauer steht für den der Obrigkeit vertrauenden traditionsgebunden-christlichen Untertanen, und insofern ist Claudius selbst ein (in der Ich-Form dichtender) Bauer und seine Frau, Tochter eines Handwerkers, sein „Bauernmädchen".[44] Für das Gegenbild des die Vernunft überhöhenden, unruhestiftend-wühlerischen Untertanen steht der Advokat: „Was aber soll man (...) von einem Menschen erwarten, der kein Vertrauen hat; der alles selbst sehen und betasten will, und immer über seine Rechte brütet? (...) Er führt natürlich immer die Liste seiner Rechte bei sich, ist ungestüm, mißtrauisch, prätendiert immer nicht weniger als er kann, und weiß alles besser. – Und nun ein ganzer Staat von solchen Rechtsgelehrten!"[45] *Hierin* liegt das eigentliche gesellschaftlich destruktive Moment des „Advokaten".

IV. Schluss

Gut sein! Gut sein! ist viel getan,
  Erobern ist nur wenig;
Der König sei der beßre Mann,
  Sonst sei der beßre, König![46]

So formuliert Claudius 1775 im Alter von 35 Jahren in dem den I./II. Werke-Teil eröffnenden „Mein Neujahrslied". Hier scheint er die Bahnen des traditionellen aufgeklärten Absolutismus verlassen und dem (letztlich revolutionären) spätaufklärerischen Duktus bürgerlichen Selbstbewusstseins folgen zu wollen. Die Äußerung bleibt aber isoliert, bereits in den Texten der Darmstädter Zeit (1776–77) zieht er sich hiervon deutlich zurück. Die polarisierende Wirkung der Ereignisse in Frankreich[47] spiegelt sich sodann in der kompromisslosen gesellschaftspolitischen Positionierung des V. Werke-Teils des Asmus von 1790

---

[44] Statt aller Stellen nur: Brief an Gerstenberg, 3.9.1771, Botengänge S. 78.

[45] SW S. 423 (1794); vgl. auch S. 461 (1797): „ohn Streit und Advokaten".

[46] SW S. 14 (1773); vgl. auch S. 81 (1772): „Es ist besser...".

[47] Vgl. insbesondere SW S. 673f. (1812).

wider, im unüberwindlichen Antagonismus zwischen „Bauer“ und „Advokat“. Claudius’ zunehmend konservative Haltung[48] gipfelt in seinem Eintreten gegen öffentliche politische Diskussion, 1795 für die Wiedereinführung der Zensur,[49] wodurch er das Tischtuch zwischen sich und den politisch weiterdrängenden Kräften zerschneidet.[50]

---

48 Etwa SW S. 935 (1792); S. 543f. (1792); S. 448f. (1797); S. 459ff. (1797).

49 SW S. 449f. (1795); vgl. auch S. 935ff. (1793); S. 465 (1797); S. 947f. (1798).

50 Zu Claudius’ politischem Standpunkt Rainer Postel: Matthias Claudius und die norddeutsche Spätaufklärung. In: Debus (Hg.) (weiter wie Anm. 43), S. 41ff.; Hartmut Lehmann: Probleme einer Sozialgeschichte der Frommen. In: (wie zuvor), S. 143ff., 155–160; Christian Degn: Claudius und die Obrigkeit. In: Fechner (Hg.) (weiter wie Anm. 43), S. 19ff.; Wolfgang Martens: Claudius und die Französische Revolution. In: (wie zuvor), S. 43ff.; Klaus Langenfeld: Matthias Claudius und die Politik. In: Jahresschriften der Claudius-Gesellschaft 9 (2000), S. 26ff.; Peter Berglar: Matthias Claudius[,] mit Selbstzeugnissen und Bilddokumenten. 6. Auflage Reinbek 2003, S. 79–83, 100–102; Kranefuss (wie Anm. 5), S. 222–231.

Matthias Claudius

Eine Korrespondenz zwischen mir und meinem Vetter

Hochgelahrter

Hochzuehrender Herr Vetter,

Es wird dem Herrn Vetter bekannt sein, daß in den neuen Zeiten die alten Kirchenlieder verändert werden. Nun bin ich überzeugt, daß die Obrigkeit für die Untertanen nicht leicht besser sorgen, und ihnen nicht leicht etwas Bessers geben kann als ein gutes Gesangbuch. Denn über kräftige Kirchenlieder geht nichts; es ist 'n Segen darin, und sie sind in Wahrheit Flügel, darauf man sich in die Höhe heben und eine Zeitlang über dem Jammertal schweben kann. Auch mögen wohl viele Lieder nicht so sein, als sie sein sollten etc. das ist alles wahr. Aber ich weiß nicht, ob's an dem Verbessern oder an den Verbesserern liegt; genug, ich kann mir nicht helfen, daß es mich um einige alte Lieder nicht dauren und leid sein sollte. Das Kleid macht, dünkt mich, den Mann nicht; und wenn der Mann gut ist, so ist alles gut. Ob da ein Knopf unrecht sitzt, oder eine Naht schief genäht ist, darauf kommt am Ende wenig an; und wer sieht darnach? Man ist einmal daran gewöhnt, und oft steckts grade darin und muß so sein.

So ein: „Befiehl du deine Wege" z. E., das man in der Jugend, in Fällen wo es nicht so war wie's sein sollte, oft und andächtig mit der Mutter gesungen hat, ist wie ein alter Freund im Hause dem man vertraut und bei dem man in ähnlichen Fällen Rat und Trost sucht. Wenn man den nun, anders montiert, und im modernen Rock wiedersieht; so traut man ihm nicht, und man ist nicht sicher: ob der alte Freund noch darin ist – und ich sehne mich denn immer nach dem falschen Knopf und der schiefen Naht.

Und da pfleg ich wohl bisweilen in der Kirche, wenn die Gemeine nach der Verordnung singt, stillzuschweigen, und im Herzen die alte Weise zu halten; und da wollte ich nun gerne von dem Herrn Vetter wissen und vernehmen: „ob das auch gegen den Respekt ist den ich der Obrigkeit schuldig bin, und ob ich das mit gutem Gewissen tun kann; samt, wenn ich ganz allein und für mich bin: ob ich denn nur rein heraussingen darf?"

Ich hasse allen Ungehorsam von Herzen, so viel Aufhebens auch von einigen davon gemacht wird. Der ich die Ehre habe mit besondern Estim zu verharren

Hochgelahrter

Hochzuehrender Herr Vetter,

Dero

ergebenster Diener

Asmus.

Antwort

Die öffentliche Ordnung müßt Ihr nicht stören, Vetter; im Herzen könnt Ihr singen wie Ihr wollt. Denn übers Herz hat die Obrigkeit nichts zu befehlen. Und die *Grad*-Nähter noch weniger. Sein Diener etc.

(SW S. 343–344)

Klaus Goebel

Wozu Kirchenlieder da sind und was man nicht mit ihnen machen darf

Gedichte von Matthias Claudius sind, von einigen Ausnahmen abgesehen, erst lange nach seinem Tod in Kirchengesangbücher aufgenommen worden, und das ist auch nur über einen Umweg geschehen. Die beiden Gesangbuchlieder *Der Mond ist aufgegangen* und *Wir pflügen und wir streuen* waren nicht für den Gottesdienst bestimmt, sondern volksliedhafte Gesänge, die eher in geselliger Runde angestimmt wurden. Wie hätte Asmus, Matthias Claudius also, seine eigenen Gedichte aufgenommen, wären sie ihm im Kirchengesangbuch begegnet? Als „kräftige Kirchenlieder“ voll „Rat und Trost“ im Gottesdienst, in häuslicher Andacht und beim stillen Lesen, mit denen man „eine Zeitlang über dem Jammertal schweben kann“, hätte er seine eigenen Verse wohl kaum eingeschätzt und sich eher gewundert oder gar kritisch geäußert.

Aus Claudius’ Leben sind Kirchenlieder nicht wegzudenken. Reinhard Görisch spricht sogar von einer „Gesangbuchfrömmigkeit“.[1] Was Claudius von einem Kirchenlied erwartet, hat er schon in den Liedern kennen und verehren gelernt, die er im Vaterhaus und unter der Kanzel sang, wenn der Vater die Andacht und den Gottesdienst hielt. Es waren vor allem die Choräle der Reformationszeit und des folgenden 17. Jahrhunderts, die ihm ein Leben lang Rat und Trost vermittelten. „Befiehl du deine Wege“ stellt Matthias Claudius als Asmus im Brief an den – fiktiven – Vetter und bei anderer Gelegenheit besonders heraus. Es lässt sich auch als ein Leitmotto seines Lebens ansehen. Johann Crüger nahm das Lied in die 1653 erschienene 5.

---

[1] Reinhard Görisch, Die Sprache des Kirchenlieds in Matthias Claudius’ Werk. In: Friedhelm Debus (Hg.), Mattias Claudius 250 Jahre. Werk und Wirkung. Göttingen 1991 (Veröffentlichungen der Joachim Jungius-Gesellschaft Hamburg, 66), S. 90–103, hier 103.

Auflage seines Gesangbuchs *Praxis Pietatis Melica das ist: Übung der Gottseligkeit in christlichen und trostreichen Gesängen* auf.[2] Das Lied ist als Akrostichon verfasst. Die Eingangsworte der Strophen folgen fortlaufend dem fünften Vers von Psalm 37: Befiehl dem Herrn deine Wege und hoffe auf ihn, er wird's wohl machen. Die erste Strophe beginnt also mit „Befiehl", die zweite folgt mit „Dem Herren".

Die genaue Entstehung des Chorals, der zu den am meisten gesungenen von Paul Gerhardt gehört, ist unbekannt. Gerhardts Bedeutung für die Christenheit verdeutlicht Theodor Fontane in seinen *Wanderungen durch die Mark Brandenburg* an diesem Choral. Er bezeichnet ihn als „großes Trostes- und Vertrauenslied", das Gerhardt als Pfarrer in Mittenwalde verfasst habe. An der schwermütigen Stimmung seiner Frau habe das Lied „zum erstenmal seine wunderbare Kraft" erprobt. Ihr Leid sei in Tränen dahingeflossen, aus ihrer Trübsal Licht geworden. Die Szene ist erfunden. Der Autor der *Wanderungen* bringt uns jedoch Lebensjahre Gerhardts nahe, in denen einige der schönsten Lieder gedichtet worden seien, „die wir diesem volkstümlichsten unserer geistlichen Liederdichter verdanken". Am Schluss gerät Fontane ins Schwärmen: „Tausende wallfahrten nach Gohlis, um das Haus zu sehen, darin Schiller das ‚Lied an die Freude' dichtete. Mittenwalde besucht niemand, und doch war es in seinem Propsteigarten, dass ein anderes, größeres Lied an die Freude gedichtet wurde, das große deutsche Tröstelied ‚Befiehl du deine Wege'".[3]

---

2 Paul Gerhardt: Wach auf, mein Herz, und singe. Vollständige Ausgabe seiner Lieder und Gedichte. Hg. von Eberhard von Cranach-Sichart, ergänzt und mit Geleitwort von Christian Bunners. Wuppertal 2004, S. 254ff., S. 409.

3 Theodor Fontane: Wanderungen durch die Mark Brandenburg. Vierter Teil: Spreeland. Beeskow-Storkow und Barnim-Teltow. Hg. von Gotthard Erler und Rudolf Mingau†. Berlin 1991, S. 268ff. Zu Fontane und Gerhardt: Wilhelm Hüffmeier, „Ein Lied, ein Satz, ein Wort trägt unendliche Frucht". Paul Gerhardt bei Theodor Fontane. In: Günther Balders/Christian Bunners (Hg.), „Und was er sang, es ist noch nicht verklungen". Paul Gerhardt im Spiegel

Auch Claudius hat dieses Lied geliebt. Er verliert jedoch in seiner zweiten Lebenshälfte an vielen Kirchenliedern offensichtlich die Freude. Er traue den „alten Freunden“ nicht mehr, wie er dem Vetter schreibt. Dazu gehört auch das einst geliebte „Befiehl du deine Wege“, dessen Text er im neuen Gesangbuch nicht wiedererkennen konnte. Für die Kirchenregierungen, Theologen und sonstigen Gesangbuchverantwortlichen waren die alten Texte überholt. Sie hielten veränderten ästhetisch-stilistischen, theologischen und „sprachreinigenden“ Kriterien nicht mehr stand. Im 18. Jahrhundert drängte man im Geist aufgeklärter Theologie auf radikale Veränderungen. Neue Lieder traten auf den Plan, alte wurden redigiert und umgedichtet, so dass die ursprüngliche Textgestalt verschwand. Luthers und Gerhardts Lieder waren davon nicht ausgenommen. Leopold Zscharnack spricht sogar davon, dass seit den 1760er Jahren das evangelische Deutschland in wenigen Jahrzehnten mit neuen Kirchengesangbüchern, „die jenen Forderungen der Zeit formell und inhaltlich zu genügen suchten“, geradezu überschwemmt worden sei. Die Verbesserungen hätten zwar nicht schlechthin Neues gebracht, aber doch die „stärkste Loslösung von der bisherigen gemeinkirchlichen Gesangbuchüberlieferung“.[4] Seit den 1780er Jahren hat auch Claudius ständig solch ein Gesangbuch in Wandsbeck vor Augen, das neue deutschsprachige der dänischen Herzogtümer Holstein und Schleswig. Ebenso lernt er das neue Hamburger Gesangbuch kennen. Beide gehören zu dieser „Gesangbuchüberschwemmung“.

---

der Literatur. Berlin 2011, S. 11–26 (Beiträge der Paul-Gerhardt-Gesellschaft, 7).
Zu Claudius über Paul Gerhardt: Christian Bunners, Paul Gerhardt. Weg – Werk – Wirkung. Göttingen 2007, S. 233, 236f., 272f.; zuletzt: Reinhard Görisch, „Sie können den Paul Gerhard nicht lieber haben als ich ihn habe“. Geburtstagsgedenken mit Matthias Claudius. In: Jahresschriften der Claudius-Gesellschaft 16 (2007), S. 5–10.

[4] Leopold Zscharnack: Gesangbuch I. Geschichtlich. In: Hermann Gunkel/Leopold Zscharnack (Hg.), Die Religion in Geschichte und Gegenwart, 2. Bd., Tübingen 1928, Sp. 1076–1088, hier 1083.

Der ursprüngliche Text von Paul Gerhardt folgt hier der Erstveröffentlichung von 1653, die in den heutigen Gesangbüchern der gültigen Rechtschreibung und Zeichensetzung angepasst ist. Um den Vergleich zu erleichtern, ist die Umdichtung des Altonaer Gesangbuchs von 1780 danebengesetzt.

1. Befiehl du deine Wege
und was dein Herze kränkt
der allertreusten Pflege
des, der den Himmel lenkt.
Der Wolken, Luft und Winden
gibt Wege, Lauf und Bahn,
der wird auch Wege finden,
da dein Fuß gehen kann.

2. Dem Herren musst du trauen,
wenn dir's soll wohlergehn;
auf sein Werk musst du schauen,
wenn dein Werk soll bestehn.
Mit Sorgen und mit Grämen
und mit selbsteigner Pein
lässt Gott sich gar nichts nehmen,
es muss erbeten sein.

3. Dein' ewge Treu' und Gnade,
o Vater, weiß und sieht,
was gut sei oder schade
dem sterblichen Geblüt;
und was du dann erlesen,
das treibst du, starker Held,
und bringst zum Stand und Wesen,
was deinem Rat gefällt.

4. Weg hast du allerwegen,
an Mitteln fehlt dir's nicht;
dein Tun ist lauter Segen,
dein Gang ist lauter Licht;
dein Werk kann niemand hindern,
dein Arbeit darf nicht ruhn,
wenn du, was deinen Kindern
ersprießlich ist, willst tun.

1. Befiehl du deine wege
Und alles, was dich kränkt,
der treuen vaterpflege
Deß, der die himmel lenkt.
Der wolken, fluth und winden
Bestimmte lauf und bahn,
Der wird schon wege finden,
Die dein fuß gehen kann.

2. Ihm, ihm mußt du vertrauen,
Und froh auf deinen HErrn
Und seine werke schauen;
Denn er errettet gern.
Warum willst du dich grämen?
Will doch dein GOtt und HErr
Nicht dein gebet beschämen!
Wer ist so gut, wie er?

3. Er ist voll treu und gnade,
Und sorgt mit weiser huld,
Daß dir kein leiden schade;
Nur leide mit geduld!
Er wird dich schon beschützen;
Auch leiden müssen dir
Durch seine weisheit nützen;
Erwart es nur von ihr.

4. Er irrt in seinen wegen,
In seiner wahl sich nicht.
Sein thun ist lauter seegen;
Sein gang ist lauter licht.
Wer, wenn er seinen kindern
Ein glück beschieden hat,
Wer kann sein werk verhindern?
Wer seiner güte rath?

5. Und ob gleich alle Teufel
hier wollten widerstehn,
so wird doch ohne Zweifel
Gott nicht zurücke gehn;
was er sich vorgenommen
und was er haben will,
das muss doch endlich kommen
zu seinem Zweck und Ziel.

6. Hoff, o du arme Seele,
hoff und sei unverzagt!
Gott wird dich aus der Höhle,
da dich der Kummer plagt,
mit großen Gnaden rücken;
erwarte nur die Zeit,
so wirst du schon erblicken
die Sonn der schönsten Freud.

7. Auf, auf, gib deinem Schmerze
und Sorgen gute Nacht,
lass fahren, was das Herze
betrübt und traurig macht;
bist du doch nicht Regente,
der alles führen soll,
Gott sitzt im Regimente
und führet alles wohl.

8. Ihn, ihn lass tun und walten,
er ist ein weiser Fürst
und wird sich so verhalten,
dass du dich wundern wirst,
wenn er, wie ihm gebühret,
mit wunderbarem Rat
das Werk hinausgeführet,
das dich bekümmert hat.

9. Er wird zwar eine Weile
mit seinem Trost verziehn
und tun an seinem Teile,
als hätt in seinem Sinn
er deiner sich begeben,
und sollt'st du für und für

5. Und brausten alle stürme
Und wetter her auf sie:
Sie, unter seinem schirme
Vergiengen dennoch nie!
Im himmel und auf erden
Kann GOtt nichts widerstehn.
Was er beschließt, muß werden;
Was er gebeut, geschehn.

6. Vertrau ihm, meine seele;
Er will dein unglück nicht.
Daß er dein bestes wähle,
das glaub und zweifle nicht.
Er führt zu einer wonne,
Die, wenn dein gram entfleucht,
Dem glanze seiner sonne
Nach trüben tagen gleicht.

7. Entreiß dich allen sorgen;
Sey frölich; immer sey
Dir, wie er herrscht, verborgen:
Gehorch und sey ihm treu!
Du kannst ja nicht die welten
Nicht erde, luft und meer
Regieren; nicht vergelten
Mit gleicher macht, wie er.

8. Ihn, ihn laß thun und walten;
Er ist ein weiser fürst.
Er wird sich so verhalten,
Daß du ihn preisen wirst;
Wenn er, wies ihm gebühret,
Mit wunderbarem rath
Sein grosses werk vollführet,
Das dich bekümmert hat.

9. Zuweilen mags wohl scheinen;
Dir, als verstellt' er sich;
Als hört er dich nicht weinen,
Als übersäh er dich.
Doch, wird in trüben stunden
Dein herz nur heilig, rein

in Angst und Nöten schweben, als frag er nichts nach dir.	Und ihm getreu erfunden: Wie wird er dich erfreun!
10. Wird's aber sich befinden, dass du ihm treu verbleibst, so wird er dich entbinden, da du's am mindsten glaubst; er wird dein Herze lösen von der so schweren Last, die du zu keinem Bösen bisher getragen hast.	
11. Wohl dir, du Kind der Treue, du hast und trägst davon mit Ruhm und Dankgeschreie den Sieg und Ehrenkron; Gott gibt dir selbst die Palmen in deine rechte Hand, und du singst Freudenpsalmen dem, der dein Leid gewandt.	10. Wohl dir! Er ist der treue! Du hast, du trägst davon, Daß dich dein kampf nicht reue, Den sieg durch seinen Sohn. Er reicht dir selbst die palmen; Und du frohlockest GOtt, Und dankst in hohen psalmen Dem retter aus der noth.
12. Mach End, o Herr, mach Ende mit aller unsrer Not; stärk unsre Füß und Hände und lass bis in den Tod uns allzeit deiner Pflege und Treu empfohlen sein, so gehen unsre Wege gewiss zum Himmel ein.	11. So hilf uns bis ans ende! Gieb, GOtt, gelassenheit! Was du beginnst, vollende Zu unsrer seligkeit! So werden wir, erhoben Ins reich des lichts, o GOtt, Dich ewig, ewig loben, Dich, retter aus der noth!

Claudius hat sich deutlich gegen eine vernunftgläubige neue Theologie gewandt. Freund Andres sei ja der Meinung, man solle schweigen, bis deren „Schwindel wie der Revolutionsschwindel“ vorübergegangen sei. Dem könne er aber nicht zustimmen. Der Christusglaube lebe von der Offenbarung Jesu und nicht von dem, was die Vernunft erfasse (Über die Neue Theologie, an Andres, VII. Werke-Teil 1802, SW S. 598f.). Andererseits war der Bote aber kein ausgesprochener Gegner der Aufklärung, als den ihn seine Haltung zu den neuen Gesangbüchern zu bestätigen scheint. Rainer Postel hat sich dafür ausgesprochen, Claudius in dieser Hinsicht differenzierter zu sehen, und auf die aufklärerisch-erzieherische Tendenz im

Wandsbecker Boten hingewiesen. Auch seiner Forderung, Friedensliebe und Humanität zu üben und sie vor allem von Herrschern zu erwarten, habe unmittelbar das aufklärerische Gebot religiöser Toleranz zugrunde gelegen.[5] Überlieferte Formen hat der Bote auch nicht absolut gesetzt. Aber gerade im Gesangbuch respektiert er sie, weil man einmal daran gewöhnt ist und die alten Glaubenslieder persönliche Bedeutung erlangt haben, stellt Herbert Rowland im Blick auf die Kritik fest, die Asmus gegenüber dem hochgelahrten Vetter an den Gesangbuchveränderungen übt.[6] Diesem Respekt gibt er dadurch Ausdruck, wie der Vetter erfährt, dass er in der Kirche stillzuschweigen und im Herzen die alte Weise zu halten pflege, wenn die Gemeinde nach der Verordnung sänge.

Aber Claudius ging in seiner Distanz zum neuen Gesangbuch noch weiter. Wir besitzen ein anschauliches Zeugnis seiner Haltung aus der Feder der Enkelin Agnes Perthes (1798–1868). Sie war in Hamburg aufgewachsen und in ihrer Kindheit oft von Hamburg nach Wandsbeck herübergekommen. Jeden Sonntag, heißt es in 1864 niedergeschriebenen Erinnerungen an die Großeltern, habe die ganze Familie den Gottesdienst besucht. „Großmama saß unten in der Kirche auf ihrem Ehrenplatz, wir Andern standen unter der Orgel." Großvater Matthias aber hatte die Familie offensichtlich nicht begleitet, denn die Enkelin beobachtete: „Großpapa ging immer spät zur Kirche, weil er den Gesang aus dem dänischen Gesangbuch nicht gern mochte."[7] Claudius toleriert offenbar, dass Rebecca mit Kindern und Enkeln am Gottesdienst von Beginn an teilnimmt und das neue Gesangbuch verwendet.

Das seit 1780 in den holsteinischen Gotteshäusern verwendete und mit der Kostprobe des umgedichteten „Befiehl du deine Wege" vorgestellte Gesangbuch bringt im Titel zum Ausdruck,

---

[5] Rainer Postel, Matthias Claudius und die norddeutsche Spätaufklärung. In: Friedhelm Debus (wie Anm. 1), S.41–59, hier 51 und 56.

[6] Herbert Rowland: Zur Theorie der Sprache bei Matthias Claudius. In: Friedhelm Debus (wie Anm.1), S. 61–76, hier 70.

[7] Zitiert nach Reinhard Görisch: Matthias Claudius oder Leben als Hauptberuf. 2., überarbeitete Auflage Marburg/Lahn 2014, S. 51.

wer für das Buch die Verantwortung trägt: *Allgemeines Gesangbuch, auf Königlichen Allergnädigsten Befehl zum öffentlichen und häuslichen Gebrauche in den Gemeinen des Herzogthums Schleswig, des Herzogthums Hollstein, der Herrschaft Pinneberg, der Stadt Altona und der Grafschaft Ranzau gewidmet und mit Königlichem Allerhöchsten Privilegio herausgegeben.* Es wird nach dem Druckort auch kurz *Altonaer Gesangbuch* genannt. Seine 915 Lieder finden sich in drei Abteilungen. Unter der Überschrift „Zeitlieder“ umfasst die mit 57 Liedern kleinste Abteilung Morgen-, Tisch-, Abend- und Sonntagslieder sowie solche über den Anfang des Kirchenjahres und Neujahr. Die zweite enthält 505 „Lieder über die Lehren des christlichen Glaubens“, die kaum weniger umfangreiche dritte „Lieder über die Tugendlehren des Christenthums“.

Die Nennung des Königs auf dem Titelblatt erweist sich unter den gegebenen Umständen als bloße Formsache. König Christian VII. ist geisteskrank und ein Spielball wechselnder politischer Kräfte, die in Kopenhagen die tatsächliche Macht ausübten. 1773 hatten seine außenpolitischen Berater mit der russischen Zarin Katharina II. in Zarskoje Selo einen Vertrag geschlossen, wonach die Romanows auf ihren Besitz in Holstein zugunsten Dänemarks verzichteten. Jetzt war die dänische Regierung bestrebt, in den Herzogtümern Schleswig und Holstein einheitliche Strukturen herzustellen. Dazu gehörte, die bisherigen lutherischen Gesangbücher für Holstein und Schleswig durch ein gemeinsames Gesangbuch zu ersetzen. Die Zuständigkeit für Gesangbücher lag in vielen Staaten, die in der Reformation evangelisch geworden waren, in staatlicher Hand. Alle Kirchenangelegenheiten verwalteten staatlicherseits eingesetzte Generalsuperintendenten und Konsistorien. Das wurde zwar immer wieder beklagt, aber erst im 20. Jahrhundert grundlegend geändert. So blieb auch das Gesangbuch von 1780 noch lange nach Claudius’ Tod in Gebrauch. Ihm folgte 1883, als Holstein und Schleswig längst zu einer preußischen Provinz verschmolzen waren, das *Evangelisch-lutherische Gesangbuch der Provinz Schleswig-Holstein.*

Vier Jahre nach dem Erscheinen des neuen Gesangbuchs änderten sich die dänischen Machtverhältnisse grundlegend. Christian VII. blieb angesichts seines unheilbaren Krankheitszustandes nur noch auf dem Papier König. An seine Stelle trat 1784 der 16-jährige Kronprinz Friedrich als dänischer Regent. Er folgte dem Vater nach dessen Tod 1808 als König Friedrich VI. Claudius feiert ihn in seinem Poem *Wir Wandsbecker an den Kronprinzen den 10. Julius 1787*. Das Gedicht geht der „Korrespondenz zwischen mir und meinem Vetter" im V. Teil der „Sämtlichen Werke" von 1790 unmittelbar voraus. Seit Mitte der 1780er Jahre hatte der Kronprinz Claudius mit einer Jahresrente von 200 Reichstalern unterstützt und übertrug ihm aufgrund eines Bittbriefs 1788 die Stelle eines Ersten Revisors bei der Königlichen Speziesbank Altona. Claudius hatte die Aufgabe, mehrfach im Jahr für einige Tage die Kasse zu prüfen. Die Bank befand sich im Einflussbereich des Grafen Heinrich Ernst von Schimmelmann. Der Wandsbecker Gutsherr pflegte ein gutes Verhältnis zu seinem geschätzten Nachbarn Claudius. Das ihm entgegengebrachte Wohlwollen veranlasste Claudius aber nicht, dem Königshaus in Kopenhagen wie auch dem holsteinischen Adel gegenüber auch weiterhin seine Unabhängigkeit aufzugeben, die sich mit Luther als „Freiheit eines Christenmenschen" bezeichnen lässt. Er scheute sich auch nicht, Herrscher zu kritisieren, wenn Gewaltanwendungen vorlagen oder ihm ihr Handeln ungerecht erschien. Einen fürstlichen Absolutismus lehnt er ab: „Ach, die Kronen sind nicht ohne Bürden, / Sind nicht ohn' Gefahren, Kind! / Und es gibt für Menschenkinder Würden, / die noch größer sind; // *Sondern*: dass wir hier ein Land bewohnen, / Wo der Rost das Eisen frißt, / Wo durchhin, um Hütten wie um Thronen / Alles brechlich ist" (*Als der Sohn unsers Kronprinzen, gleich nach der Geburt, gestorben war*, VI. Werke-Teil 1797, SW S. 451). Aber Claudius bejaht die monarchische Staatsform und hatte mit seiner Ablehnung der Französischen Revolution schon deutlich gemacht, wo er politisch stand. Wenn er dem Vetter gegenüber äußert, er hasse allen Ungehorsam von Herzen, so viel Aufhebens auch von einigen davon gemacht werde, so drückt er damit seine Übereinstimmung mit Luthers Obrigkeitsverständnis aus.

Mit der inhaltlichen Gestaltung des Altonaer Gesangbuchs, das Claudius in seinen letzten Lebensjahrzehnten begleiten sollte, hatte die Regierung den Kieler Theologieprofessor Johann Andreas Cramer beauftragt. Der ehemalige Kopenhagener Hofprediger, der im Erscheinungsjahr 1780 Kanzler der Christian-Albrechts-Universität Kiel werden sollte, war ein gründlicher Kenner der Gesangbuchgeschichte, fruchtbarer Verfasser neuer und tatkräftiger Veränderer alter Kirchenlieder. In der zeitgenössischen geistlichen Poetenzunft kannte er sich aus und hatte einige ihrer Häupter zu Bekannten und Freunden, darunter Friedrich Gottlieb Klopstock und Christian Fürchtegott Gellert. Von einem Gesangbuch, das den Bedürfnissen seiner Zeit entsprechen sollte, besaß Cramer darum feste Vorstellungen. Nicht von ungefähr waren Klopstock und Gellert mit je etwa 60 Liedern vertreten. Cramer selbst hatte 245 Gedichte verfasst, die sich hauptsächlich im dritten Teil finden. Das Altonaer Gesangbuch gilt als Cramers Hauptwerk[8].

Wo Wandsbeck und das dänische Herzogtum Holstein endeten, begann das Territorium der Freien und Hansestadt Hamburg. Claudius hatte auch immer wieder *Das Neue Hamburgische Gesangbuch zum öffentlichen Gottesdienste und zur häuslichen Andacht ausgefertiget von dem Hamburgischen Ministerio. Mit eines Hochedlen und Hochweisen Raths Special-Privilegio* vor Augen. In dessen 1788 erschienener 2. Auflage kam Paul Gerhardts Lied in einem kaum weniger „modernen Rock“ daher, war zudem auf acht Strophen geschrumpft und des Akrostichons ebenfalls ledig.

Claudius drückte sich noch freundlich und beinahe nachsichtig aus, wenn er die Fassung des Altonaer Gesangbuchs „anders montiert“ und in einen „modernen Rock“ gesteckt sieht. Im veränderten Text von 1780 ist vom Akrostichon nämlich nichts geblieben. Ein aufgeklärter Autor hat über Bord geworfen, was seiner Meinung nach unvernünftig erscheint und inhaltlich wie sprachlich unmodern oder falsch ist. Um nur zwei Beispiele aus der ersten Strophe zu zitieren: Die „Luft“, von der man im Ge-

---

[8] H. Adolphsen: Johann Andreas Cramer. In: Die Religion (weiter wie Anm. 4), 1. Bd., Tübingen 1927, Sp. 1738.

gensatz zum Wind physikalisch weder Lauf noch Bahn zu kennen meint, wird durch „Flut“ ausgewechselt. „Wege ... da dein Fuß gehen kann“ – nein, das muss „Wege ... die dein Fuß gehen kann“ heißen. Claudius aber, verbindlich im Ton, bleibt ablehnend und sehnt sich angesichts solcher Veränderungen „nach dem falschen Knopf und der schiefen Naht“.

Bleibt noch, nach dem „Estim“ zu fragen, mit dem Asmus den Vetter am Schluss grüßt. Wir kennen „ästimieren“, jemanden schätzen. Aus „Estim“ leiten wir ab, dass Asmus dem Vetter mit Achtung begegnet, und wollen ihm glauben, dass dahinter nicht das eher Distanz als Nähe ausdrückende, oft zur Leerformel gewordene „Mit vorzüglicher Hochachtung“ steckt.

Matthias Claudius

Frau Rebekka mit den Kindern,
an einem Maimorgen

Kommt Kinder, wischt die Augen aus,
  Es gibt hier was zu sehen;
Und ruft den Vater auch heraus …
  Die Sonne will aufgehen! –

Wie ist sie doch in ihrem Lauf
  So unverzagt und munter!
Geht alle Morgen richtig auf,
  Und alle Abend unter!

Geht immer, und scheint weit und breit
  In Schweden und in Schwaben,
Dann kalt, dann warm, zu seiner Zeit,
  Wie wir es nötig haben.

Von ohngefähr kann das nicht sein,
  Das könnt ihr wohl gedenken;
Der Wagen da geht nicht allein,
  Ihr müßt ihn ziehn und lenken.

So hat die Sonne nicht Verstand,
  Weiß nicht, was sich gebühret;
Drum muß wer sein, der an der Hand
  Als wie ein Lamm sie führet.

Und der hat Gutes nur im Sinn,
  Das kann man bald verstehen:
Er schüttet seine Wohltat hin,
  Und lässet sich nicht sehen;

Und hilft und segnet für und für,
  Gibt jedem seine Freude,
Gibt uns den Garten vor der Tür,
  Und unsrer Kuh die Weide;

Und hält euch Morgenbrot bereit,
  Und läßt euch Blumen pflücken,
Und stehet, wenn und wo ihr seid,
  Euch heimlich hinterm Rücken,

Sieht alles was ihr tut und denkt,
  Hält euch in seiner Pflege,
Weiß was euch freut und was euch kränkt,
  Und liebt euch allewege.

Das Sternenheer hoch in der Höh,
  Die Sonne die dort glänzet,
Das Morgenrot, der Silbersee
  Mit Busch und Wald umkränzet,

Dies Veilchen, dieser Blütenbaum
  Der seine Arm ausstrecket,
Sind, Kinder! „seines Kleides Saum",
  Das ihn vor uns bedecket;

Ein „Herold", der uns weit und breit
  Von ihm erzähl und lehre;
Der „Spiegel seiner Herrlichkeit";
  Der „Tempel seiner Ehre",

Ein mannigfaltig groß Gebäu,
  Durch Meisterhand vereinet,
Wo seine Lieb und seine Treu
  Uns durch die Fenster scheinet.

Er selbst wohnt unerkannt darin,
  Und ist schwer zu ergründen.
Seid fromm, und sucht von Herzen ihn,
  Ob ihr ihn möchtet finden.

(SW S. 446–447)

Siobhán Donovan

Rebekkas Morgenandacht für Klein und Groß

Matthias Claudius' Werke weisen eine Vielzahl an Familienbildern, -prosastücken und -gedichten auf, die seinen Lesern einen Einblick in seine eigene Familie, den Mittelpunkt seines Lebens, gewähren. Claudius wird von Peter Berglar als „Familienvater von Profession" bezeichnet (S. 99), und auch wenn in diesem Etikett das sentimentale Claudius-Bild der älteren Forschung anklingt, scheint der Titel durchaus berechtigt. Als freiberuflicher Schriftsteller hatte Claudius seinen Arbeitsplatz zu Hause, so dass Arbeits- und Familienalltag oft nahtlos ineinander übergingen. Familiäre Ereignisse und Anlässe – groß und klein, freudig und traurig – werden in den Werken liebevoll besungen: etwa das Erscheinen des ersten Kinderzahns (*Motetto, als der erste Zahn durch war*, III. Werke-Teil, SW S. 174), die Erfindung von zwei neuen Festtagen, dem „Herbstling" und dem „Eiszäpfel" (*Neue Erfindung*, IV. Teil, S. 220–222), oder die Trauer um die 1796 verstorbene Tochter (*Christiane*, VI. Teil, S. 473), um nur einige wenige Schriften zu nennen. Daniel Chodowieckis Kupferstiche stellen noch andere Familienszenen dar.

Die Kindererziehung lag Claudius sehr am Herzen und als Hauslehrer seiner eigenen Kinder (wie auch in den 1780er Jahren der beiden Söhne Friedrich Heinrich Jacobis) hatte er praktische Erfahrung in diesem Bereich. Als Pädagoge konnte er sich in die Gedankenwelt eines Kindes hineinversetzen, wovon etwa der fingierte Brief im „Kinderstil" zeugt (*Übungen im Stil*, VI. Teil, SW S. 463). Sogar im theologisch-anspruchsvollen und ernsthaften Überblick über die christliche Religion, verfasst anlässlich der Trauung und des anschließenden Abschieds der zwei Töchter in den Jahren 1797 resp. 1798, ist er bemüht, den strengen Erziehungston zu vermeiden: Er stellt Zwischenfragen an die Kinder und bezieht sich selbst in den Diskurs mit ein, indem er zur ersten Person Plural greift (*Einfältiger Hausvater-Bericht über die christliche Religion an seine Kinder Caroline, Anne,*

Auguste, Trinette, Johannes, Rebekke, Fritz, Ernst und Franz, VII. Teil, SW S. 573–92).

Diese Rolle des engagierten Hausvaters scheint der Wirklichkeit zwar teilweise zu entsprechen, aber ein wesentliches Maß an Selbstinszenierung gehört freilich auch dazu, denn Zeit für die Kinder hatte Claudius, der auch noch seinen Korrespondenzpflichten und Übersetzungsaufträgen nachgehen musste, nicht gerade im Überfluss. Dreh- und Angelpunkt der Familie war offensichtlich Claudius' Frau, Rebekka, die für den Haushalt, den Garten und die Erziehung der Kinder zuständig war: „Aeußerlich lag das Detail der Erziehung in den Händen unserer Mutter, um welche die Kinder den ganzen Tag waren", kommentierte der drittjüngste Sohn Fritz mehrere Jahre später (Schröder S. 214). Das Bild in unserem Gedicht von Claudius' Frau beim Bestaunen des Sonnenaufgangs ist allerdings auch nicht frei von einem Hauch der Sentimentalität, aber es ist wahrscheinlich weniger idealisierend als das des Hausvaters.

Die Ehe zwischen Matthias und Rebekka Claudius, zwischen „Matz" und seinem „Bebelmus" oder „Bettchen" – die Kosenamen in den Briefen – war langjährig, kinderreich und sehr glücklich. Im März 1772 heiratete Matthias Claudius im Alter von einunddreißig die erst siebzehnjährige Rebekka Behn, Tochter eines Zimmermanns. Laut den Zeugnissen von Freunden, seinem eigenen Briefverkehr und der Würdigung Rebekkas im Gesamtwerk handelte es sich offenbar um eine für die damalige Zeit relativ ungewöhnliche Liebesehe, auch wenn die Heirat zwischen dem belesenen Bildungsbürger und der kleinbürgerlichen Zimmermannstochter, die er Herder gegenüber in einem Brief vom September 1770 als „einfältiges, ungekünsteltes Bauermädchen" stilisierte (Claudius, Botengänge S. 78), als nicht standesgemäß galt. Ihr Bildungsstand ließ sich keineswegs an dem seinigen messen, aber sie war lese- und schreibkundig (auch wenn sie wenig außer der Bibel und Briefen las). In den 1790er Jahren machte das Ehepaar Claudius jedes Jahr eine Kur im Badeort Pyrmont, denn Rebekkas Gesundheit war nach den zwölf Kindergeburten und diversen Krankheiten sehr angegriffen, und von dort oder unterwegs auf Reisen mit ihrem Mann in Holstein, um Freunde zu besuchen, korrespondierte sie offensichtlich regelmäßig mit den Kindern zu Hause: „Ich will, weil Mama schon alles mir vor der Nase weggeschrieben hat, wenig hinzutun“, schreibt etwa Matthias Claudius schelmisch im Juli 1791 aus Emkendorf (Claudius, Asmus und die Seinen S. 26). Er sorgte für ihre kulturelle Weiterbildung, indem er ihr Bücher schenkte und das Cellospielen beibrachte, und die beiden gingen auch ins Theater oder in die Oper. Der Düsseldorfer Freund und Glaubensphilosoph Friedrich Heinrich Jacobi, dessen Sohn Max Anna Claudius im Jahr 1798 heiratete, war 1794 von Rebekka und ihrem Bildungseifer beeindruckt: „Matthias' Frau hat sich noch mehr ausgebildet und ist nach aller Menschen Zeugnis das holdseligste Wesen, das man sehen kann“ (Max Jacobi S. 190f.). Für Wilhelm Humboldt, der 1796 Wandsbek besuchte, war sie sogar ihrem Mann in allem überlegen: „Sie hat etwas überaus Edles, Sanftes und Feines in ihrer Bildung, ist sicherlich eine höhere Natur als ihr Mann, existirt bloss für die Ihrigen“ (Humboldt S. 341).

In seinem Œuvre kommen Claudius' Liebe und Achtung für Rebekka oft zum Ausdruck. Insgesamt vier Huldigungsgedichte, in denen seine Gefühle ihr gegenüber explizit thematisiert werden, sind ihr gewidmet: *Frau Rebekka* (IV. Teil [1783], SW S. 239f.), *Frau Rebekka mit den Kindern, an einem Maimorgen* (VI. Teil [1798], S. 446f.), *An Frau Rebekka; bei der silbernen Hochzeit, den 15. März 1797* (VI. Teil, S. 472f.) und *An Frau Rebekkas Geburtstag, den 26. Oktober 1794* (S. 937f.). Alle außer *Frau Rebekka mit den Kindern* sind zu festlichen Anlässen geschrieben (auch das erste ist ein Geburtstagsgeschenk, in dem Claudius sich seine Frau als Neugeborene dreißig Jahre vorher vorstellt) und in dem ersten und dritten wird Rebekka direkt angesprochen. *Frau Rebekka mit den Kindern* sticht nicht nur durch seine Länge hervor, sondern auch weil es das einzige ist, in dem Rebekka als Sprecherin vorkommt und in dem wir ein Bild ihrer Gläubigkeit und ihres Gottvertrauens erhalten. Selbstverständlich fungiert sie hier als Sprachrohr Claudius'.

Das Jahrzehnt, in dem Claudius die beiden mittleren Rebekka-Gedichte verfasste, war sowohl auf dem häuslichen wie auch auf dem politischen Parkett unruhig. Der Französischen Revolution war die Schreckensherrschaft gefolgt. Aber schon vor dem Einsatz des Terrors wurde die Revolution vom obrigkeitsgläubigen Claudius, Anhänger der alten Ordnung, die er mit einer patriarchalen Familie verglich, aufs schärfste zurückgewiesen. Diese politisch unsicheren Zeiten gingen mit regen Debatten im theologischen Diskurs einher, zu denen auch Claudius als überzeugter Lutheraner, aber vor allem praxisbezogener Christ Stellung bezog. Der Themen- und Stilwechsel beim alternden Claudius ist auffallend: Im Allgemeinen wird der Ton in seinem Werk ernsthaft, längere Prosaabhandlungen nehmen zu, während Gedichte immer seltener werden.

Zeitgleich mit diesen Umwälzungen traten tiefgreifende Zäsuren in Claudius' behütete und idyllisch geschilderte häusliche Sphäre ein. Auf den Tod des zweijährigen Matthias im Jahr 1788 folgte der der zwanzigjährigen Tochter Christiane im Juli 1796. Claudius verlieh seiner Erschütterung im Gedicht *Christiane* lyrischen Ausdruck. Nach dem Tod Matthias' brachte Rebekka drei weitere Söhne zur Welt: Fritz, Ernst und Franz. Im Silberhochzeitsgedicht von 1797 klingen gemischte Gefühle an: Neben tief empfundener Liebe und Dankbarkeit für Rebekka als Geschenk Gottes sind Schmerz und Trauer zu spüren:

Uns hat gewogt die Freude, wie es wogt und flutet
  Im Meer, so weit und breit und hoch! –
Doch, manchmal auch hat uns das Herz geblutet,
  Geblutet ... Ach, und blutet noch. (SW S. 472)

Ein halbes Jahr später heiratet die älteste Tochter, Caroline, und verlässt das Elternhaus, wie es auch Anna im Jahr darauf tun wird. Wann genau Claudius *Frau Rebekka mit den Kindern* konzipierte und niederschrieb, steht nicht fest, aber auf jeden Fall zwischen den Erscheinungsjahren der V. und VI. Teile, also 1790–98. Dass er in dieser bewegenden Zeit zur lyrischen Feder greift und seine Frau und Kinder mit einem neuen Gedicht würdigt, ist verständlich. Und das tut er, indem er Rebekka als junge und vitale Mutter darstellt.

Im 19. Jahrhundert wird obiges Gedicht für Rebekka in zahlreiche Liedersammlungen, Schullesebücher und Erbauungsblätter aufgenommen und findet sogar Eingang in ein Lesebuch zum Erwerb der deutschen Sprache, herausgegeben von einem deutschen Pastor und Lehrer, Johann Georg Tiarks: *A Progressive German Reader; Containing grammatical exercises, easy letters, short exercises, easy poems, historical sketches, dialogues, idiomatical phrases, and proverbs: for the use of schools* aus dem Jahr 1835, das noch heute als Reprint erhältlich ist. Einer der frühesten Nachdrucke ist der im *Mildheimischen Liederbuch* von 1799. Herausgeber dieser populären Anthologie, die mehrmals aufgelegt wurde, war Rudolf Zacharias Becker, Autor des 1788 erschienenen Bestsellers der Volksaufklärung, *Noth- und Hülfs-Büchlein für Bauersleute oder lehrreiche Freuden- und Trauer-Geschichte des Dorfes Mildheim.* Im *Liederbuch* nimmt das Gedicht einen Platz neben den „518 lustigen und ernsthaften Gesängen" ein und zwar im Kapitel „Gott in seinen Werken", mit der Erklärung versehen: „Eine brave Mutter singt dieß Lied ihren Kindern vor, an einem schönen Frühlingsmorgen" (S. 57f.). Es ist eins von insgesamt einundzwanzig Gedichten Claudius' in diesem Buch.

Das Gedicht knüpft an mehrere Genres an: Lehrgedicht, Naturgedicht, Familiengedicht, Volkslied, Kindergedicht. Die schwungvolle Anfangszeile: „Kommt Kinder, wischt die Augen aus" stellt die Weichen für den durchgehend lebhaften, freudevollen und vorwiegend kindlichen Ton. Die direkte Ansprache in dieser ersten Zeile lässt vielleicht erwarten – oder sogar erhoffen –, dass das idyllische Bild der Kinderschar um die Mutter im Laufe des Gedichts ausgebaut und vertieft wird, aber der Sonnenaufgang (und mit diesem Titel ist das Gedicht manchmal in älteren Anthologien versehen) erweist sich als der Aufhänger für einen kindgerechten Lobgesang auf den Schöpfergott und dessen Gegenwart in der Natur. Insofern steht das Gedicht in einer Reihe mit früheren Naturgedichten und Dankliedern Claudius', z. B.: *Der Frühling. Am ersten Maimorgen* (I./II. Teil, SW S. 84f.), *Im Mai* (I./II. Teil, SW S. 87), *Morgenlied eines Bauermanns* (III. Teil, S. 104f.), *Täglich zu singen* (III. Teil, S. 149f.), *Ein Lied vom Reifen* (IV. Teil, S. 184–186), *Ein Lied hinterm Ofen zu singen* (IV. Teil, S. 235f.), *Abendlied* (IV. Teil, S. 217f.), *Das große Hallelujah* (V. Teil, S. 291–294), *In der Allee zu Pyrmont, morgens beim Aufgang der Sonne* (VI. Teil, S. 470–472), *Die Sternseherin Lise* (VII. Teil, S. 595f.).

Annelen Kranefuss ist in ihren Veröffentlichungen zu Claudius' Lyrik der Frage nach dessen Beeinflussung durch den Physiko- oder Naturtheologen Barthold Heinrich Brockes (1680–1747) nachgegangen, der Gottes Existenz aus den Wundern seiner Schöpfung, im „Buch der Natur", beweisen will. Laut Kranefuss geht es Claudius in seiner Naturlyrik jedoch mehr um die „Wirkung auf das einfache Gemüt" und um den „Gesamteindruck" als um eine detaillierte Naturbeschreibung (Kranefuss S. 136–138). Im Gedicht soll das tief empfundene Naturbestaunen der Mutter dem Gottesverständnis der Kinder helfen.

Als Mutter, Erzieherin und gläubige Christin lässt Claudius Rebekka (als lyrisches Ich) zum ersten und einzigen Mal in seinem Werk das Wort ergreifen, das sie an die von ihr früh geweckten Kinder richtet (also vermutlich morgens um halb sechs), die deshalb noch Schlaf in den Augen haben. Es handelt sich jedoch um eine stilisierte Szene, denn will man die Erinnerungen des Sohnes Fritz wörtlich nehmen, pflegten Rebekka und die Kinder erst *nach* Claudius aufzustehen. Er nutzte die stillen Frühmorgenstunden in vollen Zügen aus:

„Er (...) stand früh auf, etwa 6 Uhr, in früheren Zeiten im Sommer oft schon um 3 bis 4 Uhr zu einem Spaziergang ins Holz (...) und mochte dann gern bald seinen gekochten, nicht filtrirten starken Kaffee in seiner Studirstube oder im Sommer unter den Linden hinter dem Hause auf seinem kleinen runden Tisch haben. (...) Er las und schrieb viel und mochte dabei nicht gern gestört werden. Nachdem morgens meine Mutter, welche erst nach Mitternacht einschlafen konnte und deshalb später zu Bett ging und später aufstand, das Bett verlassen hatte und alle Kinder angekleidet waren, kam er in die Wohnstube und ward ein Kapitel aus dem Neuen Testament gelesen, in dem jedes Kind in der Reihe nach dem Alter einige Verse lesen mußte (...)" (Schröder S. 213f.).

Gegenstand des auf den ersten Blick einfach gestalteten und gehaltenen Gedichts sind jedoch weder die Figur Rebekkas noch die Kinder, die vielfach direkt angeredet und an die in der Eingangs- und Schlussstrophe Imperative gerichtet werden, sondern eine Naturandacht für Kinder. Dementsprechend ist die Sprache eher unkompliziert und spontan-mündlich gefärbt, es herrscht ein gewöhnliches Kreuzreimschema (abab, cdcd usw.) und es werden verschiedene, aber immer einfache rhetorische Stilmittel eingesetzt. Claudius verstärkt den Eindruck gesprochener Sprache durch Elision oder Weglassen von Sprachlauten (z. B. „was“ in Str. 1 und 9, „ziehn“ in Str. 4, „Kuh“ in Str. 7, „hinterm“ in Str. 8, „seine Lieb und seine Treu“ in Str. 13), durch Abtönungspartikeln wie „doch“ (Str. 2), „wohl“ (Str. 4), durch die Ausrufe an die Kinder, und durch die vielen volkstümlichen Wendungen, Formeln, Doppelungen oder Anhäufungen zur Verstärkung, wie z. B. „unverzagt und munter“ (Str. 2), „weit und breit“ (Str. 3 und Str. 12), „ziehn und lenken“ (Str. 4), „Und hilft und segnet für und für“ (Str. 7) und vieles mehr. Außerdem sorgen die wechselnden Pronomen „wir“/„uns“ und „ihr“/„euch“ für eine direkte, intime und inklusive Kommunikation mit einem Gegenüber, wie es für Claudius typisch ist. Die Tilgung von Lauten dient natürlich auch dazu, das Versmaß oder das Metrum (hier: Jambus, mit abwechselnder männlicher und weiblicher Kadenz, d.h. Abschluss mit einer betonten bzw. unbetonten Silbe) aufrechtzuerhalten, und ähnlich werden umgekehrt viele Verben mit dem antikisierenden und biblischen „e“ verlängert (etwa „gebühret“/„führet“ in Str. 5, „vereinet“/„scheinet“ in Str. 13), oder es wird die Grammatik leicht verbogen, um den Reim zu ermöglichen („lehre“/„Ehre“ in Str. 12).

Volksliednah und kindgemäß zugleich ist ebenfalls die relativ einfache Syntax, die Verschachtelungen vermeidet und stattdessen Einleitungen mit „und“ (Str. 6–8) oder Aufzählungen mit Kommas oder Semikolons (Str. 9–12) bevorzugt, was auch zum Eindruck des beinahe atemlosen Staunens bei der Naturbetrachtung beiträgt. Auf lexikalischer Ebene ist die Wortwahl konkret und anschaulich, wie auch sonst in Claudius' Lyrik. Die Bilder, die Claudius seiner Rebekka in den Mund legt, sind Alltagsbilder aus der unmittelbaren Umgebung, „der Wagen“, „Garten“, das „Morgenbrot“, sogar „unsre Kuh“ (Str. 4, 7, 8), oder sind neben der Sonne bekannte Beispiele der sichtbaren Natur, die nach Claudius' theologischem Verständnis die Spuren Gottes in sich tragen: „das Sternenheer“, „der Silbersee“, „Busch und

Wald“ (Str. 10), „dies Veilchen“ und „dieser Blütenbaum“ (Str. 11). Sogar die kindliche Vorstellung der Weltgröße wird mit einfachen geografischen Beispielen und Alliteration in Strophe 3 erläutert, um die Reichweite der Sonnenstrahlen zu vergegenwärtigen: „Geht immer, und scheint weit und breit / In Schweden und in Schwaben“. Claudius' Vorliebe für Personifikation der Natur ist im Bild des Blütenbaums und in der Sonnenverehrung der Sprecherin zu erkennen: Die Sonne lasse sich nicht entmutigen, sei vielmehr heiter und hoffnungsvoll: „Wie ist sie doch in ihrem Lauf / So unverzagt und munter!“ (Str. 2). Aber dies entpuppt sich als Arroganz, denn „So hat die Sonne nicht Verstand, / Weiß nicht, was sich gebühret“ (Str. 5), was das lyrische Ich darauf schließen lässt, dass die Sonne von einer größeren Macht erzeugt wird. Das Bild der sanftmütigen, lammfrommen Sonne in Str. 5, die an der Hand des Schöpfergottes geht, knüpft an die bekannte Personifizierung Gottes als Hirte in Psalm 23 an. Ab Strophe 5 wird also die Sonne vom christlichen Gott gewissermaßen in den Schatten gestellt: Wiederum unter Rückgriff auf Personifizierung lässt Claudius in den Worten seiner Rebekka den Vater- und Schöpfergott als allwissenden Ernährer, Versorger, Beschützer, Pfleger, Gärtner und sogar Architekten auftreten. Es handelt sich also um ein bekanntes und den Kindern vertrautes Gottesbild. Mit dem Bild des großen „Gebäus“ in der zweitletzten Strophe, „Durch Meisterhand vereinet“, das zudem an das tröstende Bild „meines Vaters Hause“ im Johannes-Evangelium Kap. 14,2 erinnert, kehrt die Sprecherin zum Ausgangspunkt des Gedichtes zurück, aber mit Variation, denn nun sind es Gottes „Lieb und Treu“, die durch die Fenster scheinen. Das Bild in der Schlussstrophe ist das eines Versteckspiels, das in Strophe 8 bereits angedeutet war: Gott gebe sich nur frommen Kindern zu erkennen, die ihn „von Herzen“ suchen möchten.

Das obige Gedicht ist noch im 20. Jahrhundert als Kindergedicht eingestuft worden und die Anfangszeile mit der Anrede an die Claudius'schen Kinder (die fiktiven oder expliziten Rezipienten) ist als Titel für Sammelbände von Kindergedichten beschlagnahmt worden, etwa *Kommt, Kinder, wischt die Augen aus, es gibt hier was zu sehen. Die schönsten Kindergedichte* (gesammelt von Herbert Heckmann und Michael Krüger. München: Carl Hanser, 1974 – wo das Gedicht seltsamerweise selbst nicht mit aufgenommen wird!) – oder *Kommt Kinder, wischt die Augen aus! Geschichten und Bilder von Gott und seiner Welt* (hg. von Bernhard Bachmann. Köln: Bachem, 1939). Sowohl Form als auch Inhalt sind zweifelsohne der kindlichen Vorstellungswelt gut angepasst und der kindliche Leser findet bestimmt Freude am Gedicht. Jedoch war die tatsächliche Leserschaft dieses Gedichtes wohl wie die der meisten Beiträge in der Rubrik „Gelehrte Sachen" der Wandsbecker Zeitung ein gebildetes Publikum. Auch Rebekkas Gedicht spricht absichtlich eine doppelte Leserschaft an. Die gedankliche Entwicklung, die biblischen Anspielungen – die oben erwähnten impliziten wie auch die expliziten biblischen Zitate in den Strophen 11 und 12 – und vor allem das Wurzeln innerhalb der physikotheologischen Tradition des Barocks und seines Erben, Brockes, sind nur dem erwachsenen Bildungsbürgertum zugänglich.

Ein Jahr nach Erscheinen des VI. Werke-Teils mit dem Rebekka-Gedicht voller Vitalität und Lebensfreude spendet Vater Claudius mit Blick auf seine eigene Sterblichkeit seinem ältesten Sohn Johannes Ratschlag in der Schrift: *An meinen Sohn Johannes 1799*. Hier fleht er seinen Sohn an: „Stehe Deiner Mutter bei, und ehre sie solange sie lebt, und begrabe sie neben mir" (VII. Teil, SW S. 548). Trotz ihrer andauernd gebrechlichen Gesundheit überlebte Rebekka ihren Mann um siebzehn Jahre und Claudius' zweifache Bitte an seinen Sohn ging in Erfüllung. Sie wurde von ihren Kindern, vor allem ihrer unverheirateten Tochter Auguste, die im Elternhaus lebte, gepflegt, und aus den Briefen geht hervor, dass sie Freude an der wachsenden Schar der Enkelkinder hatte, und es fehlte nicht an gegenseitigen Besuchen.

Es mag stimmen, dass Rebekka Claudius nicht so sehr als „Person" in Claudius' Werk aufgenommen wird (Becker-Cantarino S. 69–90), auch wenn seine Gefühle der Dankbarkeit und Liebe in den Briefen wie im Werk vielfach belegt sind. Aber mit seinem bzw. „ihrem" Gedicht *Frau Rebekka mit den Kindern* zollt er ihr wohl die höchste Anerkennung – als Gläubiger und

Naturfrommer ehrt er das Gottvertrauen und die Naturfrömmigkeit seiner Lebensgefährtin und Mutter seiner Kinder in ihrer freudigen und gefühlvollen Morgenandacht.

Literaturnachweise

Becker-Cantarino, Barbara: Rebecca Claudius. Zur sozialgeschichtlichen Realität des „Bauermädchen". In: Matthias Claudius 1740–1815. Leben – Zeit – Werk, hg. von Jörg-Ulrich Fechner. Tübingen: Niemeyer, 1996.

Berglar, Peter: Matthias Claudius. Reinbek bei Hamburg: Rowohlt, 1972.

Claudius, Matthias: Asmus an die Seinen. Briefe an die Familie, hg. von Hans Jessen und Ernst Schröder. Berlin: Eckart, 1940.

Claudius, Matthias: Botengänge. Briefe an Freunde, hg. von Hans Jessen. Berlin: Eckart, 1965.

Humboldt, Wilhelm von: Gesammelte Schriften, hg. von der Königlichen Preußischen Akademie der Wissenschaften. Bd. 14. Berlin: Georg Reimer, 1968.

Jacobi, Max (Hg.): Briefwechsel zwischen Goethe und F. H. Jacobi. Leipzig: Weidmann, 1846.

Kranefuss, Annelen: Die Gedichte des Wandsbecker Boten. Göttingen: Wandenhoeck & Ruprecht, 1973.

Mildheimisches Liederbuch, hg. von Rudolf Zacharias Becker. Gotha: Beckersche Buchhandlung, 1799.

Schröder, Ernst: Der Wandsbecker Bote. Persönlichkeit und Lebensweise, von seinem Sohn Fritz. Mitgeteilt von E. Schröder. In: Eckhart 16 (1940), S. 213–217.

Matthias Claudius

Die Liebe

Die Liebe hemmet nichts; sie kennt nicht Tür noch Riegel,
   Und dringt durch alles sich;
Sie ist ohn Anbeginn, schlug ewig ihre Flügel,
   Und schlägt sie ewiglich.

(SW S. 473–474)

Reinhard Görisch

Kurzgefasste Hymne auf die Liebe

Muss man diese Verse überhaupt kommentieren oder interpretieren? Eigentlich nicht, denn ihre Botschaft ist klar vernehmlich: Die Liebe ist unaufhaltsam und durchdringt alles, und sie ist grenzenlos, zeitlos, unvergänglich. Aber von welcher Art von Liebe ist hier die Rede?

Aus Erfahrung wissen wir, dass die Liebe, die Menschen verbindet, irgendwann kommt und im guten Fall bleibt (bis dass der Tod uns scheidet ...), im schlechten Fall auch wieder geht oder sogar in Hass umschlagen kann. Damit denken wir uns die Liebe aber eingeschränkt auf die Beziehung zweier Liebender. Eine „ohn Anbeginn“ und „ewig“ währende Liebe kann nur jemandem zukommen, der selbst diese Eigenschaften erfüllt, nämlich Gott.[1] Meint Matthias Claudius also letztendlich (nur) die göttliche Form der Liebe, da er nach allem, was er von ihr sagt, doch nicht die menschliche meinen kann?

Das einstrophige, nur vier Verse umfassende Gedicht „Die Liebe“ steht im VI. Teil von Claudius' „Sämtlichen Werken“ (1798) nicht für sich allein, sondern beschließt eine Folge von vier Gedichten (SW S. 472–474), die offenkundig eng miteinander korrespondieren; ihre Verflechtung lässt sich mit dem Muster eines sogenannten „umarmenden Reims“ (Reimfolge abba) vergleichen, das heißt das erste und das letzte Gedicht sowie das zweite und das dritte Gedicht gehören jeweils thematisch zusammen, und auch die beiden Gedichtpaare verhalten sich komplementär zueinander.

Die vier Gedichte, die Claudius selbst so kunstbewusst und unabhängig von der Zeitfolge ihrer Entstehung zusammengeordnet hat – auch sonst ist ihm die Anordnung, die Reihenfolge seiner Texte in den „Sämtlichen Werken“ sehr wichtig –, handeln von Liebe und Tod. An erster Stelle steht das Gedicht „An

---

[1] So J. Carl Ernst Sommer: Studien zu den Gedichten des Wandsbecker Boten. Frankfurt/M. 1935, S. 52–55, und Gisbert Kranz: 27 Gedichte interpretiert. Bamberg 1972, S. 68f.

Frau Rebekka; bei der silbernen Hochzeit, den 15. März 1797"; darin bedenkt er gleichermaßen Glück und Leid ihrer gemeinsamen Jahre und sieht in alledem Gottes Wirken, das Silberhochzeitsgedicht mündet unversehens in ein Glaubenslied! Darauf folgt ein wehmütiges Gedicht im Volksliedton über ein Sternlein, das immer am Himmel zu sehen war und plötzlich verschwunden ist – nur die Überschrift „Christiane" verrät, dass Claudius hier den Tod seiner Tochter beklagt, die so hieß und im Alter von erst 20 Jahren gestorben war. Die Thematik dieser beiden sehr persönlich veranlassten Gedichte greift Claudius anschließend in zwei Vierzeilern „Der Tod" und „Die Liebe" nochmals auf, nun aber in prägnant kurzer allgemeingültiger Weise und in umgekehrter Themenfolge – das erste und das letzte Wort hat die Liebe.

Gleich die erste Strophe des Silberhochzeitgedichts formuliert die Reichweite seiner Liebe zur Ehefrau Rebekka:

Ich habe Dich geliebet und ich will Dich lieben,
  Solang Du goldner Engel bist;
In diesem wüsten Lande hier, und drüben
  Im Lande wo es besser ist.

Diese Liebe umfasst Vergangenheit („habe Dich geliebet") und Zukunft, sie reicht bis zum Tod („Solang Du goldner Engel bist") und darüber hinaus („drüben / Im Lande wo es besser ist", eine von Claudius öfters verwendete Metapher für das Jenseits), sie umgreift also Erdendasein und Ewigkeit. Aufgrund der vorhin skizzierten inneren Bezogenheit jenes vierteiligen Zyklus können, ja vielleicht sogar müssen die Eingangsverse aus dem Silberhochzeitsgedicht als Interpretament des Vierzeilers „Die Liebe" gelesen werden: Auch hier geht es um die Liebe, die Menschen (unauflöslich) verbindet, *und* um ihre zeitlos unvergängliche Wesensart, nicht um das eine *oder* der andere mehr oder weniger. In diesem Verständnis wird die Liebe (ebenso wie der Tod in den beiden anderen Gedichten des Zyklus) als eine allumfassende Urerfahrung bedacht, nicht nur als ein zu erstrebendes Ideal, vielmehr als irdisch individuelles und transzendentes Phänomen in Einem. Dass es in dem Vierzeiler um eine Liebe gehe, die ihren Eigenschaften zufolge („ohn Anbeginn", „ewig") auch die Liebe Gottes einbegreife, lässt sich aus der ersten Strophe des Silberhochzeitsgedichts jedoch nicht ableiten – einerseits!

Denn andererseits spricht das Silberhochzeitsgedicht zumindest indirekt auch diesen Aspekt an, wenn Claudius (hier muss man angesichts des eindeutig biographischen Bezugs nicht zwischen Autor und ‚lyrischem Ich' unterscheiden) an späterer Stelle bekennt:

> Ich danke Dir mein Wohl, mein Glück in diesem Leben.
>   Ich war wohl klug, daß ich Dich fand;
> Doch ich fand nicht. GOTT hat Dich mir gegeben;
>   So segnet keine andre Hand.
> Sein Tun ist je und je großmütig und verborgen;
> (...)

Bei dieser Liebe ist also sozusagen auch Gott mit ihm Spiel als ihr Urheber, sie ist eine Gottesgabe, Frucht seines Segens und seiner Großmut, zwar dem Menschen zugedacht, aber nicht autonom menschlich.

Es scheint auch ein formales Indiz für die enge Bezogenheit des Vierzeilers „Die Liebe" auf das Silberhochzeitsgedicht zu geben. Von der Anzahl der Silben insgesamt und der betonten Silben (Hebungen) stimmen die Anfangsverse beider Gedichte (freilich nur sie) überein, es handelt sich jeweils um sechshebige Jamben. Allerdings gibt es dabei doch einen nicht unerheblichen Unterschied: Während der Duktus im Anfangsvers des Silberhochzeitsgedichts durchgängig fließend ist, macht das andere Gedicht im ersten und dritten Vers nach der dritten Hebung eine Zäsur, das ist der Versform nach ein Alexandriner.[2] Die Zäsur teilt ihn in zwei gleiche Hälften und stellt zwei Aussagen einander gegenüber, hier weniger in Gegensätzen (wie oft in der barocken Verwendung des Alexandriners) als vielmehr zur Verdeutlichung: Dass die Liebe durch nichts aufzuhalten sei, wird dadurch untermauert, dass weder Tür noch Riegel sie aufhalten können; wie sie anfangslos ist, so ist sie auch endlos. Der kürzere zweite und vierte Vers, halbe Alexandriner, sagen nichts Neues, sondern bestärken nur das im vorangehenden

---

[2] Darauf macht Sommer (wie Anm. 1), S. 52 aufmerksam.

Langvers Gesagte. Ein derart inhaltlich und formal streng strukturierter Bau wie in dem Gedicht „Die Liebe“ ist in dem Silberhochzeitsgedicht nicht zu finden; das ändert jedoch nichts an der Feststellung, dass dieses zur Erklärung von jenem dienen kann.

Eine Formulierung bzw. ein Bild des Gedichts verdient insofern Interesse, als Matthias Claudius bereits in einem viel früher datierenden Text davon Gebrauch gemacht hat: In einem Artikel im „Wandsbecker Bothen“ vom 27. März 1772 sinniert er über den Bibelspruch „Er schuf sie ein Männlein und Fräulein“:[3] Der solle „uns lehren, wenn so ein Fräulein mit ihren Taubenaugen oder mit ihrer Halsspangen einer solch einen Unfug in uns anrichtet, dass wir uns des nicht schämen, und unsern Blick vom Fräulein grade zum Himmel aufwenden dürfen, denn Gott hat das Fräulein mit den Taubenaugen erschaffen. Ihn jammerte des Menschen, daß er so im Schweiß seines Angesichts sein Brot essen und mit viel Mühe und Widerwärtigkeiten im Tal der Verwesungen ringen muß, und Gott beschloß ihm einen Trost zu schenken und Vorempfindungen eines bessern Lebens – da hieß er die zarten Lispel durch Mark und Bein wandeln, da schlug die Liebe die Flügel und seine Engel tanzten zum Klange des ersten Flügelschlags“ (SW S. 806, vgl. S. 110).

Zwei Wochen vor dem Erscheinen dieses (Zeitungs-!) Artikels hatte Matthias Claudius seine Rebekka geheiratet, es liegt nahe, dass seine Betrachtung von diesem Ereignis angeregt ist. Von der Liebe beflügelt und sich ihrer sinnlichen Reize durchaus bewusst (die „Taubenaugen“ und die „Halsspangen“ verfehlen ihre Wirkung nicht, die „zarten Lispel“ wandeln „durch Mark und Bein“, auch die zwölf Kinder des Ehepaars kommen ja nicht von alleine ...), spricht Claudius schon hier der Liebe göttlichen Ursprung zu und versteht sie als Gottesgabe zum irdischen (auch sinnlichen) Glück des Menschen, deutet sie aber zugleich als „Vorempfindungen eines bessern Lebens“ im Jenseits, von ewiger Dauer über das Erdendasein des Menschen hinaus. Schon in diesem frühen Text also ein Verständnis der

[3] 1.Mose 1,27, dort nach älterer Fassung der Luther-Übersetzung wörtlich „schuf sie einen Mann und ein Weib“.

Liebe, wie Claudius es in gewissermaßen abgeklärter Weise in dem späteren Vierzeiler gestaltet, und gewiss nicht zufällig greift er hier auf das dort schon verwendete Bild zurück, dass die Liebe ihre Flügel schlägt, den Menschen durch und durch bewegt, könnte man sagen. Seine Vorstellung von Liebe bleibt auch in ihrer Überhöhung geerdet.

Übrigens hat das hier vorgestellte Gedicht in jüngerer Zeit ein gewisses Aufsehen erregt. Das NDR-Fernsehen stellte im Jahr 2007 in seinem Kulturjournal drei Monate lang jeweils montags 50 „Liebesgedichte aus Norddeutschland" vor und ließ die Zuschauer über das ihnen liebste abstimmen. Mit den meisten Stimmen (12,6 Prozent) siegte das Gedicht „Die Liebe" von Matthias Claudius![4]

Das lassen wir ganz unkommentiert auf uns wirken.

---

[4] N.N.: Claudius schlägt Erhardt, Busch und Schwitters. In: Die Welt vom 4.9.2007, S. 29 (mit Abdruck des Gedichts).

(Matthias Claudius)

Nachricht
von der
Neuen Aufklärung.
Zweite Pause,
die Philosophie betreffend.

Mit Ehr' und Reverenz gesprochen,
So ist in der Philosophey
Der Deich auch heuer durchgebrochen,
Und Neues Licht wogt frank und frey.
Scheint eine Art von Monden-Licht;
Es flimmert so, und wärmet nicht.

Sonst ließ man sich **Erfahrung** leiten,
Prüft' und bewährte dran sein Licht;
Jetzt kann man's ohne sie bestreiten,
Und **setzt**, was seyn kann oder nicht.
Was sie nicht sehn von vorn herein,
Darf sich nicht unterstehn zu seyn.

– So wär', in Ihr Verhör genommen,
Die heilige Religion
Bey nahe übel angekommen,
Gleich **Mirons** Kuh. Es klatschte schon
Der schlaue Hirt, und stieß daran,
Und sah sie für sein Rindvieh an.

Du, lieber Klatscher, laß dir sagen,
Daß du die Sache nicht verstehst.
Die Freundin ist nicht zu erfragen
Auf jenem Wege, den du gehst;
Denn Leben, wie der **Weise** spricht,
Ist, und er-demonstrirt sich nicht. –

Es hat der Scharfsinn unsrer Zeiten
    Den neuen großen Fund gemacht:
„Die Dinge **sind** nicht was sie deuten!“
    Ein jeder nehme sich in Acht;
  „Krank ist **in sich** vielleicht gesund,
  „Die Sonn' **in sich** ein Pudelhund.“

Drum spann Vernunft, wie eine Spinne
    Sich ihren eignen Weg und Steg.
Warf Positives, Rath der Sinne,
    Was Nied- und Nagel-vest ist, weg;
  Und machte alles Hacken-rein,
  Aus sich heraus in sich hinein.

Das brachte Licht! ...... Mit Adlers-Schnelle
    Fuhr es durch alle, klein und groß. –
Doch fehlte Einheit noch der Quelle,
    Daraus der neue Zauber floß;
  Allendlich aber kam ein Mann,
  Der diese Einheit auch ersann.

Nun ist an weiter Nichts gelegen;
    Wir laufen **grundaus** unsern Lauf,
Bau'n unsre Welten und zerlegen,
    Und haspeln ab und haspeln auf.
  Ein jeder mache selbst den Schluß,
  Was das für Seegen bringen muß.

Der Wandsbecker Bothe.

(Einzeldruck Hamburg, bey Friedrich Perthes. [1799], vgl. SW 948–949)

Hermann Patsch

Für Philosophen gratis! Claudius' zweite Nachricht von der neuen Aufklärung

Später hat Matthias Claudius das Gedicht nicht mehr gemocht, jedenfalls in den „Sämtlichen Werken" nicht mehr veröffentlicht, vielleicht weil es den insgesamt christlich-apologetischen Tenor des gedachten letzten Bandes nicht stören sollte. Aber 1799 hat er es gleich zweimal drucken lassen, damit es ja nicht übersehen wird. Denn das Thema der „neuen Aufklärung" lag dem Wandsbecker „Boten" am Herzen. Hier fühlte er sich gefordert. Hier sah er das „alte apostolische Christentum" gefährdet, und er empfand die Pflicht, seinen „einfältigen" (also ungelehrten, unverbogenen) Lesern zu zeigen, dass auch ein „ehrliche(r) und bescheidne(r) Mann" kein „Ignorant" sein müsse, sondern „ein rechtgläubiger Christ sein könne". So jedenfalls betonte er in der „Pränumerationsanzeige" des angeführten VII. Teils seiner gesammelten Werke im September 1802. „Und das ist am Ende das Gewerbe, das ich als Bote den Menschen zu bestellen habe, und damit ich bisher treuherzig herumgehe und allenthalben an Tür und Fenster anklopfe" (SW S. 498).

Die „neue Aufklärung" war für Claudius die von Immanuel Kant und seinen Schülern angestoßene Weiterentwicklung der durch den englischen Empirismus, die französische materialistische Philosophie und die Fortschritte der Naturwissenschaften begründeten Aufklärung des 17./18. Jahrhunderts, deren Symbol das von dem „Boten" sogleich erwähnte „Licht" war. Von dieser Aufklärung war Claudius selbst nicht unberührt geblieben. Das zeigt allein schon sein immer währendes Bemühen, dieser Aufklärung ihre Grenzen zu zeigen und so den „alten apostolischen Glauben" als für den gegenwärtigen Menschen hinreichend vernünftig zu erweisen. Die berühmtesten Zeilen dieser Apologie mögen die Verse „So sind wohl manche

Sachen, / Die wir getrost belachen, / Weil unsre Augen sie nicht sehn“ aus dem „Abendlied“ von 1778 sein.

Seither hatte Kant sein System der drei Kritiken (der reinen Vernunft, der praktischen Vernunft, der Urteilskraft) entwickelt, nicht zu vergessen „Die Religion innerhalb der Grenzen der bloßen Vernunft“ und „Der Streit der Fakultäten“. Die intellektuelle Welt konnte an diesen umwälzenden Werken – Kant sprach selbst von einer kopernikanischen Wende – nicht vorbeigehen, auch Claudius nicht. Aber er war nicht der Mann jahrelangen mühsamen Studiums einer abstrakten Philosophie, da es ihm auf den „inneren Menschen“ und nicht auf vermeintlich menschenferne Spekulation ankam. Er ließ sich von seinem philosophischen Freund Friedrich Heinrich Jacobi, der bekanntlich von sich als einem „Heiden im Kopf, aber Christen im Herzen“ sprach, 1791/92 brieflich die „Kritik der reinen Vernunft“ erklären und benutzte einen Auszug aus Kants Werken aus der Feder eines Theologie-Professors – und dabei blieb es, soweit man sehen kann. In seinen Antworten an Jacobi rang er durchaus gedanklich mit Kant, fragte aber, ob dieser sein eigenes System selbst habe glauben können. Er komme sich vor – ein Dichter denkt in plastischen Bildern! – wie ein Mann, der in einem Weinkeller vor lauter *leeren* Flaschen stehe. Dass Jacobi seinerseits natürlich eine eigene Interpretation der Kantschen Philosophie vorgelegt hatte, ist dabei gar nicht so wichtig wie der Impuls für den Wandsbecker Nichtphilosophen, der Jacobischen Trennung von Kopf und Herz nicht folgen zu wollen. Er nannte diese kantische Aufklärung in Absetzung von der bisherigen die „Neue Aufklärung“. Diese ließ ihn nicht los, und er fühlte sich gefordert. In seiner kleinen Broschüre „Von und Mit“ von 1796, seiner wichtigsten anti-aufklärerischen Schrift (SW S. 370–411), ringt er bereits in einem Teil mit Kants „Kritik der praktischen Vernunft“ und der gerade erschienenen Religions-Schrift mit direkten und indirekten Zitaten. Kant ist ihm nicht gleichgültig; aber der Königsberger Philosoph erschüttert ihn nicht wirklich.

Dieser „neuen Aufklärung“ galt bereits das Gedicht „Urians Nachricht von der neuen Aufklärung, nebst einigen andern Kleinigkeiten. Von dem Wandsbecker Boten“, 1797 bei seinem

Schwiegersohn Friedrich Perthes in Hamburg als Broschüre gedruckt; bei der Aufnahme in den VI. Teil der „Sämtlichen Werke“ im darauf folgenden Jahr wurde die Überschrift durch „oder Urian und die Dänen“ erweitert (SW S. 459–461). Diese Stellungnahme, in der die französische Revolution und ihre Folgen als irreligiöse Konsequenz aus der neuen Aufklärung abgeleitet werden, ist verständlicherweise in der zeitgenössischen Publizistik heftig bekämpft worden. Das „neue Licht“ der Aufklärung habe, sagt Claudius, zwar die Menschenrechte gelehrt und die Gleichheit der Menschen, worauf aber Ordnung und Gesetze zum Gegenstand des „Radschlagens“ (das erklärt Adelung in seinem Wörterbuch als „eine bei Knaben und Gauklern übliche Bewegung“) und Rumorens geworden seien. Die doch sonst so nützliche „Vernunft“ wisse nun auch, was sie *nicht* wisse, d.h. übernehme sich, mit der Konsequenz, dass die „hehre Gabe“ der Religion verloren gegangen und die weltliche Herrschaft ohne die ihr gebührende Achtung geworden sei. Man kann im Sinne von Claudius sagen: Die Welt der neuen Aufklärung hat ihren inneren Halt verloren, weil die religiöse Wahrheit ihrer Kraft beraubt wurde. Der Lutheraner Claudius, der die Scheidung der beiden Reiche bzw. Regimente Gottes hochhalten will, kann nicht anders, als die alte Standesgesellschaft auch für den höheren Sinn des menschlichen Lebens für nötig zu erachten: „Wir fürchten Gott, wie Petrus schreibet [1. Petrusbrief 2,17], / Und ehren unsern König hoch. / Was Wahrheit ist, und Wahrheit bleibet / Im Leben und im Tode noch; / Das ist uns heilig, ist uns hehr!“ Den neuen Aufklärern aber gilt der verächtliche Ratschlag: „Ihr Fasler, faselt morgen mehr“ (S. 461).

Aber die von Kant angestoßene „neue Aufklärung“ war weitergegangen, und Claudius sah sich schon zwei Jahre später zu einer Fortsetzung genötigt, eben zu der „Nachricht von der neuen Aufklärung. Zweite Pause“ – er hätte eigentlich schreiben müssen: der *neuesten* Aufklärung. Nur mit Blick auf das vorherige Gedicht versteht man die ganze Überschrift, auch wenn Claudius jetzt auf die alte Kunstfigur des reisenden Urian verzichtet hat. „Zweite Pause“ heißt: Zweite Unterbrechung, man kann sagen: zweiter Ruf zum Innehalten. Und es wird gleich deutlich gesagt, wem diese neue Pause gilt: den – und er meint neuesten (nämlich idealistischen) – Philosophen. Claudius veröffentlichte das Gedicht 1799 – ohne Jahresangabe – als Einzelschrift auf einem Doppelblatt gleichfalls im Verlag seines Schwiegersohnes und nennt sich unter dem Text bei seinem Schriftstellernamen: „Der Wandsbecker Bote". Das spricht von einem deutlichen Willen, in die Öffentlichkeit zu sprechen. Ein solches Werklein konnte in einer Buchhandlung mit leichter Hand mitgenommen oder im Vorbeigehen gelesen werden; es konnte auch ohne große Umstände verschickt werden. Es ist also geradezu ein „Flugblatt". Wenn der Bote aus Wandsbeck sich „Asmus omnia sua secum portans" nennt (also Asmus, der alles, was ihm gehört, mit sich trägt), so setzt er ja gerade diese Situation voraus, in der die Botschaft für deren Übermittler leicht zu transportieren sein sollte. Was Claudius zu sagen hatte, sollte leichtfüßig unters Volk kommen können. Dazu war ein Flugblatt gut geeignet. Und diese Veröffentlichungsform konnte weit gestreut werden – wer weiß wohin! Diese Art der Publikation hat Claudius immer wieder bevorzugt, etwa im gleichen Jahr mit seinem berühmten väterlichen Brief „An meinen Sohn Johannes 1799" (SW S. 545–548), der doch eigentlich ein sehr intimes Schriftstück ist – eine Art Patriarchensegen in Briefform, der dann eine Lehre für *alle* Leser enthalten soll. Freilich kann eine so kurze Flugschrift wie die „Nachricht (...) Zweite Pause" auch davonflattern – es hat sich nur noch ein einziges Exemplar in der Staats- und Universitätsbibliothek zu Hamburg erhalten ...

Schwer zu erklären ist, wieso Claudius dann – wohl fast gleichzeitig – am 18. Mai 1799 sein Gedicht in die „Staats- und Gelehrte Zeitung des Hamburgischen unpartheyischen Correspondenten" (Nr. 80) vollständig zur Veröffentlichung freigab, und zwar mit der ebenso informativen wie frechen Unterzeile:

(Ist bey Friedrich Perthes für Liebhaber zu 4 ßl. zu haben,
für Philosophen gratis.)

Was soll man davon halten? Eine (wie heute) nicht kostenlose Werbeanzeige mit dem vollständigen (sichtlich von der Zeitung neu gesetzten) Text, der dann zusätzlich gekauft werden soll?

Das wirkt in jedem Fall unökonomisch, auch wenn der angegebene Preis für „Liebhaber“ nur 4 ßl [Schilling] beträgt. Der Schilling war die Hamburger Kurrentmünze; es gab ein 4-Schilling-Stück, das den Geldbeutel nicht belastete und sich leicht ausgeben ließ. Sollte der Text in einem Journal, das – damals die größte Zeitung Europas (!) – überwiegend Korrespondentenberichte aus der deutschsprachigen Welt und Europa, vor allem aber lokale Wirtschaftsnachrichten und Handelsanzeigen enthielt, Lust auf den Besitz eines eigenen, über den Tag hinaus geltenden Druckes machen? Der zeigte auf dem Deckblatt die auch von den „Sämtlichen Werken“ bekannte Eule, die auf drei Frösche herabblickt, war also etwas für Claudius-Sammler. Ein typisch Claudius'scher Spaß ist in jedem Fall die Angabe „für Philosophen gratis“. Konnte das ernst gemeint sein? Wie beweist ein Kunde, dass er ein Philosoph ist? Natürlich bezog sich diese Angabe auf den Inhalt des Gedichtes, in dem der neuesten philosophischen Strömung jeder denkbare Segen abgesprochen wird. Und damit ist der Angabe ebenso ein gewisser Sarkasmus abzuspüren wie eine Verachtung der Philosophie insgesamt. Die angesprochenen Philosophen werden das Gedicht des Wandsbecker Boten auch geschenkt nicht haben wollen! Niemand wird gedruckt nach Hause nehmen wollen, dass sein soeben Aufsehen erregendes Denken nur ein Auf- und Abhaspeln darstelle, das den Menschen nicht weiterbringe. Wer das wie Claudius auch so sieht, wer also ein „Liebhaber“ ist – und natürlich denkt der Verfasser hier an christliche Leser –, der wird gerne den geringen Preis zahlen, um sich und anderen zu zeigen, dass er ebenso vernünftig ist wie der Bote und dem Alltagsverstand traut, der im täglichen Leben gilt. Dafür kann man dann gern auch ein wenig Geld ausgeben. Und so ist die ökonomische Spekulation vielleicht doch trickreicher als gedacht.

Das Gedicht ist, wie bei Claudius gewohnt, gekonnt gebaut. Es sind acht Strophen à sechs Zeilen in vierhebigen Jamben, wobei die Verse 1–4 durch Kreuzreim verbunden sind, die beiden Schlussverse durch Paarreim. Im Druck ist diese Anordnung auch optisch herausgehoben. Ein solches Versmaß setzt den Dichter unter Formzwang, aber Claudius ist ein so geübter

Poet, dass man an keiner Stelle den Eindruck von Künstlichkeit erhält. Die dem Dichter wichtigen Stichwörter werden durch Fettdruck oder Sperrung herausgehoben, die also interpretatorische Bedeutung haben. Der Aufbau lässt ein rhetorisches Schema erkennen: Das Thema der neuen Philosophie wird genannt und mit der früheren Erfahrung verglichen, woraus sogleich ein heftig ablehnendes Urteil mit Ansprache des verursachenden Philosophen bzw. philosophischen Lesers („Du") erwächst. Dann wird eine Diagnose der Gegenwart mit Schilderung der neuesten Philosophie und ihrer Urheber gegeben, allerdings ohne Namensangabe, worauf die letzte Strophe ein Resümee zieht: Die Philosophie wird, wie stets, am Lauf der Welt nichts ändern. Die Grundaussage wird also in logischen Schritten nachvollziehbar entwickelt und letztlich theologisch in der Form einer rhetorischen Aufforderung zur eigenen Schlussfolgerung gewichtet: Die neueste Philosophie wird keinen Segen bringen. Sie ist überflüssig.

Der Dichter Claudius arbeitet von Beginn an (*Strophe 1*) mit Bildern, wobei er sein Urteil vom ersten Satz an nicht zurückhält. Natürlich bringt er der Philosophie keine „Ehr' und Reverenz" entgegen, wenn er mit der Metapher des neuerlichen („heuer") Deichbruchs das geläufige Bild des Lichtes für die neueste Aufklärung („Neues Licht") verbindet und es mit dem ganz anders gearteten Mondlicht gleichsetzt: Anders als das Sonnenlicht flimmert dieses nur und wärmt nicht. Der Bewohner der Marsch weiß Bescheid: Wo der Damm durchgebrochen ist, ist das scheinbar franke und freie Wogen des Wassers im höchsten Maße gefährlich. Von der neuen Philosophie ist nichts zu erwarten.

Die Erinnerung an die früheren Zeiten („sonst") in *Strophe 2* formuliert das bekannte Lob der Vergangenheit, in der alles noch besser war. Mit dem bewusst gesetzten Fettdruck von „Erfahrung" beruft sich Claudius, philosophiegeschichtlich gesehen, auf den Empirismus, der für ihn zugleich Ergebnis der Alltagserfahrung ist. Die Wahrheit muss sich für ihn an der Erfahrung bewähren. Claudius wehrt damit von Anfang an die transzendentale Fragestellung von Kant und seinen Schülern ab, die nach den Bedingungen von möglicher Erfahrung fragen, also erkenntnistheoretisch einen Schritt über den Empirismus hinaus gehen. Die Vokabeln „setzen“ und „von vorn herein“ (= a priori) lassen den philosophiehistorischen Hintergrund des Kantianismus erkennen, den Claudius auf seine Weise referiert und den er wohl auch bei seinen Lesern als flüchtig bekannt voraussetzt. Sehr wahrscheinlich denkt er, wie die nächste Strophe zeigt, hier sofort an die Destruktion der Gottesbeweise in der „Kritik der reinen Vernunft“, der er vorwirft, ihr Ergebnis ohne Prüfung bereits vorauszusetzen. Man darf an dieser Stelle wieder an das oben zitierte „Abendlied“ erinnern: „So sind wohl manche Sachen, / Die wir getrost belachen, / Weil unsre Augen sie nicht sehn.“ Dass er Kant an dieser Stelle missverstanden hat, steht auf einem andern Blatt. Kant hatte ja gerade gezeigt, dass alle sog. Gottesbeweise letztlich Schlüsse über die Empirie hinaus ziehen, also sich keinesfalls – um es mit Claudius zu sagen – bloß von „Erfahrung leiten“ lassen. Aber die Konsequenzen dieses Denkvollzugs auf die gelebte, kirchliche Religion waren unübersehbar. Und hier fühlte sich Claudius gefordert.

Das zeigt sich sofort an *Strophe 3*. Das Stichwort „heilige Religion“ war ja nicht die unbedingte logische Folge des bisher Gesagten. Claudius hätte lediglich vor haltloser Spekulation warnen können. Aber er wusste ganz genau, wohin die Diskussion lief. Längst hatten jüngere Aufklärer nach dem Sinn von Religion und Gottesglaube gefragt und Kant radikalisiert. Es gab – um es mit Friedrich Schleiermachers bekannter Schrift „Reden. Über die Religion“ aus dem gleichen Jahr zu benennen – „gebildete Verächter“ der Religion. Der Radikalaufklärer Friedrich Karl Forberg hatte im Herbst 1798 in dem „Philosophischen Journal“, dessen Mitherausgeber Johann Gottlieb Fichte war, einen Aufsatz über die „Entwickelung des Begriffs der Religion“ veröffentlicht, in dem er die Religion als einen praktischen Glauben an eine „moralische Weltregierung“ erklärte, der nicht von der Annahme der Existenz eines moralischen Weltregenten, also Gottes, ausgehe, sondern nur von dem Glauben, „als ob“ es ihn gebe. Damit war Kants sog. moralischer Gottesbeweis, d.h. das Postulat Gottes zur Fundierung der Praktischen Philosophie, für überflüssig, ja als „irreligiös“ erklärt. Fichte, der sich in seinem einleitenden

Aufsatz „Über den Grund unsers Glaubens an eine göttliche Weltregierung“ in dem gleichen Journal zustimmend äußerte, begründete diesen Grund noch radikaler als aus dem Inneren des Ichs stammende unmittelbare und darum notwendige Anschauung, die keiner außersinnlichen Begründung – also etwa durch eine Gottesvorstellung oder durch einen Gottesbeweis – bedürfe. Die wahre Religion, sagt er abschließend, sei die Religion des freudigen Rechttuns. Diese philosophische Position hatte erhebliche – auch politische – Konsequenzen.

Die Aufsätze lösten den sog. Atheismus-Streit aus, der Fichte schließlich (im April 1799) den Jenaer philosophischen Lehrstuhl kosten wird. Claudius lässt nicht erkennen, dass er von dieser Folge weiß. Aber geistesgeschichtlich gesehen reagierte er mit genauem Gespür auf die Lage der Zeit. Hier wollte und konnte er nicht schweigen. Ihm ist es zu wenig – wie er an seine Tochter Anna im Februar des gleichen Jahres 1799 geschrieben hatte –, dass das Christentum zu einem „puren moralischen Diskurs“ (hier kann man ebenso an Kant wie an Fichte und Forberg denken) gemacht werde. Und er verspricht den bekannten „Einfältigen Hausvater-Bericht über die christliche Religion“ (erschienen 1803/1804). Das Gedicht geht dieser geplanten Grundlegung in poetischer und polemischer Form zeitlich voraus. Fichte hatte im Januar 1799 eine „Appellation an das Publikum“ wegen seiner angeblichen atheistischen Äußerungen geschrieben, mit der geradezu verzweifelten Unterzeile „Eine Schrift, die man erst zu lesen bittet, ehe man sie konfisziert“; diese Schrift hatte er an die Freunde mit der Bitte um Verbreitung und Unterstützung gesandt. Sie hatte im philosophischen Blätterwald wie in der Öffentlichkeit ein gehöriges Rauschen bewirkt. Im norddeutschen Raum war der Schwiegersohn Perthes der Verleger solcher Schriften und wird Claudius auf dem Laufenden gehalten haben. So hatte der Freund Jacobi im März Briefe „Jacobi an Fichte“ geschrieben, die zunächst in Abschriften kursierten und Claudius zur Kenntnis gekommen sein können. Der Kieler Philosoph Karl Leonhard Reinhold hatte im gleichen März sein Buch „Über die Paradoxien der neuesten Philosophie“ eingereicht; es erschien zeitlich vor dem Gedicht des „Boten". Auf diese Debatte der „Philosophen" bezieht sich Claudius.

Der Gedankenstrich zu Beginn der 3. Strophe, der sehr bewusst gesetzt ist, fordert dazu auf, innezuhalten und die Konsequenzen der Aufklärungsphilosophie gerade dort zu bedenken, wo sie weh tat. Genau das wollte Claudius, dazu sprach er mit seinem Flugblatt und dem Wiederabdruck im „Hamburgischen Correspondenten" in die Öffentlichkeit. Das hatte eine „Pause" zur Vorbedingung. Und so ist dieser Gedankenstrich interpretatorisch so wichtig wie an den beiden anderen Stellen, die noch folgen.

Claudius argumentiert aber nicht logisch, jedenfalls nicht gleich, sondern er gebraucht einen Vergleich, den jeder gebildete Mensch seiner Zeit aus dem Erzählschatz der Antike kennen musste oder jedenfalls kennen konnte. Unter „Mirons Kuh" ist daran zu erinnern, dass Myron aus Eleutheria, der berühmteste Bildhauer des beginnenden 4. Jahrhunderts v. Chr. in Athen, eine bronzene Kuh geschaffen hatte, die so realistisch gelungen war, dass ein Hirte ihr auf das Hinterteil klatschte, um sie zum Losgehen zu veranlassen. In der „Anthologia Graeca" wird das verblüffende Kunstwerk mehrfach in Distichen bewundert, etwa so (in Schleiermachers Übersetzung).

Hätte Myron nicht hier an dem Stein mir die Füße befestigt,
Sicher mit anderem Rind strich ich die Wiesen umher.

Der Hirt war also keinesfalls „schlau", wie der Kenner der Geschichte mit Schmunzeln erkennt, er war (wenn man bei dem Bild bleiben darf) selbst das „Rindvieh",[1] das Schein und Wirklichkeit verwechselt. So dumm kann niemand sein – bei allem

---

[1] Der Abdruck im „Hamburgischen Correspondenten" liest „fein Rindvieh" statt „sein Rindvieh". Die fehlende Akkusativendung ließe sich so erklären, dass Claudius hier das in seinem Alltag gesprochene Niederdeutsch im Kopf hatte. Da das Gedicht für die Anzeige in einem anderen Verlag neu gesetzt werden musste, kann man aber wohl eher annehmen, dass der Setzer sich bei dem langschwänzigen Frankatur-s vergriffen hat, das dem f ähnlich sieht. Die weiteren Druckunterschiede sind bedeutungslos.

Respekt vor der Bildhauerkunst und dem Künstler! Und das soll bei Claudius auch für die „heilige Religion" gelten, bei der „gleich Mirons Kuh" die bloß gedachte Religion mit der wirklichen Religion nicht verwechselt werden kann. Sonst ist der Philosoph selbst nur ein „Klatscher", der keinesfalls respektiert gehört.

Das ist die Folgerung, die Claudius in *Strophe 4* zieht. Der ironisch „lieber Klatscher" genannte neue Aufklärungsphilosoph versteht seine „Sache" nicht! Die „Freundin" Religion kann nicht auf philosophischem Wege befragt, erfragt werden, nicht „er-demonstrirt"[2] werden, wie es der Philosoph zu tun pflegt, der deduktiv vorgeht und logische Schlüsse wie ein Mathematiker zieht. Bei der Religion handelt es sich nämlich nach dem Einwand des „Boten" um „Leben", das schon „ist", nicht um etwas, das auf kunstvolle Weise erst noch erdemonstriert werden müsste. Seine Berufung auf den „Weisen" meint in diesem Zusammenhang wohl Sokrates, der zeitgenössisch als der vorbildliche Weise (und Vorgänger Jesu von Nazareth) galt. Claudius hatte 1790 die „Apologie des Sokrates" übersetzt und in seinen Sämtlichen Werken drucken lassen, in der Sokrates zwar den Titel „Weiser" für sich ablehnt, sich aber von Anfang bis Ende als der überlegene Weise darstellt. Sokrates hatte sich angesichts des Vorwurfs der Gottlosigkeit (genauer gesagt: Götterlosigkeit) nicht durch einen Gottesbeweis zu retten versucht, sondern furchtlos einfach davon geredet, dass er Gott darin gehorsam sein wolle, nach der Wahrheit zu fragen und die Jugend zur Tugend zu erziehen. Das konnte Claudius (mit seiner Zeit) spurenhaft christlich deuten. Und so beruft er sich auf Sokrates, indem er dessen Philosophie wie das Christentum als etwas deutet, das mit dem „Leben" gegeben ist und keiner weiteren Begründung bedarf – deshalb ist „Leben" gesperrt und „ist" fett gedruckt hervorgehoben. Es entzieht sich letztlich aller rationalen begrifflichen Ableitbarkeit. Damit ist die Religion als Lebensvollzug allem erkenntnistheoretischen Zweifel enthoben. In dem schon genannten Brief „An meinen Sohn Jo-

[2] Hier liest SW S. 949 fälschlich: „es – demonstriert" (mit Gedankenstrich).

hannes 1799“ aus dem gleichen Jahr heißt das so: „Was im Hirn ist, das ist im Hirn; und Existenz ist die erste aller Eigenschaften“ (SW S. 546). Man kann (etwas anachronistisch) sagen: Claudius war mit einer solchen Aussage ein christlicher Existenzphilosoph.

Eigentlich hätte Claudius hier aufhören können. Aber es ist doch nicht zu verkennen, dass er mit den zwei Bezügen auf die Antike die neue Aufklärungsphilosophie nicht hat in die Grenzen weisen können. Was er zu sagen hat, ist behauptet, nicht begründet. Vor allem hat er die Auseinandersetzung mit dem Kantianismus nicht verlassen, d.h. er hat die *neueste* Philosophie noch nicht angesprochen. Er muss ab *Strophe 5* wieder neu ansetzen, und das tut er mit deutlichem Spott. Mit dem „Scharfsinn unserer Zeiten“ und dem „neuen großen Fund“ meint er vermutlich die Philosophie Fichtes, der seit wenigen Jahren die philosophische Diskussion bestimmte. Fichte wollte mit seiner Philosophie des Ich der Theorie Kants das ihr nach seiner Meinung noch fehlende Fundament liefern. Er hatte in seiner „Grundlage der gesamten Wissenschaftslehre“ von 1794 das Ich als sich selbst und die Welt „setzend“ entwickelt – das Stichwort kennen wir schon aus dem fett gedruckten „**setzt**, was sein kann oder nicht“ in Strophe 2. Weitere Fichte'sche Terminologie, etwa der Begriff der Tathandlung, begegnet nicht. (Dieser Begriff wäre ja auch lyrisch nicht verwendbar.) Am ehesten kann man noch das „Aus sich heraus, in sich hinein“ in *Strophe 6* auf Fichte deuten. Aber sicher ist das nicht, weil nicht bekannt ist, was bzw. wen Claudius gelesen hat und wer ihm den neuesten Stand der Aufklärungsphilosophie berichtet hatte. In seinem Sarkasmus schießt er über das Ziel hinaus. Das Bild des Pudelhunds ist amüsant, aber nur für den Leser, nicht für den Mitdenkenden. Das zweimal fett gedruckte „in sich“ klingt nach Zitat – Kant sprach von dem Ding-an-sich und unterschied es vom Ding-in-der-Erscheinung, was vielleicht (und missverstanden) angespielt ist. Allerdings ist es die „Vernunft“ als das Vermögen der logischen Schlüsse, die für Kant und seine Nachfolger das eigentlich produktive Element der Erkenntnis darstellt. Der „Rat der Sinne“ gilt seit der Philosophie der Antike als fehlerhaft. Die Berufung darauf ist kein ernsthaftes Argument, wie Claudius durchaus wissen kann.

Noch undeutlicher ist die nächste Anspielung in *Strophe 7*, die einem „Mann“ die neue gefundene „Einheit“ zuschreibt, und zwar gerade erst („allendlich“). Das Wort „Einheit“ ist ein Zitat. Wer ist gemeint? Von Einheit ist in der Philosophie von Kant bis Hegel immer wieder die Rede; es soll ja ein Auseinanderfallen von erfahrener und gedachter Welt vermieden werden. Hier geht es Claudius aber um die Einheit von Glauben und Denken, von Religion und Philosophie. Bei Jacobi und Reinhold, die beide vermittelnd im Sinne Fichtes argumentieren und in der Tat wie Claudius um eine Verhältnisbestimmung von Philosophie und Religion ringen, spielt der Begriff „Einheit“ keine die Probleme lösende Rolle, sie können schwerlich gemeint sein. Ist der Rückschluss auf Fichte zutreffend und soll zwischen Strophe 6 und 7 auf eine *neue* philosophische Position angespielt sein, könnte man nur auf Friedrich Wilhelm Joseph Schelling schließen. Von diesem hatte Schwiegersohn Perthes 1798 das Buch „Von der Weltseele“ gedruckt, als Vorarbeit zu Schellings späterer Identitätsphilosophie, in der der Philosoph eine Einheit von Geist und Materie zu begründen suchte. Von Perthes könnte Claudius sein Wissen haben. Eine eigene Schelling-Lektüre ist so wenig bezeugt wie eine Fichte-Lektüre. Wir erkennen den direkten Bezug nicht mehr. Claudius reagiert geradezu seismographisch auf die allerneueste philosophische Debatte. Für den Lutheraner aber, als den er sich betrachtet, ist diese Suche nach einer Einheit überflüssig, da im Glauben an den Schöpfergott die erfahrene Welt der naturwissenschaftlichen Betrachtungsweise und die gedachte Welt der Philosophie als einheitliche Schöpfung enthalten sind, also keinesfalls auseinanderfallen. Das „Licht“ des Schöpfungsberichtes (Genesis 1,3) ist das eigentliche, alle aufklärerische Licht-Metapher wahrhaft übertreffende Licht der Erkenntnis. Und die ist kein bloßer „Zauber“.

Das wird in der abschließenden *Strophe 8* noch einmal betont. Man kann diese Strophe als negatives Resümee lesen: Mit der neuesten Philosophie, die so viel auf sich hält, wird der Weg des Menschen ziellos werden. Mit dem Adverb „grundaus“ (fett gedruckt), das schon zu Claudius' Zeit „wenig häufig und vorwiegend poetisch“ (Grimms Wörterbuch) gebraucht wurde, wird betont: völlig, ganz und gar. (Wenn der Fettdruck Hinweis auf ein Zitat ist, könnte ein ironischer Bezug auf Reinhold vorliegen, der das Wort auch benutzt.) Es geht nicht wirklich „weiter“, das denkerische Bemühen führt über ein Ab- und Aufhaspeln nicht hinaus. Das hatte Claudius in seinem ersten Anti-Aufklärungs-Gedicht mit dem Vorwurf der Faselei auch so gesagt. Und damit ist der logische Schluss, der rhetorisch die Verneinung fordert, für jedermann klar: Diese neue Aufklärung bringt keinen Segen, ist ohne Wert.

Man kann aber auch einen Sarkasmus spüren, nämlich wenn Claudius annähme, diese neue Philosophie werde sich durchsetzen. Dann werde die Menschheit (inkludierendes „Wir“) ihren Weg des Irrtums weiter gehen, die Welt zerlegen und wieder aufbauen, endlos, ohne bleibendes Ergebnis. Den abschließenden, sinngebenden Segen Gottes könne es dann nicht geben.

Der Christ Matthias Claudius fürchtet das. Sein Einspruch gegen die neueste Entwicklung der Philosophie, in der er die Zukunft des Atheismus spürt, ist ernst gemeint. Hier fühlte er sich aufgerufen, eine „Pause“ einzufordern. Merkwürdig bleibt, dass er das Gedicht nicht in den – so angegebenen – „siebenten und letzten“, d.h. abschließenden, Band seines „Asmus omnia secum portans“ von 1803 aufgenommen hat. Aber hier hat er seine Grundüberzeugung in seinem „Valet an meine Leser“ noch einmal dargelegt, und zwar ohne Bildsprache und Ironie. Sie lautet (in den letzten Sätzen) so: „Wir sind nicht umsonst in diese Welt gesetzt; wir sollen hier reif für eine andre werden, und man kann unsern Körper als ein Gradierhaus ansehen, wo das wilde Wasser von dem guten geschieden werden soll. Es ist nur Einer der dazu helfen kann, und dem sei Ehre in Ewigkeit“ (SW S. 602).

Dem heutigen Leser des Gedichtes bleibt aufgegeben zu prüfen, ob es das gegebene Sein des Lebens ist, das abseits aller Philosophie die Religion des Menschen begründet. Diese Antwort wäre dann gleichfalls für die Philosophen gratis.

Matthias Claudius

An meinen Sohn Johannes 1799

Gold und Silber habe ich nicht; was ich aber habe, gebe ich dir.

Lieber Johannes!

Die Zeit kommt allgemach heran, daß ich den Weg gehen muß, den man nicht wiederkömmt. Ich kann Dich nicht mitnehmen; und lasse Dich in einer Welt zurück, wo guter Rat nicht überflüssig ist.

Niemand ist weise von Mutterleibe an; Zeit und Erfahrung lehren hier, und fegen die Tenne.

Ich habe die Welt länger gesehen als Du.

Es ist nicht alles Gold, lieber Sohn, was glänzet, und ich habe manchen Stern vom Himmel *fallen* und manchen Stab, auf den man sich verließ, *brechen* sehen.

Darum will ich Dir einigen Rat geben, und Dir sagen was ich funden habe, und was die Zeit mich gelehret hat.

Es ist nichts groß, was nicht gut ist; und ist nichts wahr, was nicht bestehet.

Der Mensch ist hier nicht zu Hause, und er geht hier nicht von ungefähr in dem schlechten Rock umher. Denn siehe nur, alle andre Dinge hier, mit und neben ihm, sind und gehen dahin, ohne es zu wissen; der Mensch ist sich bewußt, und wie eine hohe bleibende Wand, an der die Schatten vorübergehen. Alle Dinge mit und neben ihm gehen dahin, einer fremden Willkur und Macht unterworfen; er ist sich selbst anvertraut, und trägt sein Leben in seiner Hand.

Und es ist nicht für ihn gleichgültig, ob er rechts oder links gehe.

Laß Dir nicht weismachen, daß er sich raten könne und selbst seinen Weg wisse.

Diese Welt ist für ihn zu wenig, und die unsichtbare siehet er nicht und kennet sie nicht.

Spare Dir denn vergebliche Mühe, und tue Dir kein Leid, und besinne Dich Dein.

Halte Dich zu gut, Böses zu tun.

Hänge Dein Herz an kein vergänglich Ding.

Die Wahrheit richtet sich nicht nach uns, lieber Sohn, sondern wir müssen uns nach ihr richten.

Was Du sehen kannst, das siehe, und brauche deine Augen, und über das Unsichtbare und Ewige halte Dich an Gottes Wort.

Bleibe der Religion deiner Väter getreu, und hasse die theologischen Kannengießer.

Scheue niemand so viel, als Dich selbst. Inwendig in uns wohnet der Richter, der nicht trügt, und an dessen Stimme uns mehr gelegen ist, als an dem Beifall der ganzen Welt und der Weisheit der Griechen und Ägypter. Nimm es Dir vor, Sohn, nicht wider seine Stimme zu tun; und was Du sinnest und vorhast, schlage zuvor an Deine Stirne und frage ihn um Rat. Er spricht anfangs nur leise und stammelt wie ein unschuldiges Kind; doch, wenn Du seine Unschuld ehrst, löset er gemach seine Zunge und wird Dir vernehmlicher sprechen.

Lerne gerne von andern, und wo von Weisheit, Menschenglück, Licht, Freiheit, Tugend etc. geredet wird; da höre fleißig zu. Doch traue nicht flugs und allerdings, denn die Wolken haben nicht alle Wasser, und es gibt mancherlei Weise. Sie meinen auch, dass sie die Sache hätten, wenn sie davon reden können und davon reden. Das ist aber nicht, Sohn. Man hat darum die Sache nicht, daß man davon reden kann und davon redet. Worte sind nur Worte, und wo sie so gar leicht und behende dahin fahren; da sei auf Deiner Hut, denn die Pferde, die den Wagen mit Gütern hinter sich haben, gehen langsameren Schritts.

Erwarte nichts vom Treiben und den Treibern; und wo Geräusch auf der Gassen ist, da gehe fürbaß.

Wenn Dich jemand will Weisheit lehren, so siehe in sein Angesicht. Dünket er sich noch; und sei er noch so gelehrt und noch so berühmt, laß ihn und gehe seiner Kundschaft müßig. Was einer nicht hat, das kann er auch nicht geben. Und der ist nicht frei, der da will tun können was er will, sondern der ist frei, der da wollen kann, was er tun soll. Und der ist nicht weise, der sich dünket, daß er wisse; sondern der ist weise, der seiner

Unwissenheit inne geworden und durch die Sache des Dünkels genesen ist.

Was im Hirn ist, das ist im Hirn; und Existenz ist die erste aller Eigenschaften.

Wenn es Dir um Weisheit zu tun ist; so suche *sie* und nicht das Deine, und brich Deinen Willen, und erwarte geduldig die Folgen.

Denke oft an heilige Dinge, und sei gewiß, dass es nicht ohne Vorteil für Dich abgehe und der Sauerteig den ganzen Teig durchsäuere.

Verachte keine Religion, denn sie ist dem Geist gemeint, und Du weißt nicht, was unter unansehnlichen Bildern verborgen sein könne.

Es ist leicht zu verachten, Sohn; und verstehen ist viel besser.

Lehre nicht andre, bis Du selbst gelehrt bist.

Nimm Dich der Wahrheit an, wenn Du kannst, und laß Dich gerne ihrentwegen hassen; doch wisse, dass *Deine* Sache nicht die Sache der Wahrheit ist, und hüte, daß sie nicht ineinanderfließen, sonst hast du Deinen Lohn dahin.

Tue das Gute vor Dich hin, und bekümmre Dich nicht, was daraus werden wird.

Wolle nur einerlei, und das wolle von Herzen.

Sorge für Deinen Leib, doch nicht so als wenn er Deine Seele wäre.

Gehorche der Obrigkeit, und laß die andern über sie streiten.

Sei rechtschaffen gegen jedermann, doch vertraue Dich schwerlich.

Mische Dich nicht in fremde Dinge, aber die Deinigen tue mit Fleiß.

Schmeichle niemand, und laß Dir nicht schmeicheln.

Ehre einen jeden nach seinem Stande, und laß ihn sich schämen, wenn er's nicht verdient.

Werde niemand nichts schuldig; doch sei zuvorkommend, als ob sie alle Deine Gläubiger wären.

Wolle nicht immer großmütig sein, aber gerecht sei immer.

Mache niemand graue Haare, doch wenn Du recht tust, hast Du um die Haare nicht zu sorgen.

Mißtraue der Gestikulation, und gebärde Dich schlecht und recht.

Hilf und gib gerne, wenn Du hast, und dünke Dir darum nicht mehr; und wenn Du nicht hast, so habe den Trunk kalten Wassers zur Hand, und dünke Dir darum nicht weniger.

Tue keinem Mädchen Leides, und denke, daß Deine Mutter auch ein Mädchen gewesen ist.

Sage nicht alles, was Du weißt, aber wisse immer, was Du sagest.

Hänge Dich an keinen Großen.

Sitze nicht, wo die Spötter sitzen, denn sie sind die elendesten unter allen Kreaturen.

Nicht die frömmelnden, aber die frommen Menschen achte, und gehe ihnen nach. Ein Mensch, der wahre Gottesfurcht im Herzen hat, ist wie die Sonne, die da scheinet und wärmt, wenn sie auch nicht redet.

Tue was des Lohnes wert ist, und begehre keinen.

Wenn Du Not hast, so klage sie Dir und keinem andern.

Habe immer etwas Gutes im Sinn.

Wenn ich gestorben bin, so drücke mir die Augen zu, und beweine mich nicht.

Stehe Deiner Mutter bei, und ehre sie solange sie lebt, und begrabe sie neben mir.

Und sinne täglich nach über Tod und Leben, ob Du es finden möchtest, und habe einen freudigen Mut; und gehe nicht aus der Welt, ohne Deine Liebe und Ehrfurcht für den Stifter des Christentums durch irgend etwas öffentlich bezeuget zu haben.

Dein treuer Vater

(SW S. 545–548)

Reinhard Ellsel

Inspirierende Lebensregeln von Matthias Claudius

Gedanken zu „An meinen Sohn Johannes 1799“

Ungefähr zwölf Jahre war ich alt. Mal wieder werde ich eifrig und viel geredet haben. Wahrscheinlich zu viel. Mein Vater nahm mich zur Seite und mahnte: „Sage nicht alles, was Du weißt, aber wisse immer, was Du sagst.“ Und dann erzählte er mir noch, dass er dieses Sprichwort von einem älteren Soldaten in Russischer Kriegsgefangenschaft gelernt habe. Der wollte ihn davor bewahren, dass er sich um Kopf und Kragen redete. Das Sprichwort habe ich mir gemerkt – aber leider nicht immer beherzigt.

Ungefähr 1977 hat dieses Gespräch mit meinem Vater stattgefunden. Erst viele Jahre später machte ich die Entdeckung, dass dieses Sprichwort von Matthias Claudius geprägt worden ist. Er hat diese Worte in einem Brief „An meinen Sohn Johannes“ geschrieben. 1990 las ich sie in Heidelberg in einem Lesebuch, das zum 250. Geburtstag des Dichters herausgegeben worden war. Ich steckte damals mitten in der Vorbereitung auf das Erste Theologische Examen. Damals wurde mir der „Wandsbecker Bote“, der selbst sein Theologiestudium abgebrochen hatte, so etwas wie ein väterlicher Freund. Von seinen Worten fühlte ich mich verstanden. Seine warmherzige Frömmigkeit und sein Witz sprachen mir aus der Seele. Seine Unabhängigkeit und Lebensklugheit stärkte mir den Rücken.

Damals lernte ich einige seiner Gedichte auswendig, um neben der vielen Lernerei, wie ich es empfand, „nicht völlig zu verblöden“. Dies trug überraschend dazu bei, dass ich nach bestandenem Examen wieder eigene Gedichte schrieb. Das hatte ich seit dem Abitur nicht mehr getan. Die wissenschaftliche Theologensprache hatte mir meine eigene Sprache genommen. An Claudius orientierte ich mich auch insofern, dass ich noch eine journalistische Zweitausbildung absolvierte.

Ich schätze an Matthias Claudius, dass er ein christlicher Lebenskünstler ist. Seine Biographen berichten, dass er sich diese Lebenskunst über manchen Umweg und durch viele Jahre des Suchens hindurch erarbeiten musste. Sein Elternhaus hat ihn dabei unterstützt. In seiner Frau Rebecca fand er eine verständnisvolle Ehepartnerin, mit der er einen erfüllten Lebensweg gehen konnte. Und das trotz einer angeschlagenen Gesundheit – worunter auch ich zu leiden habe.

Seine Lebenskunst will der Familienvater Claudius natürlich auch seinen zahlreichen Kindern vermitteln. In „Eine Korrespondenz mit mir selbst“ (im V. Werke-Teil 1790) schreibt er: „Lieber Freund, ich habe etwas das ich Ihm in den Schoß schütten muss, weil ich's sonst nirgend zu lassen weiß. Sieht Er, wenn ich die Welt und das Leben, wie es darin geführt wird, ansehe; so gehen mir alle Kinder und sonderlich meine eigne, die da hinein und da durch sollen, im Kopf herum, und ich möchte sie *wohl* gegen das Verderben einbalsamieren und feuerfest machen können“ (SW S. 310).

Ich kann dieses Anliegen nur allzu gut verstehen und: „Überhaupt ist alles, was Er sagt, als wenn es mir aus dem Herzen gestohlen wäre“ (S. 312).

Jetzt, im Herbst 2014, habe ich nämlich die schöne Aufgabe, einen Aufsatz über Claudius' Brief „An meinen Sohn Johannes“ zu schreiben. Und gerade jetzt geht mein ältester Sohn Claudius Matts – wir haben ihn 1995 nach Matthias Claudius benannt – zum Studium aus dem Haus. Und da würden ihn meine Frau und ich, da wir ihn jetzt loslassen müssen, auch gerne „gegen das Verderben einbalsamieren und feuerfest machen“.

„An meinen Sohn Johannes“: 1799 hat Matthias Claudius seinem ältesten Sohn dieses Schreiben gewidmet. Am 8. Mai 1783 in Wandsbeck geboren, ging der 16-jährige Johannes nach Hamburg, um den Beruf des Kaufmanns zu erlernen. Bald darauf aber wandte er sich dem Studium der Theologie zu. Später hatte Johannes Claudius mit seiner Frau zehn Kinder und starb als Pastor in Sahms am 7. März 1859. Einer seiner Enkel war der Dichter Hermann Claudius (1878–1980).

1799 gab Claudius den Brief „An meinen Sohn Johannes“ auch als Einzeldruck heraus. Er wollte ihn einem größeren Leserkreis zugänglich machen. Der Brief enthält die Quintessenz seines Lebens und Nachdenkens – das, was der 59-jährige Glaubensphilosoph seiner Generation und den nachkommenden ins Stammbuch schreiben will. Noch heute kann man „An meinen Sohn Johannes“ als Einzeldruck bekommen, für zwei Euro. Vor ein paar Wochen habe ich solch einen Einzeldruck an meinen Sohn Claudius verschenkt, allerdings antiquarisch.

Habe ich unserem 18-Jährigen etwas Gutes damit geschenkt? Die Welt hat sich seit 1799 natürlich sehr verändert. Trotzdem inspirieren mich die meisten Lebensregeln von Matthias Claudius noch heute. Sie schlagen wichtige Schneisen, damit ich mich im Dschungel des Lebens orientieren kann. Aber sind diese alten Lebensregeln von 1799 auch 2014 für „meinen Claudius“ noch das Richtige? Nun, das kann und darf er letztlich selbst entscheiden. Er soll sehen, was er davon gebrauchen kann – und was nicht. Meine Aufgabe aber ist es, ihm das an die Hand zu geben, was ich für hilfreich halte.

Und so – in aller Freiheit – hat es Matthias Claudius damals auch gehalten: „Machen sie ’mit, was Sie wollen“ (I./II. Teil 1775, SW S. 11).

In diesem Geist der Freiheit hat sich Matthias Claudius eingemischt in das Gespräch seiner Zeitgenossen, um „aufmerksam darauf zu machen (...), daß man – nicht ganz und gar ein Ignorant, nicht ohne allen Menschenverstand – und ein rechtgläubiger Christ sein könne. (...) Und das ist am Ende das Gewerbe, das ich als Bote den Menschen zu bestellen habe, und damit ich bisher treuherzig herumgehe und allenthalben an Tür und Fenstern anklopfe“ (aus der Pränumerationsanzeige zum VII. Teil 1802, SW S. 498).

Für seine Lebensregeln, die er an seinen Sohn Johannes weitergibt, hat Matthias Claudius inspirierende Vorbilder. Er war neun Jahre alt, als er zu Neujahr 1750 eine Cansteinsche Bibel geschenkt bekam. Damals schrieb ihm seine Mutter, zu der er immer ein inniges Verhältnis hatte, auf das Schlussblatt der Bibel: „I[m] N[amen] J[esu]. Mein Sohn! Gedenke an Deinen Schöpfer in Deiner Jugend, ehe denn die bösen Tage kommen, und fürchte Gott, denn das ist der Weisheit Anfang. Und solche Weisheit machet reich und bringt geistliche und leibliche Gaben mit sich. Vor allem danke allezeit Gott in allen Deinen Schicksalen, die Dir widerfahren werden, und bitte, daß Er Dich regiere und Du in allen Deinem Vornehmen seinem Worte folgest. Laß das Wort Gottes Dein edelster Schatz sein, denn dies kann Dich unterweisen zur Seligkeit, und was Du thust, bedenke das Ende, so wirst Du nimmer Uebles thun. Dies ist meine mütterliche Erinnerung und Vermahnung; wirst Du solchen nachkommen, so wirst Du gewiss des Glaubens Ende, der Seelen Seligkeit, davontragen. Solches verleihe der Herr aus Gnade. Amen" (zitiert nach Herbst S. 19).

Als Matthias um Ostern 1759 zusammen mit seinem Bruder Josias das Elternhaus verließ, um in Jena Theologie zu studieren, gab ihm sein Vater ein kleines Heft mit „Väterlichen Erinnerungen an seinen nach Universitäten gehenden Sohn". Der alte Claudius hat hier in fünfunddreißig Rubriken Ratschläge für den Studienalltag zusammengestellt. Unter anderem empfiehlt er, „gegen seine Höheren demütig, gegen seinesgleichen bescheiden, gegen niemanden aber, ohne den man vollkommen kenne, vertraut zu seyn; sich nicht um anderer Leben und Handlungen zu bekümmern, noch weniger davon gegen andere zu urtheilen, als welches gar leicht Händel bringet." Vater Claudius beschloss seine Ratschläge mit der biblischen Mahnung (Jesus Sirach 19,2.3): „Wein und Weiber betören die Weisen; und die sich an Huren hängen, werden wild und kriegen Motten und Würmer zum Lohn und verdorren, den andern zum merklichen Exempel" (Roedl S. 18f.).

Wahrscheinlich liegt Matthias Claudius auch das so genannte „Testament" vor, das der von ihm verehrte Dichterpfarrer Paul Gerhardt (1607–1676) kurz vor seinem Tod verfasst hat. Wer will, kann darin einige Parallelen zu dem Brief von Claudius entdecken. Deshalb zitiere ich hier recht ausführlich aus dessen Lebensregeln. Paul Gerhardt hatte sie für seinen damals kaum 14-jährigen Sohn Paul Friedrich aufgeschrieben, den er für den Pastorenberuf bestimmt hat (vgl. Bunners S. 127f.):

„(...) Die heilige Theologiam studiere in reinen Schulen und auf unverfälschten Universitäten und hüte dich ja vor Synkretisten, denn die suchen das Zeitliche und sind weder Gott noch Menschen treu. In deinem gemeinen Leben folge nicht böser Gesellschaft, sondern dem Willen und Befehl deines Gottes. Insonderheit 1. tue nichts Böses in der Hoffnung, es werde heimlich bleiben, denn es wird nichts so klein gesponnen, es kommt an die Sonnen. 2. Außer deinem Amte und Berufe erzürne dich nicht. Merkst du denn, dass der Zorn dich erhitzet habe, so schweige stockstill und rede nicht eher ein Wort, bis du erstlich die zehn Gebote und den christlichen Glauben bei dir ausgebetet hast. 3. Der fleischlichen Lüste schäme dich, und wenn du dermaleinst zu solchen Jahren kommst, daß du heiraten kannst, so heirate mit Gott und gutem Rat frommer, getreuer und verständiger Leute. 4. Tue Leuten Gutes, ob sie dir es gleich nicht zu vergelten haben, denn was Menschen nicht vergelten können, das hat der Schöpfer Himmels und der Erden längst vergolten, da er dich erschaffen hat, da er dir seinen lieben Sohn geschenket hat und da er dich in der heiligen Taufe zu seinem Kinde und Erben auf- und angenommen hat. 5. Den Geiz fleuch als die Hölle, laß dir genügen an dem, was du mit Ehren und gutem Gewissen erworben hast, ob es gleich nicht allzuviel ist. Bescheret dir aber der liebe Gott ein Mehres, so bitte ihn, daß er dich vor dem leidigen Mißbrauche des zeitlichen Gutes bewahren wolle.

Summa: bete fleißig, studiere was Ehrliches, lebe friedlich, diene redlich und bleibe in deinem Glauben und Bekenntnis beständig, so wirst du einmal auch sterben und von dieser Welt scheiden willig, fröhlich und seliglich. Amen.“ (Zitiert nach Bunners S. 359f., vgl. Kadelbach S. 10f.)

Wie bei seinen Vorbildern klingt auch in Claudius’ Brief „An meinen Sohn Johannes“ die Bibel an. Er bekennt einmal: „Ich habe von Jugend auf gern in der Bibel gelesen, für mein Leben gern“ (I/II. Teil, SW S.18). Neben den Büchern Jesus Sirach, Prediger und Sprüche Salomos schimmert besonders „Das Vermächtnis des Tobias“ durch (Tobias 4,2–20).

Die Erziehung der Kinder ist von alters her ein wichtiges Thema. Claudius ist sich klar, dass dabei das eigene Vorbild die wichtigste Komponente ist. Mit einem Kalauer ausgedrückt: ‚Was nützt die beste Erziehung? Unsere Kinder machen uns ja doch alles nach!‘ Claudius sagt es so: „Wahrlich die Leute haben nicht unrecht, die darüber [nämlich: die Erziehung, R.E.] in Ernst nachsinnen und in sich zu Rat gehen. Er wird sagen, daß, dem Vernehmen nach, heutzutage darüber ja genug geschrieben werde; und darin hat Er auch nicht unrecht. Aber sieht Er, Schreiben ist Schreiben. (...) Nun sage Er mir *Seine* Meinung von der *verbesserten Erziehung*, und von einer *guten*. *Ich* kann nichts anders aussinnen, als daß man selbst sein muss, was man die Kinder machen will. Sage Er mir was Bessers.“ (SW S. 310f.)

Matthias Claudius war sozusagen „Familienvater von Beruf“. Sein Biograph Peter Berglar schreibt: „Er zeugte die Kinder nicht bloß mit offenkundigem Vergnügen, sondern er kochte der Wöchnerin auch die Biersuppe, wickelte und fütterte die Kleinen während des Wochenbetts, er unterrichtete die Kinder bis zur ‚Hochschulreife‘, er spielte und musizierte mit ihnen, er geleitete sie ins Leben – drei von ihnen auch auf den Friedhof –, und er blieb ihnen, seinen Enkeln und Schwiegerkindern, bis zum letzten Atemzug ‚der Vater‘ schlechthin“ (Berglar S. 99).

Der Brief „An meinen Sohn Johannes“ findet sich im VII. Teil seiner „Sämtlichen Werke“ von 1803. Hier hat Claudius auch seine anderen Anläufe untergebracht, christliche Lebensregeln weiterzugeben. Direkt nach dem Brief bringt er „Ein gülden ABC“ und „Ein silbern dito“. Das sind nach dem ABC angeordnete Lebensregeln in Reimform. So dichtet er zum Beispiel unter dem Buchstaben „M“ zum Gewissen:

> Merk auf die Stimme tief in dir;
> Sie ist des Menschen Kleinod hier. (SW S. 549)

Überdies präsentiert Claudius im VII. Teil einen „Einfältigen Hausvater-Bericht über die christliche Religion“. Diesen Traktat von den Grundzügen des Glaubens „Nach der Heiligen Schrift“ hat er aus seinen alten Aufzeichnungen für den häuslichen Religionsunterricht zusammengestellt für „seine Kinder Caroline, Anne, Auguste, Trinette, Johannes, Rebekke, Fritz, Ernst und Franz“ (S. 573–592). Er hat sich schwer damit getan. Bereits als seine Töchter Caroline 1797 und Anna 1798 heirateten und das Elternhaus verließen, hat er mit dem Schreiben begonnen. Aber erst 1804 kam der „Hausvaterbericht“ als Einzeldruck heraus.

„Den Auszug aus der christlichen Lehre sollst Du gerne haben“, schreibt er im Februar 1799 an Anna, die deswegen nachgefragt hatte: „Ich bin daran, darüber etwas nach der Bibel zu Papier und vielleicht zum Druck zu bringen, da itzo Alles so gottvergessen verdreht und das Christentum zu einem puren moralischen Diskurs gemacht wird.“ Dieser Brief belegt wie viele andere, die der Bote an seine Kinder schrieb, dass er mit ihnen auch über Glaubens- und Lebensfragen im regen Austausch war: „Lass dich nicht irre machen, liebe Anna … Es gibt doch die gesunde Vernunft, daß das, was den in den Banden der Sinnlichkeit erdrückten Geist lösen will, etwas Wesentliches sein müsse, das seiner Natur nach rein ist, und daß das nicht Worte und Regeln tun können“ (zitiert nach Roedl S. 291).

Doch von all den christlichen Lebensregeln, die Claudius verfasst hat, inspirieren die in dem Brief „An meinen Sohn Johannes“ am meisten. Diese haben die größte Wirkungsgeschichte – bis heute. Dieser „Erfolg“ hängt auch mit der Briefsprache zusammen, die Claudius dafür gewählt hat. Die normale Schriftsprache, so Claudius, „ist ein infamer Trichter, darin Wein zu Wasser wird“. Die briefliche Sprache kommt der mündlichen noch am nächsten. Deshalb hat er sie bevorzugt und bis in seine wissenschaftlichen Abhandlungen hinein durchzuhalten versucht. Claudius: „Ich kann doch nicht so ins Blaue schießen, muss doch jemand haben, nach dem ich ziele.“ Oder: „... und nun noch inniger, Mann an Mann!“

„Gold und Silber habe ich nicht; was ich aber habe, gebe ich dir.“ Dieses biblische Motto aus Apostelgeschichte 3,6 stellt Claudius seinem Brief voran. Der biblische Zusammenhang legt nahe, dass Claudius davon überzeugt ist, dass das, was er an Johannes weiterzugeben hat, wertvoller ist als Gold und Silber. Denn – nach dem biblischen Bericht – erhält der gelähmte Bettler von Petrus kein Almosen, sondern er wird sogar geheilt und kann wieder gehen. Mit solchem selbstbewusstem Understatement leitete schon Paul Gerhardt sein „Testament“ an seinen Sohn ein: „Meinem einigen hinterlassenen Sohn überlasse ich an irdischen Gütern wenig, dabei aber einen ehrlichen Namen, dessen er sich sonderlich nicht wird zu schämen haben" (Bunners S. 359).

Bei Matthias Claudius ist diese bewusste Untertreibung geradezu eine Wesensart. Aufgeplusterte Worte und Menschen sind ihm zuwider. Er lässt sich seinen Blick nicht vernebeln und sieht der Endlichkeit der menschlichen Kreatur ungeschminkt ins Auge. In der Bibel orientiert er sich unter anderem am Prediger Salomo mit seinem „Alles ist eitel" (vgl. SW S. 240) und am Apostel Paulus mit seiner „gekreuzigten Vernunft" (vgl. 1.Kor. 1,18–25). Sein Philosoph ist Sokrates mit seinem „Ich weiß, dass ich nichts weiß". Mit diesen Gewährsmännern im Rücken kämpft Claudius für das überlieferte Christentum und gegen die zeitgenössischen Aufklärungstheoretiker, allen voran gegen das philosophische System von Immanuel Kant. Seinem Sohn Johannes empfiehlt er: „Bleibe der Religion deiner Väter getreu, und hasse die theologischen Kannengießer."

Aber gerade so, als geläuterter Christ und mit gesundem Menschenverstand, mit Skepsis und Humor ausgestattet, will Claudius einiges zur Erziehung beitragen: „Und darum muß, wenn was Gescheutes werden soll, alle eigne Weisheit und aller Selbstdünkel zu Kreuze kriechen und der *sokratischen* Unwissenheit Platz machen. (…) So ist das Denken und die Denkkraft ja auch nur die Hälfte des Menschen, und noch dazu die unrechte Hälfte, mit ihr die Veränderung und Besserung des Ganzen anzufangen, weil sie an und in sich selbst fest steht" (aus „Valet an meine Leser", VII. Teil 1803, SW S. 600).

Der Pastorensohn Matthias Claudius mit einer langen Ahnenreihe an theologischen Vorfahren ist nun um die 60 Jahre alt. Er weiß, was er weiß, und was er nicht weiß. Und das hat sich bewährt. Gerade in religiösen Dingen will er kein Blatt mehr vor den Mund nehmen.

Den VII. Teil seiner „Sämtlichen Werke" hat er eigentlich als Abschluss seines literarischen Wirkens gedacht. So schreibt er ein „Valet an meine Leser". In diesem „Lebewohl" lesen wir, er habe „des *Ernstes* etwas mehr getan, und die Fahne etwas höher aufgezogen, daß man *am Ende* sehe, von welcher Seite die Luft geht. Sollte ich nun damit unter den Herren *Gelehrten* und *Wortführern* wieder böse Leute gemacht haben; so wäre mir das leid. Aber ich konnte mich doch ihretwegen nicht genieren." Denn: „Man ist nur *einmal* in der Welt, und ist nicht darin, ihr nach dem Sinn zu reden, und Häckerlinge zu schneiden" (SW S. 599). Deshalb ist christliche Erziehung notwendig. Sie zielt über den irdischen Rahmen hinaus: „Wir sind nicht umsonst in diese Welt gesetzt; wir sollen hier reif für eine andre werden, und man kann unsern Körper als ein Gradierhaus ansehen, wo das wilde Wasser von dem guten geschieden werden soll. Es ist nur einer, der dazu helfen kann, und dem sei Ehre in Ewigkeit" (S. 602).

In seiner Briefeinleitung schreibt Claudius, dass er seinem Sohn Orientierung in der unübersichtlichen Welt geben möchte, um ihn so vor Fehlern zu bewahren: „Es ist nicht alles Gold, lieber Sohn, was glänzet, und ich habe manchen Stern vom Himmel fallen und manchen Stab, auf den man sich verließ, brechen sehen. Darum will ich Dir einigen Rat geben und Dir sagen, was ich funden habe und was die Zeit mich gelehret hat."

Den Hauptteil eröffnet ein Vorspruch, der wie ein Leuchtturm alles Weitere überstrahlt: „Es ist nichts groß, was nicht gut ist; und nichts wahr, was nicht bestehet." Es lohnt sich über diesen Spruch und alle weiteren Sentenzen lange nachzudenken. Sie sind wie Brühwürfel in der Suppe. Sie wollen im Leben aufblühen. Wenn ich mein Erlebtes ins Gespräch setze mit diesen Worten, schenken sie mir Orientierung und deuten sie mein Leben, sie bewähren sich und bewahren mich.

Ich möchte die Lebensregeln von Matthias Claudius nicht ausdeuten. Vielmehr soll jeder Leser selber sehen, wie er sie am Besten in sein Leben hineinzieht und sich von ihnen inspirieren lässt.

Mir persönlich bedeuten diese Lebensregeln viel. Ich kann diesen Brief „An meinen Sohn Johannes" sozusagen neben die Bibel legen. Wie die Bibel das volle Leben widerspiegelt, so spiegelt sich in diesen Sentenzen der gesammelte und durchlebte Erfahrungsschatz von Matthias Claudius. Er hat diesen Schatz im Gespräch mit der Bibel gefunden und gehoben. Und was bei Matthias Claudius einmal ein durchlebter Herzschlag gewesen ist, das wird auch beim Leser einen lebendigen Herzschlag auslösen – nicht automatisch, nicht blindlings, sondern sehenden Auges und prüfenden Herzens.

Der Hauptteil selbst ist in drei Teile eingeteilt. Im ersten Teil beschreibt Claudius die Aufgabe. Wir Menschen sind frei und müssen uns entscheiden, welchen Weg wir einschlagen. Das ist nicht einfach. Denn wir sind Bürger zweier Welten, der Erde und des Himmels. Deshalb sind wir sowohl auf den gesunden Menschenverstand angewiesen als auch auf das geoffenbarte Wort der Bibel: „Was du sehen kannst, das siehe, und brauche deine Augen, und über das Unsichtbare und Ewige halte Dich an Gottes Wort." Im zweiten Teil geht es Claudius zunächst um geistlich-geistige Dinge. Es geht um den inneren Menschen, der sich in Freiheit klarmachen muss, wie er sein Leben gestalten will. Im dritten Teil behandelt Claudius leibliche Dinge, den äußeren Menschen. Es geht um das konkrete Verhältnis zum Mitmenschen.

Mit der Vorordnung des inneren Menschen vor dem äußeren Menschen und ihrem Miteinander folgt Claudius der biblischen Doppel-Struktur, wie sie sich z. B. im „Doppelgebot der Liebe" (vgl. Matthäus 22,37–40) oder in den „Zehn Geboten" (vgl. 2.Mose 20,1–17 und 31,18) niederschlägt.

Zum Schluss kommt Claudius wie schon in der Einleitung auf sein Lebensende zu sprechen. An die Bibelinschrift seiner Mutter erinnert: „Und sinne täglich nach über Tod und Leben, ob Du es finden möchtest." Typisch Matthias Claudius ist dagegen: „Und habe einen freudigen Mut". An Paul Gerhardts „Testament" muss ich denken bei: „Und gehe nicht aus dieser Welt, ohne Deine Liebe und Ehrfurcht für den Stifter des Christentums durch irgend etwas öffentlich bezeuget zu haben." Mit „Dein treuer Vater" besiegelt Matthias Claudius den Brief. Für diese Lebensregeln legt er seine Hand ins Feuer. Darauf hat er sich festgelegt.

Auffällig ist, dass die Lebensregeln von Claudius eine Erziehung des Gewissens beinhalten. Zum Beispiel: „Tue keinem Mädchen Leides, und denke, dass Deine Mutter auch ein Mädchen gewesen ist." Denn: „Inwendig in uns wohnet der Richter, der nicht trügt, und an dessen Stimme uns mehr gelegen ist, als an dem Beifall der ganzen Welt und der Weisheit der Griechen und Ägypter. Nimm es Dir vor, Sohn, nicht wider seine Stimme zu tun."

Kein Geringerer als Sokrates steht hierfür wieder Pate. Schon im V. Teil seiner „Sämtlichen Werke" (1790) hatte Claudius „Die Apologie des Sokrates" übersetzt. Dort sagt der Philosoph: „Meine vertraute wahrsagende dämonische Stimme ließ sich mir sonst, in aller Zeit vorher, oft und immer hören, und war mir auch in Kleinigkeiten entgegen, wenn ich etwas tun wollte das mir nicht gut war." Doch nun sei ihm „das Zeichen Gottes" nicht entgegen gewesen (SW S. 340).

Vielleicht sind es gerade seine Ausführungen über das Gewissen gewesen, die er als zu knapp empfand, dass Matthias Claudius mit dem VII. Teil doch noch nicht Schluss machen konnte. Jedenfalls bringt er in einem VIII. Teil der „Sämtlichen Werke" (1812) noch sieben ausführliche Briefe an Andres, die „Vom Gewissen" handeln (SW S. 677–690).

Der Erziehungsansatz von Matthias Claudius ist noch heute inspirierend. Wie ich meine, nicht nur in privater, sondern auch in politischer Hinsicht. Zurzeit (Herbst 2014) sucht das Deutsche Kanzleramt drei neue Fachkräfte, die hervorragende psychologische, soziologische und verhaltensökonomische Kenntnisse mitbringen und für ein „wirksameres Regieren" sorgen sollen. „Nudging" heißt das Zauberwort, das aus den USA nach Deutschland gekommen ist. Es geht darum, bei den Bürgern effektive, gesunde und vernünftige Verhaltensweisen ohne Zwang anzustoßen. Da ist von ganz praktischen Dingen die Rede: weniger Zigaretten, mehr Altersvorsorge, weniger Energieverbrauch, mehr Bewegung. Oder: Mit welchen Mitteln kann das Finanzamt Steuersünder zu mehr Ehrlichkeit bewegen? Um Verhaltensweisen zu ändern, brauchen wir manchmal einen „Nudge", zu Deutsch: Stups.

Also, wäre hier nicht der „Bote" der richtige Stupser zur richtigen Zeit? Zum Beispiel könnte er behördliche Schreiben redigieren, für die als Zielvorgabe formuliert ist: „Einfache Sprache, Symbole, Anreize statt Verbote." Und: „Je persönlicher das Schreiben, desto größer die Nähe und die Möglichkeit der sanften Lenkung."

Natürlich wäre Claudius sofort dabei. Schließlich geht es hier um seine Grundanliegen Werte- und Gewissens-Erziehung. Doch deswegen sein geliebtes Wandsbek verlassen und nach Berlin ziehen? Außerdem stecken ihm noch seine schlechten Erfahrungen von seinem Darmstädter-Intermezzo in den Knochen, als er 1776 einen ähnlichen Auftrag als „Oberlandcommissarius" ausfüllen sollte. Und so wird Merkels Kanzleramt wohl auf seine Anwesenheit verzichten müssen. Einen kleinen Dienst, Nudge oder Stups steuert der treue Staatsbürger Claudius aber dennoch bei, nämlich:

„Ich habe auch, wenn man andre gut machen will, keinen andern Rat, als daß man erst selbst gut sei. (...) Wahrhaftig, kleine luftige Künste wollen's nicht tun. Auch wo ich Effekt gesehen habe, da liegt Religion zum Grunde, die alte nämlich, und so wird Er es auch finden. Leb Er wohl. Sein Diener etc. Asmus" (aus „Eine Korrespondenz mit mir selbst", V. Werke-Teil 1790, SW S. 312).

Literaturnachweise

Berglar, Peter: Matthias Claudius in Selbstzeugnissen und Bilddokumenten. Reinbek bei Hamburg 1972.

Bunners, Christian: Paul Gerhardt. Weg – Werk – Wirkung. Berlin 1993.

Herbst, Wilhelm: Matthias Claudius, der Wandsbecker Bote. 4., vielfach veränderte Auflage Gotha 1878.

Kadelbach, Ada: Matthias Claudius, Paul Gerhardt, Thomas Mann – verborgene Beziehungen. In: Jahresschriften der Claudius-Gesellschaft 10 (2001), S. 5–18.

Roedl, Urban: Matthias Claudius. Sein Weg und seine Welt. Hamburg 1969.

Matthias Claudius

Die Sternseherin Lise

Ich sehe oft um Mitternacht,
  Wenn ich mein Werk getan
Und niemand mehr im Hause wacht,
  Die Stern am Himmel an.

Sie gehn da, hin und her zerstreut
  Als Lämmer auf der Flur;
In Rudeln auch, und aufgereiht
  Wie Perlen an der Schnur;

Und funkeln alle weit und breit,
  Und funkeln rein und schön;
Ich seh die große Herrlichkeit,
  Und kann mich satt nicht sehn …

Dann saget, unterm Himmelszelt,
  Mein Herz mir in der Brust:
„Es gibt was Bessers in der Welt
  Als all ihr Schmerz und Lust."

Ich werf mich auf mein Lager hin,
  Und liege lange wach,
Und suche es in meinem Sinn,
  Und sehne mich darnach.

(SW S. 595–596)

Annelen Kranefuss

Ähnliches auf andre Art?
Zu einem späten Gedicht von Matthias Claudius

Für Albrecht Schöne, den Lehrer

Vor mir liegt ein Ausschnitt aus der Wochenzeitung „DIE ZEIT" vom 14. April 2014, den mir ein Freund zuschickte, der weiß, dass Claudius' „Sternseherin Lise" eines meiner Lieblingsgedichte ist. Eine Parodie, verfasst von Lothar Schwarz aus Troisdorf-Bergheim: „Die Fernseherin Lizzie".

Ich sehe gern nach Mitternacht,
Wenn ich mein Werk getan
Und keiner sonst im Hause wacht,
Mir alte Streifen an.

Sie funkeln mir ins Aug', zerstreut
Wie Kurzschluss-Licht im Flur;
In Serie und aufgereih't
Wie Perlen an der Schnur;

Sie flimmern alle stundenweit,
Und flackern hell und schön;
Ich schau auf meinen Flachschirm breit
Und kann nicht satt mich sehn.

Welch gewaltiger Wandel der Lebenswelten sich in den 200 Jahren zwischen Original und Umdichtung vollzogen hat, führt diese gekonnte Parodie witzig und zeitkritisch vor. Können wir heute die Sterne noch so sehen, wie sie Claudius und seine Sternseherin vor Augen hatten? Können wir ihr Erleben überhaupt noch nachvollziehen? Die Lichter der Zivilisation haben die Nacht vertrieben. In unserer elektrisch erleuchteten Welt gibt es selbst in ländlichen Gegenden keine völlige Finsternis mehr, kaum irgendwo in unseren Breiten ist es um Mitternacht noch so dunkel wie damals. Auch unser Lebensrhythmus, der Wechsel von Arbeit und Ruhe, Tätigkeit und Besinnung folgt einem anderen, dem technisch-medialen Takt unserer „zweiten Natur“:

Man fragt im Heft „Die Fernseh-Welt“,
Und das bewegt die Brust:
„Gibt’s Schön’res unterm Himmelszelt
Als all die Flimmer-Lust?“

Ich werf mich auf mein Boxbett hin,
Und lieg noch etwas wach,
Und denk doch über tief’ren Sinn
Nicht mehr sehr lange nach.

Die Parodie beweist, wie lebendig das Original bei allem historischen Abstand immer noch ist. Nicht nur bei diesem Leser. Was berührt uns heute noch an dem alten Gedicht?

Eine einfache Frau, ein Mädchen, familiär mit Vornamen Lise gerufen, die Magd des Hauses vielleicht, erinnert sich an die Nachtstunden, in denen sie nach des Tages Arbeit, ganz für sich, den Blick zum nächtlichen Himmel richtet. Ihr hat Matthias Claudius sein spätes, 1803 erschienenes Gedicht in den Mund gelegt, das letzte im „siebenten und letzten Teil des Wandsbecker Boten“ (SW S. 497). Mit dessen Ankündigung erklärt er 1802 sein Werk für beendet. Er weiß noch nicht, dass der Abschied nicht endgültig ist, den knapp zehn Jahre später zusammengestellten VIII. Teil seines *Asmus* wird er aber, um dem Gesamtwerk die bedeutsame Siebenzahl zu erhalten, nur noch als „Eine Zugabe“ deklarieren.

Das Nachtgedicht steht vor einem Lebewohl an Andres, den alten fiktiven Gesprächspartner des Boten, und einem „Valet an meine Leser“. Ein lyrisches Vermächtnis. Makellos dicht wie einige der besten Gedichte seiner früheren Jahre ragt es aus seinem Umfeld religiöser Gelegenheitsdichtungen und lehrhafter Prosa heraus. Von zweien dieser Prosastücke hat Claudius in der „Vorrede“ des Bandes gesagt, es werde in beiden „etwas Ähnliches gehandelt, aber auf andre Art“ (S. 499). Gilt das auch für die Verse, mit denen er mit dem ihm eigenen Hintersinn signalisiert haben mag, dass nun auch sein „Werk getan“ sei? Wie sich deren lyrische Gestalt und Aussage zu dem „Gewerbe“ verhalten, das Claudius nach eigenem Bekunden „als Bote den Menschen zu bestellen habe“, nämlich „auf allerlei Weise, an das Bessere und Unsichtbare zu erinnern“, was für ihn auch bedeutete, seine „ungeheuchelte und unbegrenzte Achtung für das alte apostolische Christentum zu bezeugen“ (S. 498), das wirft ein Licht auf die unverwechselbare Eigenart dieses Poeten und Sprachmeisters der Einfachheit und den besonderen Ort seiner Dichtung im bewusstseinsgeschichtlichen Prozess.

Noch einmal greift Claudius zu bewährten Elementen und Motiven seines lyrischen Schaffens: Volksliedstrophe und Rollengedicht. Auch mit dem dreigliedrigen Gedichtaufbau wird Erprobtes wiederholt. Wie in seinem „Abendlied“ („Der Mond ist aufgegangen“), dem bekanntesten Beispiel für diese Struktur, erwächst aus der Naturbetrachtung in einer konkreten Alltagssituation die Reflexion, folgt auf die Wahrnehmung der äußeren Natur der Wechsel vom Sehen zum inneren Sinn und schließlich die Öffnung darüber hinaus. Auch das „Wortfeld der Gestirne“ (Frühwald) gehört von Anfang an zur Grundmelodie seines Werks.

Längst ist im Ausgang des 18. Jahrhunderts der Sternenhimmel bei den Gebildeten und astronomisch Informierten zu einem der vornehmsten ästhetischen und metaphysischen Topoi des Erhabenen der Natur avanciert. Von Barthold Heinrich Brockes bis Klopstock, von Edmund Burke bis Kant haben Dichter und Philosophen die Faszination und Schaudern auslösende ungeheure Weite und Unermesslichkeit des Kosmos benannt und zu bewältigen gesucht. „Zwei Dinge erfüllen das Gemüt mit immer neuer und zunehmenden Bewunderung und Ehrfurcht (...) Der bestirnte Himmel über mir und das moralische Gesetz in mir“ – dass Claudius die Reflexion seiner Lise der berühmten Formel aus Kants *Kritik der praktischen Vernunft* von 1790 und dessen Theorie des Erhabenen entgegengesetzt hat, ist mehrfach angemerkt worden.

Gemessen am Erhabenheitsdiskurs des 18. Jahrhunderts fällt auf, wie unpathetisch Claudius’ schlichte „Sternseherin“ bei aller Ergriffenheit den „bestirnten Himmel“ wahrnimmt. Eine Kette vertrauter Vergleiche aus der häuslichen und ländlichen Lebenswelt bildet in den ersten drei Strophen den Prozess des

Sich-Einsehens in den nächtlichen Sternenhimmel als genaue Folge ab. Von vornherein wird damit, dem Fassungsvermögen der einfachen Sprecherin gemäß, die drohende Überwältigung durch den chaotischen und verwirrenden ersten Eindruck des sternübersäten Firmaments („hin und her zerstreut") gebannt, übermäßige Faszination ebenso wie Entsetzen und Angstlust ferngehalten. Das Bild der bewegten grasenden Lämmerherde bringt Orientierung und Beruhigung, weitere Ordnungsmuster stellen sich ein, wenn das Auge sich eingesehen hat; die alte Wortbedeutung des Kosmos als geordneter kostbarer Schmuck klingt in dem Vergleich der „Perlen an der Schnur" noch an. Den Sprachbildern korrespondiert die Tonspur. In den ersten, der Himmelsschau gewidmeten Strophen kommt die Bewegung an den Versenden rhythmisch und syntaktisch und im Wechsel heller und dunkler Vokale ausschwingend zur Ruhe. Metrisch handelt es sich um Strophen des sogenannten Chevy-Chase-Typs, Vierzeiler mit gekreuzten, durchgängig „männlichen" Reimen, doch wird der bei dieser Strophenform auch mögliche härtere Tonfall durch die Mehrsilbigkeit der Kadenzen aufgehoben ins Schwebende: „Mitternacht", „Werk getan", „Himmel an" etc. Später kann sich das Ich dem visuellen Eindruck überlassen, ohne sich an Einzelheiten festzuhalten, ohne das Leitseil der Bilder und Metaphern und schließlich ganz ohne Worte. Die durch drei Punkte verlängerte Pause am Strophenende lässt dem ergriffenen Schweigen Raum und Zeit: „Ich seh die große Herrlichkeit / Und kann mich satt nicht sehn ...".

Indem Claudius einer einfachen Frau das Wort erteilt und ihr Erleben exemplarisch setzt, kann er für den Augenblick des Gedichts den ihm selbst natürlich geläufigen astronomischen Kenntnisstand seines Zeitalters und die damit verbundene Beunruhigung ausblenden. Das Bewusstsein einer Entzweiung des Wissens wird damit freilich nicht aufgehoben. Von Anfang an ist in seinem Werk die Zweiteilung in gelehrt und ungelehrt als Thema präsent. Auf den Gemeinplatz, dass „das Kopernikan'sche System fast von allen Gelehrten durchgängig angenommen wird" (SW S. 757), hatte schon der junge Journalist hingewiesen, schließlich waren die mathematischen Grundlagen der

Astronomie längst Gegenstand des Schulunterrichts. Allerdings konnte, daran erinnert der Wandsbecker Bote seinen Schulfreund Andres, dieser damals „nichts begreifen“ von dem, „was Herr Ahrens uns von Triangeln und Zirkeln vormachte“, wohl „aber dagegen (...) in Seiner Einfalt so 'ne ganze halbe Stund einen hellen Stern ansehn und sich so in sich darüber freuen“ (S. 54), was dem Schullehrer wiederum nicht gegeben war. Gemüt und Ratio treten auseinander, es gibt keine Brücke zwischen der sinnlichen Anschauung und den nur noch mathematisch zu erfassenden stellaren „Welten über Welten und Systemen von Systemen“, von denen Kant spricht.

Ohne die Erkenntnisse der Naturwissenschaft zu verwerfen, stellt Claudius sich auf die Seite der Unmündigen und Ungelehrten, die dem nicht folgen können oder wie Andres ihre Astronomie seit der Schule „mit Haut und Haar wieder vergessen“ (S. 54) haben. Denn ihrer Einfalt ist etwas Anderes, Wertvolleres zugänglich. Nicht die Ratio ist ihr Erkenntnisorgan, sondern das Gemüt, das „Herz mir in der Brust“, wie es die Lise, aus der Versunkenheit der Betrachtung auftauchend, nennt. Ein gegenmetrisch akzentuiertes „Dann“ markiert den Beginn der in der vierten Strophe wie selbstverständlich einsetzenden Besinnung. Dahinter ist noch das traditionelle Schema der Abfolge von Anschauung und Auslegung zu erkennen. Allerdings ist jetzt nicht mehr von einem besseren Jenseits die Rede, wie es etwa Andreas Gryphius anderthalb Jahrhunderte zuvor in seinem Gedicht „An die Sternen“ ersehnte („Herolden dieser Zeit, wenn wird es doch geschehen // Daß ich / der euer nicht allhir vergessen kann, / Euch, / derer Libe mir steckt Hertz und Geister an / Von andern Sorgen frey werd unter mir besehen?“), oder wie Paul Gerhardt, der angesichts der schönen Sommerzeit in Übereinstimmung mit lutherisch-orthodoxer Naturtheologie den Gedanken der Überbietung des Erdendaseins formulierte, ohne damit freilich das Irdische ganz abzuwerten: „Ach denck ich, bist du hier so schön, / Und läßt dus uns so lieblich gehn / Auf dieser armen Erden: / Was wil doch wol nach dieser Welt / Dort in dem reichen Himmelszelt / Und güldnem Schlosse werden?“

Wie diese Barockdichter, von denen er, wie man weiß, Paul Gerhardt ungemein geschätzt hat, wurzeln auch Claudius' Eingangsstrophen, bei aller Nähe zum Alltagsgebrauch, im Sprachraum der Lutherbibel. Längst abgeschliffene Wendungen aus diesem Fundus werden im poetischen Kontext wieder aktiviert. Selbst einzelne Worte konnten die Zeitgenossen noch an deren Entsprechung in Bibel und geistlicher Erbauungsliteratur erinnern: „Mitternacht", die Stunde, in der nach Matthäus 25,6 Christus, der Bräutigam, erwartet wird, die wertvolle mystische Perle, die Schafherde, die nicht ohne den guten Hirten zu denken ist, die im biblisch-apokryphen Buch Jesus Sirach 45,1ff. gepriesene „Herrlichkeit": „Und wer kann sich seiner Herrlichkeit satt sehen? Man sieht seine Herrlichkeit an der mächtig großen Höhe, an dem hellen Firmament, an dem schönen Himmel ...". Darauf hat schon Gryphius angespielt. Anders als bei jenem aber ist der Himmel in Claudius' Gedicht wie auch in den biblischen Texten kein Jenseitsort, sondern Teil der irdischen Welt, auf die er wie ein behütendes Zeltdach bezogen ist.

So sehr durch diese strikt irdische Perspektive das überlieferte Transzendenzbewusstsein mit seiner entschiedenen Opposition von Diesseits und Jenseits überschrieben wird: die in den Natur- und Abendgedichten der Tradition der sinnbestimmenden Auslegung vorbehaltene Stelle bleibt bei Claudius doch nicht leer, sie wird sogar deutlich akzentuiert. Mit betontem auftaktlosem Einstieg und klarer Ansage lenkt die vierte Strophe alle Aufmerksamkeit der Leser auf die Schluss-Sentenz: „‚Es gibt was Bessers in der Welt / Als all ihr Schmerz und Lust'."

Ein eigentümlich verhaltenes, ja kryptisches Fazit. Ist das Bessere für die Lise nur zu ahnen, nicht aber zu benennen? Was immer sie darunter verstehen mag, ein so unbestimmter Hinweis muss die Leser zugleich frustrieren und herausfordern. Hier macht sich der Autor mit seiner vom naiven Rollen-Ich unterschiedenen Perspektive bemerkbar. Er, nicht die auf das unmittelbare Erleben der Situation bezogene Sprecherin ist es, der die Leser zum eigenen Nachdenken veranlasst. Auf diese Leserbeteiligung ist es Claudius immer angekommen. In jüngeren Jahren äußerte sich das spielerisch, in mehr oder weniger versteckten Hinweisen und Rätseln oder auch, wie in dem „Fragment, das nach der Stoa schmeckt“ (SW S. 59f.), in direkter Leseransprache: „Ich nennte dir das Ding zwar gerne / Doch hilft's nicht, dass man davon spricht / So rate denn (...)“. Hilfestellung geben dort ein lateinisches Motto und der später hinzugefügte Titel. Das Gesuchte, so wird suggeriert, wäre also zunächst auch in einem Lösungswort zu haben („*animus aequus*“ – Gleichmut allen Widrigkeiten zum Trotz). Es bloß auszusprechen genügt indes nicht, es muss im Leben gefunden und verwirklicht werden. Diese Möglichkeit hält das ausdrückliche Verschweigen einer Deutung im Text offen. Entsprechend heißt es in einem anderen Gedicht aus der ersten Wandsbecker Zeit, das vom Anblick der Natur auf das „Was *drinnen* ist“ lenken will: „Der Augenschein lehrt's jedermann: / ‚Wer so viel schöne Gaben / Für Ohr und Auge geben kann, / Muss auch was *Bessers* haben – // Der Mann mit Mondstrahl im Gesicht / wird's suchen und wird's finden, / Doch jedem Narren muß man's nicht / Gleich auf die Nase binden‘“ (SW S. 41, Hervorhebungen von Claudius).

Knapp dreißig Jahre später wird den Lesern die Suche nach dem Sinn der aus der Naturwahrnehmung gewonnenen Ahnung eines „Bessern“ erneut aufgegeben, diesmal ohne Aufforderung und Begründung. Jetzt werden die Leser auf das Beziehungsgeflecht des Gedichttextes selbst verwiesen, auf die Korrespondenz der Botschaft des Herzens an das Ich mit der des Firmaments, an welchem die Sterne Gesetzmäßigkeit und Dauer verbürgen. Aus deren Kontrast zu den in der Menschenwelt herrschenden unbeständigen und wechselnden Gemütszuständen lassen sich erste Aufschlüsse über das Wesen des Besseren gewinnen, das sich dem Glaubenden schon im Diesseits, als Heilsversprechen „in der Welt“ zeigt.

Claudius muss Goethes Gedicht gekannt haben, in dem die Doppelformel „Schmerz und Lust“ ebenfalls in Frage gestellt wird: „Wandrers Nachtlied“. Er könnte es im Erstdruck im 1780 erschienenen *Christlichen Magazin* des Zürcher Predigers Johann Konrad Pfenninger aus dem Freundeskreis um den Pastor und Physiognomen Johann Caspar Lavater gelesen haben (dort noch mit dem Titel „Um Friede“) oder auch, näher am Entstehungszeitraum seiner „Sternseherin“, in der ersten Goethe-Gesamtausgabe von 1789:

„Der du von dem Himmel bist, / Alles Leid und Schmerzen stillest, / Den, der doppelt elend ist, / Doppelt mit Erquickung füllest, / Ach, ich bin des Treibens müde, / Was soll all der Schmerz und Lust? / Süßer Friede, / Komm, ach komm in meine Brust!“

Bis in den Reim reichen die wörtlichen Übereinstimmungen am entscheidenden Bezugspunkt der beiden Gedichte. In beiden werden „Schmerz und Lust“, diese laut Pfenninger zentralen „Triebfedern“ und „Beweggründe“ menschlichen Lebens und Handelns, verworfen zugunsten eines ersehnten Glücks von ungleich größerem Wert. Die Sehnsucht danach ist beiden gemeinsam, in ihren Protagonisten und den Vorstellungen vom Inhalt des Gesuchten aber unterscheiden sich die Gedichte fundamental: Goethes lyrisches Ich formuliert in einer einzigen komplex angespannten Satzkonstruktion ein „säkularisiertes Gebet“ (Bernhard Sorg) um Frieden und Befreiung von eigenem Leiden, Claudius' Rollensprecherin dagegen geht es nicht um autonome Subjektivität und Selbstausdruck. Sie reflektiert über die gegebene Verfassung der Welt im Ganzen und spricht dann in schlicht reihendem Nacheinander von ihrer impulsiven leiblich-seelischen Reaktion auf das Gesehene und Bedachte: „Ich werf mich auf mein Lager hin, / Und liege lange wach / Und suche es in meinem Sinn (...)“.

Der Bericht der Lise handelt von einer „um Mitternacht“ „oft“ zu erlebenden Situation, von wiederholt sich einstellenden Empfindungen und wiederkehrenden vertrauten Vorbereitungen auf die Nachtruhe. Unausgesprochen ist damit im Hintergrund auch die Vorstellung der Zeit des vergangenen und des kommenden Tages mit seinen Lebensaufgaben, seiner Arbeit präsent. An zwei Stellen jedoch tritt dieser Gedanke hinter dem singulären Augenblick fragloser Gegenwärtigkeit zurück: in der schweigenden Schau der großen Herrlichkeit, und, klanglich unterstützt durch die weichen w- und l-Alliterationen, in der angedeuteten Gemütsbewegung im Inneren der Schlafkammer. Ein leiser Anklang an das Hohelied Salomos (5,1: „Ich schlafe; aber mein

Herz ist wach") rückt das Herzenssehnen der wach Liegenden in die Nähe jener biblischen Liebesbeziehung, die im Kontext christlicher Mystik als Gottesliebe gedeutet wurde. In diesem Kontext lässt sich jetzt auch die heftige Bewegung der sich niederwerfenden Lise als unbewusste oder verschwiegene Gebetsgebärde deuten.

Mit der Abkehr vom Sichtbaren und der Wendung ins Innere, des Hauses, der Schlafkammer, des eigenen Herzens und Sinns, stellt Claudius seine Sternseherin in eine universale religiöse Tradition der Suche nach dem „Unsichtbaren". Auf deren hermetische Wurzeln „in der Mythologie der alten Völker" (SW S. 482) hat er wenige Jahre zuvor in einem Brief an Andres hingewiesen. Man müsse wohl, heißt es da, „von allem, was sichtbar ist, die Augen wegwenden, wenn man das Unsichtbare finden will" (S. 483). Zwar seien Himmel und Erde „des Ansehens wert"; sie „sollen unsere Kräfte in Bewegung setzen, durch ihre Schöne an einen, der noch schöner ist, erinnern und uns das Herz nach ihm verwunden. Aber (…) weiter können sie uns nicht helfen." Im unvermittelten und überraschenden Wechsel vom sachlichen Artikel („das Unsichtbare") ins Personale des wenn auch unbestimmten Pronomens („einen, der") deutet sich Claudius' eigene Position an. Für ihn steht fest, dass das Ziel der Sehnsucht der geoffenbarte und im Glauben zu fassende Gott ist. So wird Claudius es seinen Kindern in dem kurz vor der „Sternseherin Lise" platzierten „Einfältigen Hausvater-Bericht über die Christliche Religion" ans Herz legen. „Nach der Heiligen Schrift" und unter Berufung auf Luther, der sich im *Kleinen Katechismus* „die Sache vermutlich so vorgestellt" habe, „daß (…) von seiten des Menschen ein *brünstiges Verlangen* und *Wünschen des Herzens* und von seiten Gottes eine *Annäherung* und *Mitteilung* der unsichtbaren Güter erfordert werde" (S. 592).

All das bleibt in unserem Gedicht unausgesprochen. Genauer: Einzig „von seiten des Menschen", von seiner Sehnsucht, ist in dem Gegenwartsmoment des Gedichts die Rede, nicht von Erfüllung. So lapidar und zugleich verhalten spricht das Ich von seiner inneren Bewegtheit, dass der damit verbundene Schmerz, die Verwundung des Herzens zwar präsent, aber doch nur zu ahnen ist. Indem das Gedicht damit endet, wird das auf die letzten Worte folgende Schweigen vertieft.

So aufschlussreich der von Claudius mit Bedacht bereitgestellte Werkkontext für das Verständnis des ‚Besseren' ist – seine poetische Energie bezieht das Gedicht gerade aus dem Verzicht auf eine Wiederholung der theologischen Explikationen der Prosa. Es ist diese Offenheit, die ihm, verbunden mit dem Herzton der Einfachheit, seine Wirkung bis heute sichert. Leicht könnte man darüber allerdings Claudius' Eigenständigkeit im Zusammenhang seiner Zeit und die grundlegende Spannung seiner Wirklichkeitserfahrung zwischen Natürlichem und Geistlichem übersehen.

Bereits vor dem eigentlichen Gedichttext wird dieses Spannungsverhältnis auch im doppelsinnigen Titel als Vorzeichen des Ganzen gesetzt. „Sternseherin" wird die einfache Lise mit sanfter Ironie genannt. Vordergründig bezieht sich das auf das ganz alltägliche natürliche Faktum der nächtlichen Himmelsbetrachtung eines Mädchens, im Hintergrund aber weist dieser Titel auf deren verborgene geistliche Dimension. Mit dem gottesfürchtigen Jüngling Daniel am Hof des babylonischen Königs Nebukadnezar teilt die Lise die Überlegenheit über „alle Sternseher und Weisen in seinem ganzen Reich" (Daniel 1, 20). Sie steht in einer Kette christlicher Vorbildfiguren, zu denen die Weisen aus dem Morgenland auf der Suche nach dem „neugeborenen König der Juden" ebenso gehören, wie die um Mitternacht wachenden klugen Jungfrauen, auf die im Gedicht ebenfalls angespielt wird. Auf diese Weise lässt sich nicht nur das emotionale Erleben des Mädchens lesend nachempfinden, die Figur der Sprechenden wird vielmehr selbst als Vorbild und Gegenstand der Andacht angeboten. Ihr Weg nach innen ist nicht im Sinne von Kants selbstbewusstem Bezug auf das Moralgesetz oder als Akt autonomer Subjektivität zu verstehen. Der sehnende und suchende Mensch, der uns hier vorgestellt wird, ist nicht unabhängig und selbstmächtig, und gerade darin liegt für Claudius seine Größe und Würde.

Auch an diesem Gedicht zeigt sich Claudius' janusköpfige Stellung in seiner Zeit. Im Prozess der Erosion verbindlicher

Glaubenstraditionen, der sich gegen Ende des 18. Jahrhunderts noch beschleunigt, hält es mit seiner kunstvoll einfachen poetischen Sprache den Bezug zur religiösen Tradition wach. Mit seiner Sehnsucht nach dem Transzendenten aber verweist es auf die Generation der Romantiker, für deren Religionsverständnis das unsagbare Numinose konstitutiv war. Und auch die Leser des 21. Jahrhunderts kann der Ausdruck dieser Sehnsucht nach einem Sinn, der aus der Höhle des vordergründig Sichtbaren und ihrer „Flimmer-Lust" hinausführt, berühren.

Literatur

Wolfgang Frühwald: Der Sonne und des Mondes Philosoph. In Friedhelm Debus (Hg.): Matthias Claudius. 250 Jahre Werk und Wirkung. Göttingen 1991, S. 13–40, hier S. 31.

Hans Graubner: Erhaben. In: Reallexikon der deutschen Literaturwissenschaft. Bd. I, hg. von Klaus Weimar mit Harald Fricke, Klaus Grubmüller und Jan-Dirk Müller. Berlin 1997, S. 490–493.

Annelen Kranefuss: Die Gedichte des Wandsbecker Boten. Göttingen 1973.

Annelen Kranefuss: „Es gibt was Bessers in der Welt". Zum poetischen Unterricht von göttlichen Dingen bei Matthias Claudius. In Jörg-Ulrich Fechner (Hg.): Matthias Claudius 1740–1815. Leben, Zeit, Werk, Tübingen 1996, S. 181–207.

Johann Konrad Pfenninger: Popularität im Predigen. / Der ascetischen Gesellschaft / vorgelesen / von ihrem Mitgliede / Konrad Pfenninger, / Diakon an der Waysenkirche. / Erstes Bändchen. / Zürich und Winterthur / bey Johann Caspar Fueßli Sohn / und Heinrich Steiner und Compagnie / 1777, S. 29.

Bernhard Sorg: Das lyrische Ich. Untersuchungen zu lyrischen Gedichten von Gryphius bis Benn. 2. Aufl. Tübingen 1985, S. 16.

Johann Anselm Steiger: „Geh aus, mein Herz, und suche Freud." Paul Gerhardts Sommerlied und die Gelehrsamkeit der Barockzeit. (Naturkunde, Emblematik, Theologie), Berlin 2007, S. 93 u.ö.

Matthias Claudius

Auf O - - o R - - s Grab

Aus einer Welt voll Angst und Not,
Voll Ungerechtigkeit, und Blut und Tod
  Flüchtete die fromme reine Seele
Sich ins beßre Land zu Gott;
  Und der Leib in diese dunkle Höhle,
  Auszuruhen bis zum Wiedersehn.
  O der *Christ* ist immer groß und schön,
Doch im Tod' in seiner größten Schöne.
  Wandrer, bleib' am Grabe stehn,
  Lerne hier, was eitel ist, verschmähn;
Weine eine stille Träne!
  Und denn kannst du weitergehn.

(SW S. 623)

Jael Poppe

Die Flüchtigkeit der Existenz. Matthias Claudius' Grabschrift auf Philipp Otto Runge

Der Anlass

Matthias Claudius nahm das Gedicht *Auf O--o R--s Grab* 1812 in den VIII. und letzten Teil der *Sämmtlichen Werke des Wandsbecker Bothen* auf. Durch die anonymisierte Überschrift wird den Lesern die Zuordnung zu einer realen Person bewusst erschwert. Dies mag zum einen Gründen der Pietät geschuldet sein, zum andern – und dies scheint bedeutsamer – unterstreicht die Verschleierung des richtigen Namens den Anspruch auf Allgemeingültigkeit und wertet das Gelegenheitsgedicht auf. Bei seiner Erstveröffentlichung am 7. Dezember 1810 im *Hamburgischen Correspondenten*, der damals führenden Tageszeitung Europas, gab das Gedicht noch den vollen Namen des Verstorbenen preis: *Auf Otto Runges Grab*. Es handelt sich also um eine poetische Grabschrift (lat. *Epitaph*) auf den frühromantischen Maler Philipp Otto Runge (geb. 1777 in Wolgast), der am 2. Dezember 1810 im Alter von nur 33 Jahren an der „Auszehrung" starb, wie man die Lungentuberkulose damals nannte.

In der Werke-Ausgabe hat Claudius das Gedicht sorgfältig zwischen drei weitere anlassgebundene Werke gesetzt, die in der Abfolge an Lebensstufen denken lassen: vor dem Runge-Gedicht stehen ein Geburtstagslied und ein *Hochzeitslied*, den Abschluss der Reihe bildet ein zweites Grablied, das Claudius auf den Tod seines vierjährigen Enkels Johannes, Sohn seiner Tochter Caroline und seines Schwiegersohns Friedrich Perthes, verfasst hatte (*P** und C**** bei dem Begräbnis ihres J****).

Runge und Johannes Perthes ruhen aber nicht nur typografisch nebeneinander, sondern wurden auch tatsächlich im selben Erbbegräbnis der Familie Perthes auf dem Begräbnisplatz der St. Petri-Gemeinde vor den Toren Hamburgs beigesetzt.

Heute befindet sich Runges Ehrengrab auf dem Althamburgischen Gedächtnisfriedhof in Hamburg-Ohlsdorf.

Claudius und Runge

Runges Persönlichkeit bleibt in Claudius' Nachruf seltsam undeutlich, es wirkt auf den ersten Blick so, als hätten sich beide nur flüchtig gekannt. Um zu ermessen, wie Claudius in seiner Grabschrift verfährt, lohnt also zunächst ein genauerer Blick „hinter die Kulissen".

Persönlich lernten sich Runge und Claudius spätestens 1796 kennen. Runge war zu diesem Zeitpunkt längst mit Claudius' Werken vertraut, denn schon als Schüler hatte er mehrere Scherenschnitte nach Motivvorlagen aus den *Sämtlichen Werken* angefertigt. Der Kontakt zwischen beiden Männern wurde über Claudius' Schwiegersohn, den Verleger und Buchhändler Friedrich Perthes hergestellt, der mit Runges Bruder Daniel befreundet war. Otto Runge absolvierte bei Daniel eine Kaufmannslehre, bevor er sich ganz dem Beruf des Künstlers zuwandte. Das generationsübergreifende freundschaftliche Verhältnis zwischen den beiden Männern – Claudius war 37 Jahre älter – muss man sich recht herzlich vorstellen. Wie sehr Runge schon als Familienmitglied angesehen wurde, lässt sich daran erkennen, dass er das Ehepaar Matthias und Rebecca Claudius „Papa" und „Mama" nennen durfte; er selbst wurde mit seinem Vornamen Otto angesprochen.

Es ist sehr bedauerlich, dass die Kreideporträts, die Runge von Matthias und Rebecca Claudius sowie von ihrer Tochter Caroline im Jahr 1799 angefertigt hat, heute verschollen sind. Allerdings war Claudius selbst von Runges Porträtkunst, wie er seiner Tochter Anna mitteilte, wenig angetan: „Mama ist noch immer zehn Jahre jünger, die Konterfeys von Otto [Runge] finden wir auch nicht sehr geraten. Mama ist wohl älter geworden, aber wenn sie gutes Mutes ist, wird sie wieder jung, und das Porträt ist und bleibt alt und mehr alt, als sie je aussieht" (Briefe II, S. 92).

Claudius, der ansonsten ebenso wie Runge auf das „Wahrhaftige und Natürliche" (Jaacks S. 49, siehe die Literaturangaben am Schluss) Wert legte, ging möglicherweise die Darstellung der Lebensspuren auf dem Gesicht seiner geliebten Rebecca zu weit. Wenn man sich Runges Doppelporträt *Die Eltern des Künstlers* (1806, aufbewahrt in der Hamburger Kunsthalle wie der Großteil seines Œuvres) vor Augen ruft, kann man sich ein ungefähres Bild davon machen. Von Runge sind aus dem Umkreis von Claudius noch eine Kreidezeichnung von Friedrich Perthes sowie das Gemälde *Die kleine Perthes* (1805, Schlossmuseum Weimar) erhalten, das Claudius' dreijährige Enkeltochter Luise zeigt.

Als Beleg für die große Wertschätzung, die Claudius dem Künstler und Freund entgegenbrachte, kann auch sein Brief an den Sohn Fritz dienen: „Otto Runge ist dem Tode sehr nahe und wird vielleicht noch eher sterben, als seine Frau in die Wochen kommt, welches sie in 8 Tagen erwartet. Die Lage: in acht Tagen sterben sollen ist für einen jungen Mann, der noch auf längres Leben rechnete und was ist und kommen soll, noch nicht zu Herzen genommen hat, allemal unangenehm; aber bei ihm kommt manches hinzu, das sie noch unangenehmer macht. Übrigens ist er nicht nur ein talentvoller, sondern in hohem Grade gutgesinnter und rechtlicher Mensch, der auch über sich und das um ihn nachgedacht und das Hohle und Schaale wohl bemerkt und gefühlt hat etc." (Brief vom 27. Oktober 1810, Briefe II, S. 260).

Claudius, bei Runges Tod siebzig Jahre alt, überlebte seinen Freund um gut vier Jahre; er starb am 21. Januar 1815 im 75. Lebensjahr in Hamburg im Hause von Caroline und Friedrich Perthes an Altersschwäche. Caroline hatte zuvor schon Runge in seinen letzten Stunden beigestanden; von ihr wird Claudius auch die näheren Umstände seines Todes erfahren haben. Seiner Tochter Anna schreibt er:

„Daß Otto Runge gestorben ist, wirst Du aus den Zeitungen gesehen haben. Er hat sehr gelitten, aber meisterlich, das muß man ihm laßen, und Caroline hat ihm beygestanden, auch meisterlich, das muß man ihr laßen. Sie ist den langen Weg des Tages mehr als einmal gelaufen, in Regen und Wind, bey Tage und im Dunkeln. Er verlangte sie immer, und keiner und keine konnte es ihm recht machen als sie. Dafür hat er ihr aber auch Dank gewußt und manches von sich und seinem Gemüthszustand und seinen Ideen und Empfindungen erzählt, daß Ihr [sic] Freude gemacht hat und einem jeden Freude machen muß, weil alles bey ihm ohne Affectation, und so ganz natürlich war. Er ist bis auf die letzte Minute, kleine krampfartige Paroxismen mit Fieber abgerechnet, bey voller Besinnung gewesen und hat noch die letzte ¼ [Stunde] mit Bruder, Frau, Perthes, Caroline pp., die alle um sein Bett stunden, frei und heiter gesprochen. Der Doctor Lappenberg hat auch gemeint: er habe viel Menschen leiden und sterben sehen, aber so noch keinen, und hat, wie Caroline sagt, geweint, daß er geschluch[z]t hat. Einen Traum, den er Caroline erzählt hat, muß ich doch erzählen. Ihm habe gedünkt, daß eine große Hand sich ihm über und über auf den Kopf gelegt habe[,] ‚ick wüßt, Caroline, dat det den leeven Gott sin Hand waar, denn myn waar so woll daby to Mood. don[,] sagd ich: lat liggen, Vader! und he leed se ock liggen, Caroline.‘ Die Frau ist 2 Tage [richtig: 1 Tag, J.P.] nach seinem Tode von einem Knaben entbunden, von dem er immer gesprochen und den er noch so gerne sehen wollte. Ich möchte wohl gerne einmal einen vollendeten Christen sterben sehen“ (zitiert nach Siebke S. 7).

Das Sterben dieses „vollendeten Christen“ hat offenbar einen tiefen Eindruck bei Claudius hinterlassen und findet auch thematisch Eingang in Claudius’ Nachruf auf Runge.

Vom Sterben eines exemplarischen Christen

Wenn man sich diese engen Verbindungen zwischen Claudius und Runge vor Augen führt, so irritiert die distanzierte Haltung des Sprechers in dem poetischen Nachruf umso mehr. Wie Claudius’ Briefe gezeigt haben, äußerte er sich im privaten Rahmen auf sehr viel persönlichere Weise. Aber es war eben ein anderer Rahmen, und Claudius unterschied sehr genau zwischen öffentlichen und privaten Äußerungen. Er nimmt in seinem Gedicht daher von dem Verstorbenen das in den Blick, was in seinen Augen von Dauer, nämlich ewig ist: seine Seele. So würde die Hervorhebung der Verdienste oder Eigenschaften des Verstorbenen und auch die eigene Trauer geradezu dem Gedichtausgang zuwiderlaufen, da diese Dinge allesamt dem Vergänglichen zugerechnet werden.

Hatte Claudius immer wieder in seinen Texten auch die Freude am Dasein thematisiert, so ist in dem Gedicht auf Runges Tod nichts davon zu spüren. Schwer häufen sich in den ersten zwei Versen die sich in ihrer Intensität steigernden Substantive ‚Angst', ‚Not', ‚Ungerechtigkeit', ‚Blut' und ‚Tod' und zeugen von einem ausgeprägten Diesseitspessimismus. Aus diesem Grund gibt es auch kein Bedauern über den Abschied von der Welt, sondern im Gegenteil macht die Formulierung von der ‚flüchtenden' Seele den Eindruck, als habe sie aus eigenem Antrieb das irdische Jammertal endlich verlassen.

Diese negative Weltsicht lässt sich auch schon ein Jahrzehnt vor Abfassung des Gedichts in Claudius' Briefen ablesen. Die Klagen über Teuerung, Armut, Diebstähle, Raub- und Mordfälle häufen sich, und mit zunehmender Sorge beobachtet er das Kriegsgeschehen, das auch vor seiner Haustür nicht haltmacht; mehrfach musste die Familie Claudius Einquartierungen von Soldaten in ihrem Haus dulden. Denn es war die Zeit der Napoleonischen Kriege in Europa, und die Entstehung des Gedichtes fiel genau in die sogenannte Hamburger Franzosenzeit (1806–1814), als die Stadt von den Franzosen besetzt und dem französischen Kaiserreich eingegliedert wurde. Die 1806 von Napoleon verhängte Kontinentalsperre, eine Wirtschaftsblockade der britischen Inseln, hatte auch Hamburg hart getroffen, weil damit ihr zweitgrößter Handelspartner wegfiel. Bankrotte, Armut und Arbeitslosigkeit waren die Folge. Auch Daniel Runges Kommissions- und Speditionshandlung „Hülsenbeck, Runge & Co." (mit Perthes als Teilhaber) hatte 1807 den Bankrott der Firma gemeldet.

Wie lebensgefährlich die Zeiten waren, lässt sich auch daran ablesen, dass Claudius schließlich 1813 vorübergehend ins Exil nach Kiel und Lübeck ging. Er schrieb in einem Familienbrief über den Krieg: „Es gibt viel Ungemach und Übel in der Welt; aber der Krieg ist doch das größte" (Briefe II, S. 192). Diese „unheilvolle Welterfahrung" (Görisch 2014, S. 69) verdichtet Claudius in seinem Gedicht in den Worten ‚Angst', ‚Not', ‚Ungerechtigkeit', ‚Blut' und ‚Tod'.

Aus dieser leidvollen Welt also ‚flüchtet' sich die Seele ins „beßre Land zu Gott". Das Jenseits wird damit gegenüber der

Welt aufgewertet. Jener bessere Ort bleibt in Claudius' Werk und seinen privaten Äußerungen relativ unbestimmt, er nennt das Jenseits auch „Land des Friedes und der Glückseligkeit" (SW S. 252), das „Land des Wesens und der Wahrheit" (S. 451), spricht von dem „gelobten Land" oder einfach vom „andern" Land, von einer „bessern Welt" (vgl. Görisch 1990, S. 123). Eindeutig drückt sich in diesen Formulierungen seine christliche Ewigkeitshoffnung aus. Claudius beschreibt in seinem Gedicht das Scheiden zwischen der Seele, die eine Aufwärtsbewegung macht, und dem „Leib", der gegenläufig nach unten, in die „dunkle Höhle", das Grab, sinkt. Hier verbleibt der Leib bis zum „Wiedersehen", also bis zur Auferstehung. Die Vorstellung eines Wiedersehens in der Ewigkeit begegnet als Trostgrund immer wieder vereinzelt in Claudius' Schriften und Briefen. Aber auch dieser Gedanke bleibt recht allgemein, Claudius malt sich das Wiedersehen nicht konkret aus.

Das nicht Endgültige des Todes unterstreicht Claudius auch mit der geläufigen Metapher vom Ausruhen, das den Tod nur als Schlaf erscheinen lässt. Die Trennung ist jedoch nicht ewig, denn im christlichen Verständnis werden nach der Auferstehung Geist und (nun geistlicher, nicht mehr verweslicher) Leib vereint (vgl. 1. Korinther 15,42.44). Das Vorübergehende des Zustands von der Trennung zwischen Seele und Leib hat Claudius sehr behutsam durch die Verwendung eines Semikolons am Ende der vierten Zeile unterstützt, denn ein Semikolon setzt ja einerseits eine Zäsur zwischen zwei Sätze oder Wortgruppen und verbindet sie andererseits gedanklich miteinander.

Nachdem sich die ersten sechs Verse den Vorgängen widmeten, die im christlichen Verständnis nach dem Tod mit Seele und Leib passieren, ist das Gedicht bei seiner Mitte angekommen. Konnte in der Formulierung „die fromme reine Seele" noch ein Zusammenhang mit der Überschrift hergestellt werden, dass es sich also um eine bestimmte Seele handelt, auch wenn es „die" Seele und nicht ‚seine' Seele heißt, so löst sich Claudius im nächsten Satz scheinbar ganz von dem Bezug auf den Toten in der allgemeingültigen Aussage: „O der *Christ* ist immer groß und schön, / Doch im Tod in seiner größten Schöne." Unterstrichen wird diese Verlagerung auf ‚den Christen' noch durch die typografische Hervorhebung des Wortes „Christ". Indirekt bekommt Runges Tod dadurch etwas Exemplarisches und Vorbildhaftes für jeden Christen.

Auffällig ist in den nächsten Versen die Verwendung des Wortes „Schöne", das Claudius in Abgrenzung zum neutralen Wort ‚Schönheit' wählt. Laut dem *Deutschen Wörterbuch* der Brüder Grimm bezeichnet „Schöne" eine verallgemeinerte und verinnerlichte Form der Schönheit. Das Wort galt schon zu Claudius' Lebzeiten als archaisch, wurde nur im gehobenen Sprachgebrauch verwendet und hatte seine Wiederbelebung Klopstock zu verdanken. In Klopstocks Gedicht *Die Königin Luise* (1752) etwa heißt es ganz ähnlich wie bei Claudius: „Mit höhrer Schöne schmückt der Tod / Den Christen!" Nur ist bei Klopstock offenbar der bereits tote Christ gemeint, während Claudius' Formulierung „im Tod" den gesamten Sterbevorgang einschließt, so dass es sowohl ‚beim Sterben' als auch ‚nach dem Tod' bedeuten kann.

Hatte es im Erstdruck des Gedichts noch „froh und schön" geheißen, so korrespondiert in der zweiten Fassung „groß und schön" mit „größten Schöne" im folgenden Vers. So verschiebt sich „groß" zu seinem Superlativ „größten", und auch die Parallelität zwischen „schön" und „Schöne" evoziert eine kontextuelle Steigerung, ohne es natürlich im grammatikalischen Sinne zu sein, da es sich bei dem Wort „Schöne" ja um ein Substantiv handelt, das nicht gesteigert werden kann. Das Christsein kulminiert also im Tod in seiner „größten Schöne". Denn in der Sterbestunde, im Umgang mit dem eigenen Tod erweist sich, ob die Idee der Auferstehung tragfähig ist; die Sterbestunde wird damit zur Bewährungsprobe für den gläubigen Christen. Die verbreitete Hoffnung auf ein sanftes und seliges Ende formulierte Claudius auch in seinem *Abendlied*: „Wollst endlich sonder Grämen / Aus dieser Welt uns nehmen / Durch einen sanften Tod!" (SW S. 218).

Die letzten vier Verse des Gedichtes wenden sich nun von der Vergangenheit und den Toten der Gegenwart und den Lebenden zu, indem sich das lyrische Ich direkt an den „Wandrer" resp. Leser richtet. Claudius greift mit dieser Einbeziehung des Lesers einen gängigen Topos aus Grabschriften auf. Dies ging zurück auf die antiken Grabinschriften an den römischen Gräberstraßen, die den Vorübereilenden aufforderten: siste, viator (verweile, Wanderer), um innezuhalten und über den Tod zu reflektieren. Diese konkrete Situation erhielt dann in den poetischen Grabschriften eine übertragene Bedeutung: besonders ausgeprägt im Barockzeitalter wurde der Wanderer (also Leser) zu einer Metapher für den Menschen auf seiner Lebensreise. Claudius steht damit ganz in der Grabschrift-Tradition, wenn er den Leser auffordert, am Grabe zu verweilen und über die Vergänglichkeit alles Irdischen nachzusinnen: „Lerne hier, was eitel ist, verschmähn", wobei eitel hier im Sinne von ‚nichtig' verwendet wird. Ganz ähnlich hatte er schon in der Werther-Rezension von 1774 die Leser aufgefordert, sie sollten am Grab des Selbstmörders Werther „eine Grasbank machen, daß man sich drauf hinsetze, und den Kopf in die Hand lege, und über die menschliche Schwachheit weine" (SW S. 44).

Das ist sozusagen der ‚Lerneffekt', den das Nachdenken über den Tod auslösen kann: die Vergänglichkeit der Dinge zu erkennen, und Claudius rechnet auch den Tod dazu: „Es ist doch alles eitel und vergänglich, Sorge, Furcht, Hoffnung, und zuletzt der Tod!" (*Parentation über Anselmo, gehalten am ersten Weihnachttage*, SW S. 178). Eben weil mit dem Tode für den gläubigen Christen das Leben nicht zu Ende ist, sondern in einem anders gearteten Jenseits eine Fortsetzung findet. Auch an anderer Stelle hat Claudius den Tod als Lehrmeister, als „Professor Moralium", bezeichnet, unter dessen Augen sich der Wert der Dinge verändert: „Der Tod ist 'n eigener Mann. Er streift den Dingen dieser Welt ihre Regenbogenhaut ab, und schließt das Auge zu Tränen und das Herz zur Nüchternheit auf! Man kann sich von ihm freilich auch verblüffen lassen und des Dinges zu viel tun, und gewöhnlich ist das der Fall, wenn man bis dahin zu wenig getan hat. Aber er ist 'n eigener Mann, und ein guter Professor Moralium! Und es ist ein großer Gewinn, alles was man tut wie vor seinem Katheder und unter seinen Augen zu tun" (SW S. 242).

An vielen Stellen seines Werkes thematisiert Claudius den Vanitas-Gedanken, auch in der letzten Strophe des *Abendliedes*:

„Gott, laß uns *dein* Heil schauen, / Auf nichts Vergänglichs trauen, / Nicht Eitelkeit uns freun!“ (SW S. 218). Das weckt das Bewusstsein für das Vorläufige und Flüchtige der irdischen Existenz, da alle Menschen der Zeitlichkeit unterworfen sind.

Geradezu typisch für Claudius ist die Verschränkung zweier Zeitebenen in dem Gedicht: einmal der heilsgeschichtlichen, in dem die Auferstehung thematisiert wird, und der Wendung in die Gegenwart, die durch die „und denn“-Konstruktion eingeleitet wird. Der „Wandrer“ wird am Ende eingeladen, am Grabe innezuhalten und über die Vergänglichkeit und den Tod zu meditieren und auch die Nichtigkeit der eigenen Existenz zu betrauern („Weine eine stille Träne!“). Insofern hat Claudius diesem Gedicht auch eine Bewegungsstruktur eingeschrieben: Innehalten – Reflektieren/Lernen – Beweinen – Weitergehen. Nach Möglichkeit ist es aber ein andersgeartetes Fortfahren, denn „durch die vorangegangene Reflexion auf Tod und Vergänglichkeit erhält die Gegenwart eine neue, vertiefte Bedeutung: ihr besonderer Zeitcharakter kommt verschärft zu Bewußtsein“ (Kranefuss 1973, S. 192). An dem Problem der Vanitas arbeitet sich die Menschheit seit biblischen Zeiten ab, weil ihre Anhänglichkeit an die irdische Existenz, die aber in der Natur des Menschen angelegt ist, immer wieder dazu führt, diese Einsichten zu vergessen – man denke an den Salomonischen Ausspruch „Es ist alles ganz eitel“ (Pred. 1,2).

Claudius’ Grabschrift hat also eine stark reflexive Struktur. Er formuliert nicht eigene Trauer, sondern verschiebt die Trauer auf die Leserschaft. Diese Trauer nimmt den Tod des Verstorbenen, der in seinem Gedicht in den Hintergrund rückt, aber nur zum Anlass, um ganz allgemein über die Flüchtigkeit der Existenz nachzudenken und diese Erkenntnis für das eigene Leben fruchtbar zu machen. Doch indem Claudius auf sehr sublime Weise Runge als exemplarischen Christen darstellt, ist dies aus seiner Sicht vermutlich die größte Hochachtung, die man einem Menschen überhaupt erweisen kann.

Literaturnachweise:

Claudius, Matthias: Asmus und die Seinen. Briefe an die Familie, Bd. II, hg. von Hans Jessen und Ernst Schröder. Berlin 1940

Görisch, Reinhard: „Der Mensch ist hier nicht zu Hause". Matthias Claudius' Gedanken über Tod und Ewigkeit. In: ‚Nicht umsonst auf diese Welt gesetzt …'. Matthias Claudius. Zum 250. Geburtstag des Wandsbecker Boten. Beiträge einer Tagung der Evangelischen Akademie Baden vom 4.–6. Mai 1990 in Bad Herrenalb. Karlsruhe 1990 (= Herrenalber Protokolle 81), S. 107–127

Ders.: Matthias Claudius oder Leben als Hauptberuf. 2., überarbeitete Auflage Marburg 2014

Jaacks, Gisela: Die Porträts der Familie Claudius. In: Matthias Claudius 1740–1815. Ausstellung zum 250. Geburtstag [Katalog]. Heide in Holstein 1990 (= Schriften der Schleswig-Holsteinischen Landesbibliothek, Bd. 12), S. 31–50

Kranefuss, Annelen: Die Gedichte des Wandsbecker Boten. Göttingen 1973 (= Palaestra. Untersuchungen aus der deutschen und englischen Philologie und Literaturgeschichte, Bd. 260)

Richter, Cornelia (Bearb.): Philipp Otto Runge. Ich weiß eine schöne Blume. Werkverzeichnis der Scherenschnitte. München 1981

Siebke, Rolf: „Ich möchte doch wohl gerne einmal einen vollendeten Christen sterben sehen". Matthias Claudius' Brief vom 12. Dezember 1810 an seine Tochter Anna über den Tod Philipp Otto Runges. In: Jahresschriften der Claudius-Gesellschaft 19 (2010), S. 6–13

Traeger, Jörg: Philipp Otto Runge und sein Werk. Monographie und kritischer Katalog. München 1975 (= Studien zur Kunst des 19. Jahrhunderts, Sonderband)

Autorinnen und Autoren

Dr. Thomas Baumann, Germanist, Verlagslektor

Dr. Siobhán Donovan, Germanistin, University College Dublin, Irland

Reinhard Ellsel, Pfarrer und Publizist

Prof. em. Dr. Martin Geck, Musikwissenschaftler, bis 2001 Universität Dortmund

Prof. em. Dr. Klaus Goebel, Historiker, bis 1999 Universität Dortmund

Dr. Reinhard Görisch, Germanist, bis 2006 Universität Marburg

Dr. Friederike Felicitas Günther, Germanistin, Universität Würzburg

Prof. Dr. Lutz Hagestedt, Germanist, Universität Rostock

Dr. Annelen Kranefuss, Germanistin, bis 2002 Kulturredakteurin beim WDR Köln

Dr. Ulrike Leuschner, Germanistin, Technische Hochschule Darmstadt

Dr. Annette Lüchow, Germanistin, Gymnasiallehrerin

Dr. Reiner Andreas Neuschäfer, Theologe, Dozent für Religionspädagogik

Dr. Hermann Patsch, Theologe und Germanist, Gymnasiallehrer i. R.

Jael Poppe M.A., Germanistin, Ausstellungskuratorin

Prof. em. Dr. Herbert Rowland, Germanist, bis 2010 Purdue University La Fayette, IN, USA

Tanja Schurkus, Schriftstellerin und freie Lektorin

Prof. Dr. Georg Steinberg, Jurist, EBS Law School Wiesbaden

Prof. Dr. Julius Steinberg, Theologe, Theologische Hochschule Ewersbach

Dr. Frank Stückemann, Pfarrer, Kirchenhistoriker

Jürgen Wehrs, Philologe, Lehrerprüfungsamt Hamburg

Herausgeber

Dr. Reinhard Görisch veröffentlichte zahlreiche Publikationen zu Matthias Claudius und seiner Zeit, so zuletzt „Matthias Claudius oder Leben als Hauptberuf" (Marburg 2014). Seit 1990 ist er Mitglied des Vorstands der Claudius-Gesellschaft, deren Vorsitzender er von 2006 bis 2014 war. Seit 1992 wirkt er zudem als Herausgeber der „Jahresschriften der Claudius-Gesellschaft".